BAUSTEINE

Heimat- und Sachunterricht

4

Kommentare und Kopiervorlagen

Erarbeitet von
Wolfgang Frank, Helga Herberger,
Andrea Klein, Gabriele Lommer
Helmut Schmid, Silvia Startz und Bernhard Utz

DIESTERWEG

Bausteine Heimat- und Sachunterricht Kommentare und Kopiervorlagen 4

Erarbeitet von Wolfgang Frank, Helga Herberger, Andrea Klein, Gabriele Lommer, Helmut Schmid, Silvia Startz und Bernhard Utz

Auf der Grundlage von Bausteine Sachunterricht Kommentare und Kopiervorlagen
Herausgegeben von Siegfried Buck und Dieter Mutschler
Erarbeitet von Gisela Buck, Siegfried Buck, Gabriele Hinze, Werner Lüftner und Dieter Mutschler

Umweltschonendes Papier
weil aus chlorfrei gebleichtem Zellstoff
mit Holzschliff

Druck A 987 654 321 / Jahr 2008 07 06 05 04
Die letzte Zahl bezeichnet das Jahr dieses Druckes.

Alle Drucke der Serie A sind im Unterricht parallel verwendbar.

Redaktion: Renate Jung; Michael Schmidt und Uschi Pein-Schmidt, Sickte
Satz und Herstellung: Jung Medienpartner, Limburg und Harald Kraft, Mainz
Umschlaggestaltung: Grafik-Design Reckels & Schneider-Reckels, Wiesbaden, unter Verwendung einer Illustration von Julia Ginsbach
Illustrationen von Magdalena Bergheim, Bünde; www.beckhaus-design.de
Druck und Bindung: westermann druck GmbH, Braunschweig

ISBN 3-425-**09774**-1

Inhalt

◆ Auswahlthema

1. Heimat- und Sachunterricht in der vierten Jahrgangsstufe im Lehrplan 2000 für die bayerischen Grundschulen

Im Juli 2000 wurde für die bayerischen Grundschulen ein neuer Lehrplan vorgelegt, der den Lehrplan von 1982 ablöst. Ab dem Schuljahr 2004/05 ist der neue Lehrplan in der vierten Jahrgangsstufe Grundlage schulischen Lehrens und Lernens. Die wesentlichen Neuerungen im Vergleich zum „alten" Lehrplan seien unseren Betrachtungen zu *BAUSTEINE Heimat- und Sachunterricht 4* vorangestellt.

Stets pendelten die Lehrpläne der Vergangenheit zwischen Wissenschaftsorientierung und Kindorientierung und legten ihr Hauptaugenmerk dabei mehr auf die eine bzw. andere Komponente. Augenfällig wurde dies jeweils in der Benennung des Faches, das einst Heimatkunde, dann Sachunterricht und zuletzt Heimat- und Sachkunde hieß. Der letzte Lehrplan, vorgelegt 1982, versuchte eine Balance herzustellen zwischen wissenschaftlichem Anspruch und Kindgemäßheit. In dieser Tradition befindet sich der Lehrplan 2000, der als eine Fortschreibung des alten Lehrplans mit einigen neuen Akzentuierungen angesehen werden kann.

Heimat- und Sachunterricht im Lehrplan 2000 für die bayerischen Grundschulen strebt, wie bereits im 1982er Lehrplan die Balance zwischen Kind- und Sachorientierung an. Der Bezug zur Lebenswelt der Kinder, im Lehrplan in acht Themenbereichen konkretisiert, und die Sachanforderungen, im Lehrplan in sieben Lernfeldern dargestellt, bilden die beiden Achsen des Lehrplanes. An diversen Schnittstellen werden die Unterrichtsgegenstände in mehrperspektivischer Betrachtung erschlossen. Dieser mehrperspektivische Zugang verdeutlicht den Schülern im täglichen Unterricht Vernetzungen ihrer Lebenswelt und trägt zu vielfältiger Auseinandersetzung im Lernprozess bei.

Neben den Vernetzungen verschiedener Sachverhalte werden in einigen Disziplinen (z. B. im geografischen Lernbereich) curriculare Strukturen deutlich. Im Sinne eines Lehrgangs werden Themen in aufeinander folgenden Jahrgangsstufen wieder und wieder aufgegriffen, vertieft und erweitert.

In der Fortschreibung des Lehrplanes von 1982 finden sich auf inhaltlicher Ebene neue Themen bzw. Schwerpunkte. Der Themenbereich 1 („Unser eigenes Thema") bildet die signifikanteste Neuerung im Kanon der Themen. Dabei war es Intention der Lehrplanautoren, dass sich Klassen und deren Lehrkräfte ein Thema auswählen und dieses über einen längeren Zeitraum hinweg handelnd unter Einbeziehung verschiedener Perspektiven erschließen.

Grundlegende fächerübergreifende Aspekte werden innerhalb der einzelnen Themenbereiche als wichtige Aspekte bzw. als Schwerpunkte eingebunden. Der Lehrplan 2000 ist dabei so angelegt, dass mögliche Querverbindungen gekennzeichnet sind, sowohl innerhalb der Teildisziplinen des Heimat- und Sachunterrichtes als auch innerhalb des gesamten Fächerkanons der Grundschule.

Verkehrserziehung, Freizeiterziehung, Gesundheitserziehung, Lernen lernen, Sozialerziehung, Leben mit Behinderten, Medienerziehung, Umwelterziehung, Familien- und Sexualerziehung und interkulturelle Erziehung, bisher als „Nebenlehrpläne" im Laufe der Zeit kaum mehr wahrgenommen, fanden jetzt Eingang im neuen Lehrplan für den Heimat- und Sachunterricht und sind in den Stoffplan integriert.

Zuletzt ist die Neubewertung der naturwissenschaftlichen, technischen und Arbeitslehreaspekten bemerkenswert, nicht nur, weil sie mengenmäßig zugelegt haben, sondern weil sie in ein breiteres, mehrperspektivisches Betrachtungsfeld eingebettet wurden. So wurden in der vierten Jahrgangsstufe für die bestehenden Themen „Ohr", „Wald" und „Tiere und Pflanzen", „Wasserkreislauf" und „Stromversorgung" Verlagerungen durchgeführt (z.B. Themen „Ohr" und „Wald" [inkl. Tiere und Pflanzen], „Strom" in die 3. Jahrgangsstufe), Ausweitungen durchgeführt (z. B. Thema „Wasser", das jetzt vielfältig unter den Aspekten Versorgung, Entsorgung, Kreislauf und Lebensraum erscheint) und neue Themen wie „Abfallentsorgung" (4.7.3), „Kreislauf eines industriell gefertigten Produkts" (4.7.2) und „Ausgangsstoffe und Ausgangsmaterialien" (4.7.1) eingearbeitet.

Schließlich fällt auf, dass verschiedene Themenangebote gemacht werden, die fakultativ zu bearbeiten sind (z. B. „Wasserversorgung" oder „Abwasseraufbereitung", „Rohstoffe verarbeiten" oder „Material/Werkstoffe verarbeiten").

Auf der Inhaltsebene stellt der Lehrplan 2000 dabei immer wieder die Forderung nach einem umfassenden Leistungsbegriff (grundlegendes Wissen, Zusammenhänge herstellen können, Transfers leisten, kreative Lösungen erzielen, Ursachen und Wirkungen erkennen ...), der in Beziehung mit dem geistigen Standort der Kinder zu bringen ist.

Auf der methodischen Seite beschreitet der Lehrplan vorsichtig neue Wege, die schon im „alten" Lehrplan erschienen bzw. angedeutet waren und von vielen Lehrerinnen und Lehrern bereits praktiziert wurden.
So wird im Fachprofil Heimat- und Sachunterricht dezidiert auf folgende Lernformen hingewiesen: forschend-entdeckendes Lernen, problemorientiertes Lernen, handelndes Lernen, projektorientiertes Lernen. Diese Lernformen werden in verschiedene Situationen (originale Begegnungen, Ausgehen von Vorerfahrungen der Kinder ...) eingebunden und dienen dem Zweck, dass die Schüler fachlich ausgerichtete Arbeitsweisen und -techniken kennen lernen und praktizieren, dass sie dabei aber auch überfachliche Methoden (z. B. Sammeln, Ordnen ...) und allgemeine Fähigkeiten (z. B. selbstständiges Planen, Durchführen und Abschließen eines Vorhabens) kennen lernen und anwenden. Dies findet sowohl in Phasen gebundenen Unterrichts als auch in Phasen offenen Unterrichts (Projektarbeit, Freiarbeit, Lernzirkel ...) statt.

Den Herausforderungen und neuen Akzentuierungen des Lehrplanes hat sich der neue Heimat- und Sachunterricht in den Schulsälen ebenso zu stellen wie ein Lehrbuch, das in der Form von *BAUSTEINE Heimat- und Sachunterricht 4* nun vorliegt.

2. *BAUSTEINE Heimat- und Sachunterricht 4* – ein Arbeitsbuch für den Unterricht im BAUSTEINE-Verbund

An die Schule generell und an den Heimat- und Sachunterricht speziell wird der Anspruch gestellt, die Lebenswirklichkeit der Kinder zunehmend zu erschließen. Der Unterricht holt die Schüler dort ab, wo sie sich befinden, wendet sich ihrer Frage- und Interessenshaltung zu und hebt auf die Kenntnis- und Erkenntnisstufe, die die einzelnen Fachbereiche erarbeitet haben, die im Heimat- und Sachunterricht gesammelt sind, und die der Lehrplan stellt.

Da schulisches Lernen nicht in abgegrenzten Fachbereichen, sondern stets in der Vernetzung verschiedener Fach- und Themenbereiche stattfindet, ist das Bausteine-Programm in fächerübergreifender Art konzipiert. Heimat- und Sachunterrichtsbuch, Sprachbuch und Lesebuch sind thematisch eng aufeinander bezogen, sodass Querverbindungen leicht gezogen werden können. Querverbindungen zwischen Deutsch- und Heimat- und Sachkundeunterricht sind jedoch nur dort vollzogen, wo sie sinnvoll erschienen. Eine zeitliche Passung von Deutsch- und Heimat- und Sachunterrichtsthema wird in der Unterrichtspraxis nicht immer möglich sein. Dieser Umstand ermöglicht es jeder Lehrerin/jedem Lehrer, die eventuell gewonnene Zeit für die Ausweitung und Vertiefung eines Themas zu nutzen. Im HSU besteht aber zu allen Zeiten auch die Möglichkeit des Einbaus des „eigenen Themas".

Ein Vorschlag für einen fächerverbindenden Stoffplan von Heimat- und Sachunterricht und Deutsch findet sich auf der nächsten Seite.

Über die Querverbindungen zum Deutschunterricht hinaus gibt es eine Reihe weiterer fächerverbindender Bezüge zu anderen Fächern. In diesem Kommentarband werden dazu in den einzelnen Kapiteln Hinweise gegeben.
Selbstverständlich kann jedes Schulbuch des BAUSTEINE-Verbundes separat verwendet werden.

3. Hinweise zur Arbeit mit *BAUSTEINE Heimat- und Sachunterricht 4*

BAUSTEINE Heimat- und Sachunterricht 4 ist ein Schulbuch, das alle im Lehrplan HSU für die bayerischen Grundschulen geforderten Themenbereiche abdeckt. Das heißt, dass auch alle im Lehrplan als fakultativ gekennzeichneten Themen erscheinen. Einzig „Unser eigenes Thema" findet sich nicht im Buch, da die Auswahl dieses Themas je nach Klassensituation, Schüler- und Lehrerinteresse geschieht. Entsprechend den Intentionen des Lehrplans unterbleibt eine Darstellung folglich. *BAUSTEINE Heimat- und Sachunterricht 4* greift also nicht im Sinne eines heimlichen Lehrplanes in die Themenentscheidung der Lehrerin/des Lehrers ein.

Der Aufbau von *BAUSTEINE Heimat- und Sachunterricht 4* ist so gestaltet, dass eine vage jahreszeitliche Ordnung vorherrscht. Unter der Einschränkung, dass die Themen der vierten Jahrgangsstufe nur mehr bedingt jahreszeitliche Bezüge herzustellen trachten (im Gegensatz zu den drei vorangegangenen Schuljahren) ist die Abfolge der Themen am

BAUSTEINE *Heimat- und Sachunterricht*	BAUSTEINE *Sprachbuch*	BAUSTEINE *Lesebuch*
	Sprachen verstehen	Viele Sprachen
	Sich vertragen	Sich vertragen
Gemeinde		
Landkarte	Abenteuer	Abenteuer
Unser Land		
Europa		
	Sport und Spiel	Sport und Spiel
	Sterne	Sterne
Trends		
Statussymbole		
Die Welt und wir	In einem fernen Land	In fernen Ländern
Ferne Länder		
	Medien	Medien
	Schrift	Schrift
Kinderrechte	Kinderrechte	Kinderrechte
	Geschichten	Geschichten
Meine Zukunft		
Erwachsen werden		
Abfälle – Wertstoffe	Müll mit Wert?	Wert- und Werkstoffe
Leben im Mittelalter		
Ritter	Ritter	Ritter
	Kartoffel	Trüffel und Erdapfel
◊ Produkte herstellen		
◊ Werkstoffe		
Betriebe		
Lebensraum Wasser	Umweltbande	Wasser
Wasserkreislauf		
◊ Wasserversorgung		
◊ Abwasseraufbereitung		
Wasserschutz		
		Wetter
Rad fahren	Rund ums Fahrrad	Unterwegs
	Pinnwand	Bilder lesen
	Fachbegriffe	Durch das Jahr
	Wörterliste	Was meinst du dazu?
		Sprachspiele
		Spielstücke
		Für Bücherwürmer

◊ Auswahlthemen · Die grau hinterlegten Felder sind Verbundkapitel.

Lauf des Schuljahrs ausgerichtet und berücksichtigt so die Erfahrungswelt der Kinder. Themen, die Außenaktivitäten erfordern (z. B. Landkarte, Wasser) liegen in den „wärmeren" Jahreszeiten.
Die jahreszeitlich ausgerichtete Anordnung der Themen stellt jedoch nur ein Angebot dar. Da die einzelnen Kapitel in sich abgeschlossen sind, kann jeder Benutzer im Rahmen seines Klassenlehrplans auch eine andere Reihenfolge wählen.

Die erdkundlichen Themen wurden zu einem Komplex zusammengelegt. Wichtig erscheint weniger die Tatsache, ob diese Themen en bloc durchgenommen werden, sondern vielmehr die Reihenfolge. Es erscheint fast selbstverständlich, dass zuerst das Thema „Landkarte", dann „Unser Land" und schließlich „Europa" bzw. „Die Welt und wir" bearbeitet werden.

BAUSTEINE *Heimat- und Sachunterricht 4* beginnt mit dem Kapitel „Gemeinde". In ihm sind Themen versammelt, die die Kinder aus den Ferien mitbringen (z. B. Sportplatz) und schlägt sogleich die Brücke zu den Entscheidungsträgern in der Gemeinde (Gemeinde-, Stadtrat, Bürgermeister). Lohnend ist dieser Beginn unter zweierlei Gesichtspunkten: Wenn Kinder bei einem Besuch des Bürgermeisters Verbesserungen anregen (z. B. wegen eines Spiel- oder Sportplatzes), erleben sie etwaige Reaktionen noch innerhalb des Schuljahres. Zum Zweiten erscheinen etliche gemeindliche Aufgaben im Laufe des Schuljahres wieder (z. B. Wasser, Abwasser, Verkehr, Abfall). Sodann schließen sich die weiteren Kapitel an, die mit dem großen Thema „Wasser“ das Buch beschließen. Die einzelnen Kapitel dieses Themas werden günstigerweise im Frühjahr/Sommer bearbeitet.

Erwähnenswert ist die Positionierung des Themas „Rad fahren“ am Schluss des Buches. In der vierten Jahrgangsstufe steht die Verkehrserziehung in Verbindung mit der Jugendverkehrsschule der Polizei und die Radfahrprüfung auf dem Übungsplatz und in der Verkehrswirklichkeit an. Erfahrungsgemäß legen Polizei, Schulamt und Fachberater die Termine fest. Aus diesem Grund kann dieses Thema nicht in eine jahreszeitliche Beziehung gesetzt werden. Am Schluss des Buches ist das Thema jedoch schnell zu finden, wenn es vonnöten ist.

Die Kapitelfarben signalisieren jeweils schwerpunktmäßig die Themenbereiche und erleichtern das Auffinden: Gelb steht für Kapitel zum Bereich Individuum und Gesellschaft, blau für Natur und Technik, grün für Tiere und Pflanzen und rot für Zeit und Geschichte. Das Inhaltsverzeichnis von *BAUSTEINE Heimat- und Sachunterricht 4* ist so gestaltet, dass es sowohl der Lehrkraft als auch den Schülern zur Orientierung dient, wobei kleine Vignetten die Kapitelthemen veranschaulichen. Die Vignetten finden sich im Kolumnenbalken jedes Kapitels wieder.

Die Mehrzahl der Kapitel besitzt einen Umfang von etwa sechs Seiten, so dass die Themen in jeweils etwa zwei Wochen zu behandeln sein dürften. Da in jedem Kapitel Arbeitsaufträge gestellt werden, die das Thema weiterführen, sind Ausweitungen der Themen aber stets möglich.
Die Arbeitsaufträge, die gegeben werden, können den Unterricht strukturieren helfen, müssen dies aber nicht.
Die einzelnen Kapitel des Buches können in allen Phasen des Unterrichts eingesetzt werden. In der Regel eignen sie sich sowohl für Einstiegs-, als auch für Erarbeitungs- und Sicherungsphasen. Außerdem finden sich eine große Zahl von Transfer- bzw. Problemlösungsfragen.

Alle Kapitel sind reichhaltig mit Fotos und/oder Grafiken bebildert. Dies dient der Motivation, weil Identifikation ermöglicht und Interesse geweckt werden.
BAUSTEINE Heimat- und Sachunterricht 4 soll aber nicht ein „Bilderbuch“ allein, sondern vor allem ein Sachbuch sein. So finden sich in den einzelnen Kapiteln vielfältige Informationstexte, die mit einem lila Quadrat angezeigt sind. Texte, die länger sind, erhielten zudem Zeilennummern, um im Unterrichtsgespräch eine bessere Verständigung über das Gelesene zu ermöglichen.

Der Charakter des Informationsbuches wird ganz besonders in seinem Lexikonteil sichtbar. Auf sechs Seiten sind zu fast allen Themen lexikalische Erklärungen gegeben. Im Arbeitsteil des Buches sind die Stichwörter mit * versehen.

Das Buch ermöglicht vielerlei Sozial- und Arbeitsformen. Sowohl Arbeitsaufträge zur Einzel- und Partnerarbeit, als auch zur Gruppenarbeit sind versammelt.

Lernen soll Spaß bereiten. Aus diesem Grund ist die Zielsetzung von *BAUSTEINE Heimat- und Sachunterricht 4* ein möglichst spielerischer und handlungsorientierter Umgang mit den Themen. Wo immer es möglich ist, werden Spielideen und/oder handlungsorientierte Möglichkeiten in Schulbuch und Kommentarband aufgezeigt.

Letztlich soll das Buch ein Angebotsbuch sein. Die Lehrkräfte und Kinder, die sich auf weniges Wesentliches konzentrieren wollen, kommen ebenso auf ihre Kosten, wie die, die ein Thema von allen Seiten her bearbeiten wollen.

Zu den meisten Kapiteln des Schulbuches werden in diesem Band Kopiervorlagen angeboten, um die verschiedenen Themen zu ergänzen. Über die Angebote des *BAUSTEINE*-Programms hinaus sind in jedem Kapitel des Kommentarbandes Materialien zur Vertiefung und Weiterführung aufgeführt.

Lehrplanübersicht

Kapitel	Themenbereiche	Lernfelder
Gemeinde S. 4 – 9	**4.4 Zusammenleben** 4.4.1 Zusammenleben in der Gemeinde	LF 2/4/5
Landkarte S. 10 – 13	**4.6 Orientierung in Zeit und Raum** 4.6.2 Orientierung mit der Karte – Den Maßstab in Karten und Stadtplänen feststellen – Die Höhendarstellung auf Karten erfassen: Höhenlinien, Höhenschichtfarben	LF 3/4
Unser Land S. 14 – 19	**4.6 Orientierung in Zeit und Raum** 4.6.2 Orientierung mit der Karte – Sich mit verschiedenen topografischen und thematischen Karten orientieren – Anhand örtlicher Gegebenheiten charakteristische naturräumliche Gliederungen feststellen	LF 3/4
Europa S. 20/21	**4.6. Orientierung in Zeit und Raum** 4.6.2 Orientierung mit der Karte – Sich mit verschiedenen topografischen und thematischen Karten orientieren	LF 3/4
Trends S. 22 – 25	**4.3 Wünsche und Bedürfnisse** 4.3.1 Trends	LF 2/3/5
Statussymbole S. 26 – 29	**4.3 Wünsche und Bedürfnisse** 4.3.2 Statussymbole im Wandel der Zeit	LF 2/3/5
Die Welt und wir S. 30 – 35	**4.4 Zusammenleben** 4.4.2 Wir in der Welt – die Welt bei uns – Gründe finden, die Heimat zu verlassen – Das Aufeinandertreffen und Vermischen verschiedener Kulturen im eigenen Umfeld feststellen – Die Lebensweise von Kindern in oder aus anderen Ländern und Kulturen erkunden – Unterschiedliche Lebensweisen achten	LF 2/4/5
Ferne Länder S. 36 – 39	**4.4 Zusammenleben** 4.4.2 Wir in der Welt – die Welt bei uns – Das Aufeinandertreffen und Vermischen verschiedener Kulturen im eigenen Umfeld feststellen – Gründe finden, die Heimat zu verlassen	LF 2/4/5
Kinderrechte S. 40 – 43	**4.4 Zusammenleben** 4.4.2 Wir in der Welt, die Welt bei uns – Von Menschenrechten und Kinderrechten wissen	LF 2/4/5
Meine Zukunft S. 44 – 47	**4.2 Ich und meine Erfahrungen** 4.2.2 Vorstellungen von der eigenen Zukunft – Sich der eigenen Fähigkeiten bewusst werden, um Selbstvertrauen für Neues zu entwickeln: neue Schule, neue Klassengemeinschaft, neue Anforderungen – Sich auf nicht Planbares einstellen	LF 1/2/5

◆ Auswahlthema

Kapitel	Themenbereiche		Lernfelder
Erwachsen werden S. 48 – 51	**4.2** 4.2.1 4.2.2	**Ich und meine Erfahrungen** Die Entwicklung des Menschen – Sich selbst behaupten und Nein sagen können (Prävention) – Geschlechtsspezifische Rollenerwartungen hinterfragen – Gefühle in Worten, Gestik und Mimik mitteilen Vorstellung von der eigenen Zukunft – Mit Meinungsverschiedenheiten umgehen	LF 1/2/5
Abfälle – Wertstoffe S. 52 – 55	**4.7** 4.7.3	**Erkunden der Umwelt** Abfallentsorgung als Aufgabe der Gemeinde	LF 2/4/5/6/7
Leben im Mittelalter S. 56 – 59	**4.6** 4.6.1	**Orientierung in Zeit und Raum** Regionalgeschichte	LF 3/4
Ritter S. 60 – 65	**4.6** 4.6.1	**Orientierung in Zeit und Raum** Regionalgeschichte	LF 3/4
◆ **Produkte herstellen** S. 66 – 73	**4.7** 4.7.1	**Erkunden der Umwelt** Ausgangsstoffe und -materialien – Rohstoffe zum (Zwischen-) Produkt verarbeiten	LF 2/4/5/6/7
◆ **Werkstoffe** S. 74 – 77	**4.7** 4.7.1	**Erkunden der Umwelt** Ausgangsstoffe und -materialien – Material/Werkstoffe verarbeiten	LF 2/4/5/6/7
Betriebe S. 78 – 85	**4.7** 4.7.2	**Erkunden der Umwelt** Kreislauf eines industriell gefertigten Produkts	LF 2/4/5/6/7
Lebensraum Wasser S. 86 – 91	**4.5** 4.5.2	**Leben mit der Natur** Wasser als Lebensraum für Tiere und Pflanzen	LF 2/4/6/7
Wasserkreislauf S. 92 – 99	**4.5** 4.5.1	**Leben mit der Natur** Der natürliche Kreislauf des Wassers	LF 2/4/6/7
◆ **Wasserversorgung** S. 100 – 103	**4.5.** 4.5.3	**Leben mit der Natur** Wasserversorgung, Abwasseraufbereitung als Aufgaben der Gemeinde – Wasserversorgung	LF 2/4/6/7
◆ **Abwasseraufbereitung** S. 104 – 107	**4.5** 4.5.3	**Leben mit der Natur** Wasserversorgung, Abwasseraufbereitung als Aufgaben der Gemeinde – Abwassseraufbereitung	LF 2/4/6/7
Wasserschutz S. 108/109	**4.5** 4.5.3	**Leben mit der Natur** Wasserversorgung, Abwasseraufbereitung als Aufgaben der Gemeinde – Verhaltensregeln im Umgang mit Wasser aufstellen	LF 2/4/6/7
Rad fahren S. 110 – 117	**4.8**	**Rad fahren**	
Bayernspiel Ausklappkarte	**4.6** 4.6.2	**Orientierung in Zeit und Raum** Orientierung mit der Karte – Sich mit verschiedenen topographischen und thematischen Karten orientieren	LF 3/4

1. Überblick – Inhalte

Inhalte		Intentionen
S. 4	Ein neuer Sportplatz	– Möglichkeiten der Meinungsbildung und Entscheidungsfindung kennen lernen
S. 5	Soll der Sportplatz ausgebaut werden?	– Beschlussfassung, Abstimmung, Mehrheitsbeschluss als Instrumente einer Entscheidungsfindung erkennen und akzeptieren
S. 6	Der Gemeinderat entscheidet	
S. 7	Der Gemeinderat/Stadtrat	– sich über den Gemeinderat/Stadtrat informieren
S. 8	Die Aufgaben der Gemeinde/Stadt	– sich über die Aufgaben der Gemeinde/Stadt informieren
S. 9	Im Rathaus	– Einflussmöglichkeiten der Bürger auf Entscheidungen kennen lernen

3. Vorüberlegungen

Im Grundschulalter soll bereits ein Demokratieverständnis und das Interesse für Prozesse der Entscheidungsfindung angebahnt werden. In der Klasse gibt es Entscheidungen, die die Lehrkraft nicht allein fällen muss, sondern zu denen sie die Meinung der Kinder miteinbeziehen kann. Dies geschieht mittels Mehrheitsentscheidung. Trotzdem werden nie alle Kinder damit einverstanden sein. Die Gemeinde ist die kleinste demokratische Einheit in unserem Staat. Die Gemeindepolitik und -verwaltung soll den Kindern der 4. Jahrgangsstufe aufzeigen, wie in der Politik Entscheidungen für die Bürger getroffen werden und welche Verwaltungsaufgaben die Gemeinde hat. Bei den Kindern soll das Interesse an Politik geweckt werden. Wichtig ist auch, dass sie erfahren, welche Mitwirkungsmöglichkeiten sie in bestimmten Angelegenheiten haben und welche Mitwirkungsmöglichkeiten es für die Bürger neben der Wahl des Gemeinderates gibt.

4. Sachinformationen

S. 4-9

Die Gemeinde ist Grundform des sozialen Zusammenlebens. „Die Gemeinde ist gekennzeichnet durch lokale Gebundenheit an einen bestimmten und abgegrenzten Raum und durch die räumliche Nähe der in ihr lebenden Menschen. Sie ist ein Geflecht sozialer Beziehungen zwischen Menschen, die in einem mehr oder weniger großen lokal begrenzten Raum wohnen und in derart mannigfaltigen wirtschaftlichen, sozialen und kulturellen Bindungen zusammenleben, dass ein wesentlicher Teil ihrer Bedürfnisse und Interessen innerhalb dieses Rahmens befriedigt werden kann." (Wegmann: Die kommunalen Ebenen Bayerns, 2001, S. 9) Die Gemeinden sind eine ursprüngliche Gebietskörperschaft des öffentlichen Rechts (Verfassung des Freistaates Bayern, Art.11 Abs.2). Sie haben das Recht ihre eigenen Angelegenheiten im Rahmen der Gesetze für sich selbst zu regeln. Die Gemeinden besitzen eine Selbstverwaltung (BV, Art.11 Abs.4), die der im Grundgesetz festgelegten demokratischen Grundordnung (GG Art.28 Abs.1) unterliegt.

Die Gemeinden sind kreisangehörig oder kreisfrei (Art.5 Abs.1 Gemeindeordnung-GO). Dies legt ihre Einbindung in die nächsthöhere Gebietskörperschaft (z. B. Landkreis) fest. Kreisfreie Gemeinden stehen in der Hierarchie Landkreisen gleich. Die Unterscheidung in Städte oder Gemeinden ist rechtlich ohne Bedeutung. Die Gemeinden unterliegen als Teil der Staatsordnung der staatlichen Aufsicht.

Gemeindeangehörige sind alle Personen, die in der Gemeinde wohnhaft sind, unabhängig von Alter und Staatsangehörigkeit (Art.15 Abs.1 GO). Sie dürfen Gemeindeeinrichtungen nutzen, haben das Petitionsrecht (Art.56 Abs.3 GO) und das Recht auf die Teilnahme an öffentlichen Gemeinderatssitzungen. Pflicht ist es die Gemeindelasten mit zu tragen.

Für die Ausübung politischer Rechte wählen die Bürger ihre Vertreter. Den Gemeindebürgern stehen verschiedene Mitwirkungsrechte zu:

- Mitberatungs- und Abstimmungsrecht in der Bürgerversammlung (Art.18 GO)

- Einsicht in die Niederschrift öffentlicher Gemeinderatssitzungen (Art. 54 GO)
- bestimmte Anhörungsrechte im Hinblick den Namen, den Status und des Gemeindegebietes.
- aktives und passives Wahlrecht für den Gemeinderat und den 1. Bürgermeister (Art.17 GO)
- Einreichung eines Bürgerantrages oder eines Bürgerbegehrens (Art.18 GO) und die Teilnahme an einem Bürgerentscheid.

Das Gemeindewahlrecht ist in Gemeinde- und Landkreiswahlgesetz und Gemeinde- und Landkreiswahlordnung geregelt. Die Wahl muss allgemein, gleich, unmittelbar und geheim sein. Falls bei einer Gemeinderatswahl mehr als eine Liste vorliegt, findet das „verbesserte Verhältniswahlrecht" Anwendung. Der Wähler kann panaschieren und kumulieren. Wenn kein oder nur ein Wahlvorschlag (Liste) vorliegt, gilt das Mehrheitswahlrecht.

Wahlberechtigt sind alle Deutschen sowie alle Staatsbürger der EU-Mitgliedsstaaten, die das 18. Lebensjahr vollendet haben, die seit mindestens 3 Monaten ihren Lebensschwerpunkt in der Gemeinde haben und die nicht vom Wahlrecht ausgeschlossen sind (= aktives Wahlrecht).

In den Gemeinderat darf sich jeder Wahlberechtigte wählen lassen, der länger als 6 Monate seinen Lebensschwerpunkt in der Gemeinde hat. Für das Amt des 1. Bürgermeisters muss der Kandidat das 21. Lebensjahr vollendet haben.

Wahlvorschläge können nur von Parteien und Wählergruppen eingereicht werden. Wählergruppen oder Parteien, die noch nicht im Gemeinderat vertreten sind, benötigen im Vorfeld eine je nach Gemeindegröße festgelegte Zahl an Unterstützungsunterschriften wahlberechtigter Bürger, um zur Wahl zugelassen zu werden. Die Legislaturperiode eines Gemeinderates und eines 1. Bürgermeisters beträgt 6 Jahre.

Die Bürgerversammlung ist eine Möglichkeit der Beteiligung der Gemeindebürger. Mindestens einmal pro Jahr muss der Bürgermeister zur Erörterung und Information gemeindlicher Angelegenheiten eine Bürgerversammlung einberufen. Die Bürgerversammlung kann nur Empfehlungen aussprechen, die vom Gemeinderat anschließend erörtert werden müssen. Sie ist nicht beschlussfähig.

Außerhalb der Bürgerversammlung kann jeder einen Bürgerantrag einreichen, den 1 % der Gemeindebürger mitunterschrieben haben.

Seit 1995 (Änderungsgesetz der GO am 1.4.1999) gibt es die Möglichkeit des Bürgerbegehrens und des Bürgerentscheids auf kommunaler Ebene. Gemeindebürger können einen Bürgerentscheid beantragen. Dem geht das Bürgerbegehren voran. Ebenso kann der Gemeinderat einen Bürgerentscheid beschließen. Gewisse Angelegenheiten (z. B. innere Organisation des Gemeinderates, Haushaltssatzung) sind vom Bürgerentscheid ausgeschlossen. Ein Bürgerbegehren wird schriftlich bei der Gemeinde eingereicht. Es kommt zu Stande, wenn 10 % bei Gemeinden bis 10 000 Einwohnern bis 3 % bei Gemeinden über 500 000 Einwohnern unterschrieben haben. Der Bürgerentscheid ist einem Gemeinderatsbeschluss gleichgestellt.

Die zwei Hauptorgane der Gemeinde sind der gewählte Gemeinderat und der 1. Bürgermeister. Sie stehen sich gleichrangig gegenüber. Ihre Kompetenzbereiche sind abgegrenzt und gesetzlich geregelt.

Der Gemeinderat ist die repräsentative Vertretung der Gemeindebürger und das kollegiale Verwaltungsorgan.

Der Bürgermeister ist ebenso unmittelbar vom Volk legitimiert und der Leiter der Verwaltung. Er bereitet die Gemeinderatssitzungen vor und beruft den Gemeinderat ein. Er ist im Gemeinderat voll stimmberechtigt. Er ist das alleinige Vollzugsorgan der Gemeinde.

Die Aufgaben der Gemeinde unterteilen sich in Pflichtaufgaben und freiwillige Aufgaben.

Zu den Pflichtaufgaben gehören z. B. die Trinkwasserversorgung, die Abwasserbeseitigung, die Vermögenswirtschaft, die Haushaltswirtschaft, die Bauleitplanung, die Totenbestattung, das Straßenwesen und das Schulwesen.

Darüber hinaus können freiwillige Aufgaben übernommen werden, die jedoch nicht die Pflichtaufgaben beeinträchtigen dürfen und im öffentlichen Interesse liegen müssen. Dies können Einrichtungen wie Schwimmbäder, Sportstätten, Altersheime, Museen, Theater etc. sein.

Die Einnahmen der Gemeinde bezieht sie im Wesentlichen aus den Steuern und aus besonderen Entgelten für die von ihr erbrachten Leistungen. Jede Gemeinde kann als Gebietskörperschaft wie jede Privatperson Vermögen erwerben.

5. Unterrichtsgestaltung

S. 4 Ein neuer Sportplatz

Ausgehend von einer Situation, die die Kinder betreffen könnte, soll besprochen werden, wer dafür zuständig ist und an wen sich die Kinder wenden können mit ihrem Anliegen.

Besser wäre es, wenn es in der Gemeinde eine ähnliche Situation geben würde, die die Kinder betrifft (z. B. Spielplatz, Skaterbahn, Schwimmbad). Die Lehrkraft könnte das Problem ansprechen und die Kinder darüber sprechen lassen, an wen sie sich wenden können, wer dafür überhaupt zuständig ist. Ausgehend von einem Besprechen der Buchseite, könnte die Lehrkraft auch die Kinder in Gruppen überlegen lassen, ob in ihrer Gemeinde ein ähnliches Anliegen vorliegt oder ob ihnen ein Problem „unter den Nägeln brennt", wo sie gerne eine Veränderung wünschten.

S. 5 Soll der Sportplatz gebaut werden?

Auf dieser Seite soll dargestellt werden, welche Gruppen an einer Meinungsbildung beteiligt sein können. Es soll eine Pro- und Kontra-Diskussion angebahnt werden. Den Kindern soll bewusst werden, dass gewisse Vorteile für den einen mit Nachteilen für den anderen verbunden sind. Analog dazu können die Kinder zu einem aktuellen Problem in ihrer Gemeinde Informationen der einzelnen Interessengruppen sammeln. Die Kinder sollen zusammenfassen, wo überall eine Meinung einer breiten Öffentlichkeit kundgetan werden kann und welche Auswirkungen es hat. Am Schluss sollen die Kinder überlegen, wer für die Entscheidung zuständig ist. Wahrscheinlich haben die Kinder nur Vermutungen. Im Rahmen einer Diskussion soll aber nicht nur überlegt werden, wer zuständig sein könnte. Interessant wäre es noch, wenn die Kinder auch überlegen, wie sinnvoll es wäre, wenn eine Interessengruppe für die Entscheidung zuständig wäre.
Innerhalb der Unterrichtseinheit soll ein Besuch in der Gemeinde und sofern die Möglichkeit besteht auch der Besuch beim Bürgermeister eingeplant werden. Der Bürgermeister wird den Kindern am ehesten in kleinen Gemeinden für ein Gespräch zur Verfügung stehen.

S. 6 Der Gemeinderat entscheidet

Ausgehend von dem im Buch dargestellten Problem oder von einem aktuellen Problem in der eigenen Gemeinde könnte die Lehrkraft anregen, dass die Kinder die Arbeit des Gemeinderates nachspielen. Die Kinder erarbeiten in Gruppen verschiedene Argumente. Die Lehrkraft sollte darauf achten, dass eine gewisse Meinungsvielfalt zu Stande kommt. Wenn die Meinungen zusammengetragen sind, kann jeweils ein Gruppenvertreter zusammen mit den anderen Gruppenvertretern diskutieren. Am Schluss sollen sie sich auf eine Abstimmung einigen und diese durchführen. Die übrigen Kinder können das Gespräch beobachten. Falls Zeit kann noch gemeinsam überlegt werden, welche Vor- und Nachteile ein Mehrheitsbeschluss hat.

S. 7 Der Gemeinderat/Stadtrat

Ausgehend von der vorangegangenen Stunde, soll nun informiert werden, wer in der Gemeinde für eine Entscheidung zuständig ist. Das Bild ist bewusst schematisch gehalten, um die Allgemeingültigkeit darzustellen. Die Kinder erlesen den Text. Anschließend wird darüber gesprochen, wer in der eigenen Gemeinde Bürgermeister und Gemeinderat ist. Transparenter und leichter wird es sein, wenn die Gemeinde klein ist. Bei größeren Städten ist bestimmt nur der Name des 1. Bürgermeisters bekannt. Wer und wie der Gemeinderat gewählt wird, sollen die Kinder abschließend verbalisieren. Im Anschluss daran könnte ein Besuch beim Bürgermeister geplant werden. Möglich wäre es auch ein Interview mit einem Gemeinderatsmitglied zu planen und durchzuführen. Mit einem Brief an den „Ansprechpartner" können die Kinder um ein Gespräch und einen Termin bitten. Als Vorbereitung können die Kinder Fragen zum Gemeinderat und an den Bürgermeister erstellen. In großen Städten wird die Lehrkraft die Fragestellungen mit den Kindern gemeinsam klären müssen.

KV 1 Bei der Bearbeitung der Kopiervorlage „Wer beschließt in unserer Gemeinde – Der Gemeinderat/Stadtrat" vertiefen die Kinder die Schülerbuchseite und fassen die wichtigsten Aspekte der Gemeindearbeit zusammen.

S. 8 Die Aufgaben der Gemeinde/Stadt

Zu Beginn sollen die Kinder vermuten, für welche Aufgaben die Gemeinde zuständig ist. Ihnen soll klar werden, dass die Gemeinde etwas für seine Bürger leistet. Nach einer Sammlung an der Tafel kann das Fehlende mit Hilfe des Buches ergänzt werden. In Gruppen können die einzelnen Aufgabengebiete näher beleuchtet werden. Die Kinder schreiben dazu, ob es die Einrichtung am Ort gibt und wo sie sich befindet. Als Zusatzaufgabe können sie die einzelnen Aufgaben nach der Wichtigkeit für alle Bürger beurteilen.

S. 9 Im Rathaus

Je nach Ortsgröße ist es einfacher oder schwieriger, einen Besuch im Rathaus zu planen und durchzuführen. Der Besuch sollte von der Lehrkraft oder von den Kindern mit einem Brief angekündigt werden. Der „normale" Betrieb darf ja nicht durch eine Schulklasse gestört werden. Vielleicht kann im Vorfeld abgeklärt werden, welche Ämter für die Kinder besonders interessant sind. Am Ende sollte die Vielfalt den Kindern bekannt sein, auch wenn sie in ihrem Alter noch nicht so häufig auf ein Amt müssen. Interessant könnte das Fundamt sein, da dort die Kinder selbst hingehen können, wenn sie etwas verloren oder gefunden haben. Wichtig war auch schon das Einwohnermeldeamt, auch wenn es ihnen vielleicht nicht bekannt ist. Verschiedene Fragestellungen zum Thema „Ausweis" oder „Welche Daten werden gespeichert" können erarbeitet werden.

6. Literatur- und Medienhinweise

Fachliteratur

Kitzeder, Peter: Gemeinde – Landkreis – Bezirk. Bayerische Landeszentrale für politische Bildungsarbeit, München 1996

Wegmann, Manfred: Die kommunalen Ebenen Bayerns: Kommunalordnungen und Wahlen, Bayerische Landeszentrale für politische Bildungsarbeit, München 2001

1. Überblick über die Inhalte des Kapitels

Inhalte		Intentionen
S. 10	Verkleinerte Darstellung der Wirklichkeit – Maßstab	– Umgang mit dem Maßstab – Den Maßstab von Gegenständen feststellen – Maßstäbliche Vergrößerungen abgebildeter konkreter Gegenstände zeichnen
S. 11	Mit der Karte unterwegs	– Landkarte und Stadtplan als thematische Karte kennen lernen – Mit Suchaufgaben die Arbeit mit Planquadraten üben – Die Arbeit mit dem Maßstab üben
S. 12	Wie können Berge auf Karten dargestellt werden?	– Die Darstellung der Berge auf Karten anhand des Modells des Kartoffelbergs darstellen – Einführung des Begriffs Höhenlinien
S. 13	Berge auf der Wanderkarte	– Die Höhendarstellung auf Karten erfassen; Höhenlinien, Höhenschichtenfarben – Einführung des Höhenschematas

2. Weitere Möglichkeiten im BAUSTEINE-Programm

Sprachbuch 4

Kapitel: Abenteuer
S. 16/17 Abenteuer

Lesebuch 4

Kapitel: Abenteuer
S. 22 Paul Gauguin: Pape moe
S. 23 Robinson/Robinson Kruse
S. 24 Robinson Crusoe
S. 25 Wettlauf zum Südpol

Weitere fächerverbindende Möglichkeiten

Werken/Textiles Gestalten: Modellberggestaltung mit Styropor

3. Vorüberlegungen

Kinder erweitern ständig ihren Bewegungsradius und werden zunehmend neugierig auf fremde Welten. Wenn sie allerdings den unmittelbar überschaubaren Raum verlassen, benötigen sie die Fähigkeit zur räumlichen Orientierung. Ein wesentliches Hilfsmittel hierfür stellen Karten dar. Der Umgang mit diesen erfordert jedoch ein hohes Maß an Abstraktionsvermögen. Im vierten Schuljahr ist es aber bereits so weit bei den Kindern ausgebildet, dass schon relativ detaillierte und verschiedenartige Karten im Unterricht eingeführt werden können.
Die Grundfertigkeit, Karten zu handhaben und richtig zu interpretieren, ist auch Voraussetzung für die Bearbeitung weiterführender heimatkundlicher und geografischer Themen. So soll im Verlauf dieses Schuljahres nun die heimatliche Umgebung der Kinder in jeweils größere räumliche Zusammenhänge gestellt werden.

4. Sachinformationen

Wenn von Karten gesprochen wird, werden zumeist *topografische Karten* gemeint. Diese enthalten oft eine Vielzahl von Informationen. Sie können Orte und Städte, Straßen, Eisenbahnlinien, Gewässer, Geländeformen und landschaftliche Besonderheiten zeigen. *Thematische Karten* dagegen haben nur ein bestimmtes Thema zum Inhalt, z. B. Besiedlungsdichte, Verkehrsdichte, Wirtschaftsfaktoren etc.

Um eine Karte lesen und verstehen zu können, bedarf es bestimmter Kenntnisse und Fähigkeiten: etwa die Himmelsrichtungen, der Kartenmaßstab, die Kartenzeichen, die Darstellung der Landschaftsformen, Entfernungen mit Hilfe der Maßstabsangabe auf der Karte ermitteln, die Zeichen aus der Legende auf der Karte wieder erkennen und interpretieren, Besonderheiten der Landschaft aus der Kartendarstellung herauslesen und beschreiben.

S. 10/11 Verkleinerte Darstellung der Wirklichkeit – Maßstab/Mit der Karte unterwegs

Karten stellen ein verkleinertes Abbild der Wirklichkeit dar. Dabei werden verschiedene Maßstäbe benutzt: Es gibt beispielsweise Stadtpläne mit sehr großem Maßstab, Karten ganzer Länder und Kontinente werden hingegen in einem kleineren Maßstab gezeichnet.
Bei einem Maßstab von 1 : 10 000 (großer Maßstab) entsprechen 1 cm auf der Karte 10 000 cm (= 100 m) in der Natur, bei einem Maßstab von 1 : 5 000 000 (kleiner Maßstab) entsprechen 1 cm auf der Karte 5 000 000 cm (= 50 km) in der Natur.
Der Maßstab wird auf Karten durch eine Maßstabsleiste mit Zentimeterstrichteilung (seltener mit Millimeterstrichteilung) wiedergegeben, an der die natürlichen Längen eingetragen sind.

S. 13/14 Wie können Berge auf Karten dargestellt werden?/Berge auf der Wanderkarte

Geländeformen lassen sich mit Hilfe von Höhenlinien veranschaulichen. Diese Darstellungsweise bietet sich vor allem für Karten größeren Maßstabs an, deren Flächenfarben der Bodenbedeckung vorbehalten sind. *Höhenlinien* verbinden alle Punkte, die auf gleicher Höhe liegen. Bei stark ansteigenden Geländeformen ist der Abstand zwischen den Höhenlinien sehr gering, bei flachem Gelände liegen die Höhenlinien weit auseinander. Durch Schummerung kann zusätzlich versucht werden, die Geländeform plastischer und anschaulicher wiederzugeben.
Bei Übersichtskarten mit kleinen Maßstäben (z. B. Deutschlandkarte, Europakarte) verringert sich die Aussagekraft von Höhenlinien. Die Oberflächenform und Höhe wird hier mittels farbiger Höhenschichten dargestellt. Da die Farben nicht für alle Karten verbindlich sind, sollten die verschiedenen Höhenfarben aus der Kartenlegende entnommen werden.
Karten, in denen die Geländeform als farbige Höhenschichten wiedergegeben werden und zusätzliche Informationen über Gewässer, Ansiedlungen, Verkehrswege u. a. enthalten sind, werden als *physische Karten* bezeichnet. Auf Grund ihrer abstrakten Geländewiedergabe sind sie für Grundschüler jedoch schwierig zu verstehen.

5. Unterrichtsgestaltung

S. 10/11 Verkleinerte Darstellung der Wirklichkeit – Maßstab/Mit der Karte unterwegs

In Vorbereitung auf die folgende Kartenarbeit ist es sinnvoll, dass sich die Kinder ein realistisches Verhältnis zu Längen und Entfernungen aneignen, zumal die Maßstabsangaben auf den Karten für die Kinder zunächst abstrakte Größen darstellen. Deshalb bieten sich als Einstieg in die Thematik die Aufgaben 1–4 im Schulbuch auf Seite 10 an. Die Kinder können unabhängig von konkreten Karten Maßstabsangaben ganz dinglich erfahren (besonders bei Aufgabe 1) und konkret für sich umsetzen. Daran anknüpfend können die Kinder die Kopiervorlage 1 bearbeiten, auf der sich ganz ähnliche Aufgabenstellungen finden. Sollte eine weitere Einübung vonnöten sein, kann die Lehrkraft die Kinder dazu anregen, weitere einfache Gegenstände in den Unterricht mitzubringen, abzuzeichnen und in verschiedenen Maßstäben zu zeichnen.
Sind die Kinder durch diese Vorübungen genügend mit Maßstabsumrechnungen und -verhältnissen vertraut, können die soeben gewonnenen Kenntnisse auf eine konkrete Karte angewendet werden. Dies kann anhand der im Schulbuch auf Seite 11 abgebildeten Karte geschehen. Die Aufgaben 1–4 geben einige Anwendungsmöglichkeiten vor. Die Kinder können sich auch gegenseitig Aufgaben stellen. Etwa: Wie weit ist der Kinderspielplatz vom Museum entfernt, wenn man den kürzesten Weg wählt. Dazu können Kleingruppen gebildet werden. Eine Hälfte der Gruppe stellt eine vorgegebene Anzahl von Aufgaben, die andere sucht die Lösungen; dann wird getauscht. Natürlich können für diese Art Übung auch noch andere einfache Stadtpläne herangezogen werden.

Liegt der Wandertag der Klasse zeitlich nicht allzu weit entfernt, kann die Bearbeitung der Aufgabe 5 auf ein ganz konkretes Ziel hin stattfinden. Auf dem Wandertag selbst kann dann ein Entfernungsmesser (Kilometermesser o. Ä.) mitgenommen werden und so die Richtigkeit der geschätzten und ausgemessenen Strecke überprüft werden.

KV 2 Die Kopiervorlage „Der Maßstab" zeigt verschiedene Maßstäbe (1 : 1, 1 : 2, 1 :10 und 1 : 25 000). Die Kinder sollen messen und in die Wirklichkeit übertragen.

S. 12/13 Wie können Berge auf Karten dargestellt werden?/Berge auf der Wanderkarte

Neben dem Umgang mit Maßstabsangaben müssen die Kinder auch die Landschaftsdarstellungen auf Karten interpretieren können. Ein wesentlicher Aspekt hierbei ist die Darstellung von Höhen (Bergen) in ihren unterschiedlichen Gestaltungen.
Zur besseren Veranschaulichung der dritten Dimension empfiehlt es sich, modellhafte Rekonstruktionen im Unterricht einzusetzen. Dazu eignen sich besonders Sandkastenmodelle, wie eines auch im Schulbuch auf Seite 12 vorgestellt wird. Natürlich kann der große Sandkasten im Schulhof oder auf dem nächstgelegenen Spielplatz dazu genutzt werden, einen Modellberg aus Sand zu formen. Noch besser einsetzbar ist eine kleine (mögliche Maße: Länge = 80 cm, Breite = 50 cm, Höhe = 15 cm) mit Sand gefüllte Holzkiste. Sie kann dann im Klassenzimmer verbleiben und bei Bedarf immer wieder hervorgeholt werden. Es können aber auch mehrere Kisten mit Modellbergen gestaltet werden: In einer Kiste findet sich dann ein sehr flacher Berg, in der anderen ein sehr steil ansteigender etc.
Beim Formen des Sandbergs durch die Kinder wird zum einen ihre Beobachtungsfähigkeit geschärft, zum anderen wird auch der Behaltwert erhöht, denn es wird nicht nur die visuelle, sondern auch die sensorische und motorische Wahrnehmung angesprochen. Das Arbeiten mit dem Sandkastenmodell eignet sich besonders gut als Einstiegs- und Motivationsphase.
Anschließend dürfte es den Kindern nun leichter fallen, die abstrakten Höhendarstellungen auf Karten zu beurteilen. Dazu kann die Lehrkraft und/oder die Kinder verschiedene Karten in den Unterricht mitbringen. Die Kinder sollen auf diesen Berge und andere Landschaftserhöhungen suchen und miteinander besprechen, welche Darstellungsweisen es gibt und woran sie erkennen, wie steil ein Berg ist (Aufgabe 1 auf Seite 12 des Schulbuchs). Zur Bearbeitung der Arbeitsaufträge können Gruppen gebildet werden. Anschließend aber sollten dann die Punkte nochmals mit allen Kindern zusammen an einer großen Wandkarte durchgesprochen werden.
Die Kinder werden feststellen, dass eine häufig gewählte Darstellungsweise von Landschaftserhöhungen *Höhenlinien* sind. Diese verlangen den Kindern allerdings ein erhebliches Maß an Abstraktionsvermögen ab. Im Schulbuch auf Seite 13 können die Kinder noch einmal ohne die ablenkenden Informationen, die sonst noch auf Karten zu finden sind, Höhendarstellungen mittels Höhenlinien betrachten.

Die Aufgaben 1–3 sollen die Kinder dazu anregen, sich Gedanken zu machen, welche Angaben/Aussagen Höhenlinien zur absoluten Höhe und zum Steilheitsgrad machen. Dies ist keine leichte Aufgabe, da zumindest der Aspekt der absoluten Höhe für die Kinder nur schwer nachzuvollziehen ist.
Karten bieten eine Draufsicht auf die Höhe wie sie die obere Abbildung im Schulbuch zeigt. Deutlicher werden die Aspekte der Höhendarstellung durch Höhenlinien, wenn sie als Seitenansicht dargestellt werden. Die entsprechende Abbildung im Schulbuch kann beispielsweise vergrößert an die Tafel gemalt werden oder besser noch mit dem Overheadprojektor an die Wand geworfen werden. Jetzt können die Kinder einzelne Punkte aus der oberen Abbildung in die Seitenansicht übertragen.

KV 3 Nachdem sich die Kinder mit den Höhenlinien und den Höhenschichten konkret-handelnd auseinander gesetzt haben, kann anhand der Kopiervorlage „Landkarte: Höhenlinie“ dieser Sachverhalt auf einem höheren Abstraktionsniveau weiter vertieft und gefestigt werden. Unter anderem lernen die Kinder, Bergbeschreibungen bzw. Querschnittsdarstellungen entsprechenden Höhenlinienkarten zuzuordnen.
Einen Praxisbezug kann die Lehrkraft herstellen, indem sie gemeinsam mit den Kindern überlegt, für welche Personen Höhenlinien eine nützliche Höhendarstellung sind.
Nun haben die Kinder so viele Informationen zum Umgang mit Karten gesammelt, dass sie zusammen ihren Heimatort auf einer Wanderkarte suchen und kompetent die Darstellung mit der Wirklichkeit vergleichen können. Nach diesem theoretischen Vergleichen können die Kinder auch mit ihrer Lehrkraft durch ihren Heimatort und seine nahe Umgebung gehen und vor Ort ihre Erkenntnisse überprüfen. Sinnvoll ist es dabei, wenn bei der theoretischen Überprüfung ein Protokoll angefertigt wurde, das dann bei dem Vor-Ort-Termin Punkt für Punkt durchgegangen werden kann. Gibt es Widersprüchlichkeiten zwischen Karte und Wirklichkeit können dies die Kinder festhalten und anschließend im Deutschunterricht ein entsprechendes Schreiben an den Kartenhersteller bzw. -verteiler schicken.

6. Literatur- und Medienhinweise

Fachliteratur

Barker, Eric J.: Geographie in der Grundschule: Ziele, Inhalte u. Methoden. Klett, Stuttgart 1976
Sauter, Helmut (Hrsg.)/Barsig, Walter (Mitarb.): Heimat- und Sachkunde in der Grundschule, Auer Verlag, Donauwörth 1977

1. Überblick über die Inhalte des Kapitels

Inhalte	Intentionen
S. 14/15 Bayern	– Die Heimatgemeinde in den größeren räumlichen Zusammenhängen Bayerns auf der Karte wiederfinden – Die unterschiedlichen Landschaften Bayerns kennen – Die Kinder sollen die Landschaft, in der sie jeweils leben, beschreiben können – Die großen Städte Bayerns auf der Karte wiederfinden können – Sich mit dem Verkehrsnetz Bayerns auseinander setzen
S. 16/17 Weinanbau in Mainfranken/Milchwirtschaft im Allgäu	– Die beiden Großlandschaften Mainfranken und Allgäu vergleichen – Rückschlüsse zwischen Oberflächenform und landwirtschaftlicher Nutzung ziehen – Übertragung auf die Landschaftsnutzung der eigenen Region
S. 18 Regierungsbezirke in Bayern	– Darstellung der Regierungsbezirke Bayerns – Kennen des eigenen und der Nachbarregierungsbezirke
S. 19 Deutschland	– Gliederung der Bundesrepublik Deutschland in Bundesländer – Einordnung des Bundeslandes Bayern in die Bundesrepublik Deutschland – Kennen der Nachbarbundesländer – Kennen der Landeshauptstädte – Kennen der wichtigen Flüsse Donau, Rhein und Elbe

2. Weitere Möglichkeiten im BAUSTEINE-Programm

Lesebuch 4

Kapitel: Unterwegs
S. 132 Unterwegs
S. 133 Heimat

Kapitel: Durch das Jahr
S. 159 Bayerische „Fest-Karte"

3. Vorüberlegungen

Kinder dieser Altersstufe interessieren sich zunehmend für größere geografische Zusammenhänge. Auf Reisen und durch die Medien konnten sie bereits entsprechende Eindrücke sammeln. Dieses Interesse der Kinder sollte auch in der Schule aufgegriffen werden. Allerdings ist es im Kontext des Heimat- und Sachunterrichts sinnvoll, das geografische Wissen der Kinder zu systematisieren. Sie sollen ihre persönliche Umgebung – eingebunden in größere geografische Zusammenhänge, die auch von wirtschaftlicher und politischer Bedeutung sind – (er)kennen. Zunächst soll dabei natürlich das eigene Bundesland im Vordergrund stehen. Dieses soll abschließend als Teil der Bundesrepublik Deutschland gezeigt werden.

4. Sachinformationen

S. 14/15 Bayern

Der im Süden der Bundesrepublik Deutschland liegende Freistaat Bayern ist flächenmäßig das größte, nach der Bevölkerungszahl das zweitgrößte Bun-

desland – obwohl einige seiner Gegenden dünn besiedelt sind. Bayern grenzt an die Tschechische Republik, an Hessen, Baden-Württemberg und an Österreich.
Das heutige Bundesland Bayern erstreckt sich zwischen den Nördlichen Kalkalpen und der unteren Mainebene. Den Alpen, die mit der Zugspitze die höchste Erhebung Deutschlands aufweisen, schließt sich - nach Norden gesehen – das Alpenvorland an, dem dann bis zur Donau ein fruchtbares Hügelland folgt. Dann kommt das Schwäbisch-Fränkische Stufenland mit Frankenhöhe, Steigerwald, Hassbergen und Fränkischer Alb. Bayern hat zudem im Norden Anteil am Spessart und an der Rhön. Im Osten findet sich eine Mittelgebirgslandschaft mit Bayerischem und Oberpfälzer Wald, Fichtelgebirge und Frankenland. Große Teile Bayerns werden von der Donau und ihren Nebenflüssen Iller, Lech, Isar und Inn sowie vom Main durchflossen.

In der ersten Hälfte des 6. Jahrhunderts nach Christus war die Landnahme der Baiern in dem Gebiet zwischen Lech, Donau und den Alpen abgeschlossen. Unter der Führung des in Regensburg ansässigen Herzogsgeschlechts der Agilolfinger konnten sie im Folgenden ihre Macht auch nördlich der Donau ausdehnen. Allerdings gerieten die Agilolfinger in Abhängigkeit vom Fränkischen Reich und mit der Absetzung Tassilos III. durch Karl den Großen endete das ältere bayerische Stammesherzogtum. Anfang des 10. Jahrhunderts entstand unter den Grafen von Scheyern das jüngere Stammesherzogtum Bayern. Nach wechselnden Besitzverhältnissen fiel Bayern schließlich 1180 an die Wittelsbacher und erlangte unter Kaiser Ludwig IV., dem Bayern, sogar europäische Bedeutung. Ludwigs Erben war es jedoch nicht möglich, die Kaiserwürde in ihren Reihen zu halten, außerdem wurde das Herzogtum durch Gebietsaufteilungen und -verluste geschwächt. Erst Albrecht IV. von Bayern gelang es 1506, Bayern wieder zu einen – allerdings unter territorialen Einbußen.
1623 gelangte mit Maximilian I. (1597–1651) die pfälzische Kurwürde wieder an Bayern, 1628 das Gebiet der Oberpfalz. Mit Karl Albrecht (1726–45) wurde als Karl VII. wieder ein Wittelsbacher zum Kaiser gewählt (1742–45), allerdings fiel dabei sein Stammland in österreichische Hände. Der 1777 auf Grund einer Verzichtserklärung des Kurfürsten Maximilian III. Joseph (1745–77) – als Folge des Österreichischen Erbfolgekriegs – erloschenen bayerischen Linie der Wittelsbacher folgte Karl Theodor aus der Linie Pfalz-Sulzbach, der schon die Kurpfalz und die Herzogtümer Jülich und Berg besaß. 1799 gelangte Maximilian IV. Joseph aus der Linie Pfalz-Zweibrücken an die Regierung, 1806 nahm er als Maximilian I. Joseph den Königstitel an. Am 26. Mai 1818 erhielt Bayern bereits eine konstitutionelle Verfassung mit zwei Kammern. Im November 1918 erklärte K. Eisner, der Führer der USPD und Vorsitzende des Arbeiter- und Soldatenrates in München, das Haus Wittelsbach für abgesetzt und rief die Republik aus. Bald darauf entwickelte sich Bayern aber zum Sammelbecken rechtsgerichteter Kräfte. Mit dem Ende des Zweiten Weltkriegs kam Bayern (mit Ausnahme Lindaus und der Pfalz) zur amerikanischen Besatzungszone, während die Pfalz 1946 Rheinland-Pfalz eingegliedert wurde. Eine neue Verfassung trat im Dezember 1946 in Kraft und seit 1949 ist Bayern ein Land der Bundesrepublik Deutschland.

S. 16/17 Weinbau in Mainfranken/ Milchwirtschaft im Allgäu

Die bayerische Hochebene hat ein raueres und etwas kontinentaleres Klima als das deutlich wärmere Bodenseegebiet. Ebenso findet sich dieser Gegensatz in Nordbayern zwischen dem warmen Maintal und den benachbarten Gäuen sowie den rauen klimatischen Bedingungen von Spessart und Rhön. In der Donauniederung ist es verhältnismäßig warm, das Klima unterliegt aber starken täglichen Temperaturschwankungen. Fichtelgebirge, Bayerischer Wald und Böhmerwald sowie der stark von den Alpen beeinflusste Teil des Alpenvorlandes sind feucht und schneereich und die Vegetationszeiten sind kürzer als in Hügel- und Gäulandschaften.

Eng mit den klimatischen Bedingungen ist die Möglichkeit und Art der landwirtschaftlichen Nutzung verbunden. Obwohl die Industrie seit 1949 die Land- und Forstwirtschaft von der ersten Stelle verdrängt hat, hat Bayern noch die größte landwirtschaftliche Nutzfläche (3 279 000 ha im Jahr 2000) unter den Bundesländern Deutschlands.
Ein wesentlicher Teil des Ackerlands dient dem Getreideanbau, wobei Gerste und Weizen die größte Bedeutung zukommt. Hauptanbaugebiet sind die Gäulandschaften und das niederbayerische Tertiärhügelland. Im Unter- und im westlichen Oberfranken kommt dem Anbau von Brauereigerste eine besondere Bedeutung zu. Und der überwiegende Teil der Hopfenerzeugung Deutschlands findet in Bayern (v. a. in den Anbaugebieten Hallertau, Spalt und Hersbruck) statt. Weinbau wird im unterfränkischen Maintal, im Tal der Fränkischen Saale sowie an der westlichen Abdeckung des Steigerwaldes betrieben (Anbaugebiet Franken). In Bayern werden immerhin 423 000 hl Wein (im Jahr 2000) erzeugt. Des Weiteren ist noch der Anbau von Hackfrüchten wie Zucker- und Runkelrüben sowie Kartoffeln nennenswert. Der ertragreichste Zweig der Landwirtschaft ist die Viehwirtschaft, besonders im Alpen-

vorland. Bayern ist führend in der Milchproduktion. Gemessen an der Gesamterzeugung Deutschlands von 28,3 Mio. Tonnen (im Jahr 2000) produzierte Bayern 7,65 Mio. Tonnen Milch (ca. 27 % im Jahr 2000).

S. 18/19 Regierungsbezirke in Bayern/ Deutschland

Bayern ist in die sieben Regierungsbezirke Oberbayern, Niederbayern, Oberpfalz, Oberfranken, Mittelfranken, Unterfranken und Schwaben unterteilt, die sich wiederum in 71 Landkreise, 25 kreisfreie Städte und insgesamt 2051 Gemeinden aufgliedern.
Wie sich Bayern aus verschiedenen Regierungsbezirken zusammensetzt, so ist Bayern als ein Teil (Bundesland) der Bundesrepublik Deutschland zu verstehen. Neben Bayern bilden die Länder Baden-Württemberg, Brandenburg, Hessen, Mecklenburg-Vorpommern, Niedersachsen, Nordrhein-Westfalen, Rheinland-Pfalz, Saarland, Sachsen, Sachsen-Anhalt, Schleswig-Holstein, Thüringen sowie die Stadtstaaten Berlin, Bremen und Hamburg den föderativen Staat. Zwar haben die Länder eigene Staatsgewalt und eigene Staatsgebiete, aber die höchste Staatsgewalt liegt beim Bund. Er entscheidet bei allen Fragen, die die Einheit und den Bestand des Ganzen betreffen. Durch den Bundesrat können die Länder jedoch auch bei der Gesetzgebung und der Verwaltung des Bundes mitwirken. Nach der Wiedervereinigung wurde 1991 Berlin zur Bundeshauptstadt bestimmt.

Einige statistische Angaben (Quelle: Statistisches Jahrbuch 2001)

	Fläche km^2	Bevölkerung (Mio.)	Hauptstadt
Deutschland	357 020	82,1	Berlin
BW	35 751	10,5	Stuttgart
BY	70 547	12,2	München
B	891	3,4	Berlin
BR	29 576	2,6	Potsdam
HB	404	0,7	Bremen
HH	755	1,7	Hamburg
HE	21 114	6,1	Wiesbaden
MV	23 171	1,8	Schwerin
NDS	47 614	7,9	Hannover
NRW	34 080	18,0	Düsseldorf
RHP	19 847	4,0	Mainz
SL	2 570	1,1	Saarbrücken
S	18 412	4,4	Dresden
SAN	20 446	2,6	Magdeburg
SH	15 764	2,7	Kiel
TH	16 171	2,4	Erfurt

5. Unterrichtsgestaltung

S. 14-19 Unser Land

Als Einstieg in das Thema kann die Lehrkraft eine Wandkarte Bayerns mit in den Unterricht bringen oder die Kinder können die Karte im Schulbuch auf Seite 14 betrachten. Anschließend können die Kinder erst einmal zusammentragen, was sie schon über Bayern wissen, und damit assoziieren wo sie schon überall selbst waren. Dieser offenen Phase zum gegenseitigen Austausch sollte ausreichend Zeit eingeräumt werden. Die Lehrkraft hat so auch die Möglichkeit, festzustellen, was schon an Vorwissen bei den Kindern vorhanden ist.
Im nächsten Schritt ist der Focus auf die jeweils umliegende Landschaft zu richten. In Gruppenarbeit sollen die Kinder diese näher beschreiben. Sie können dazu schreiben und/oder malen. Vielleicht finden die Kinder auch selbst andere Ausdrucksformen. Dann stellen sie sich gegenseitig ihre Ergebnisse vor und vergleichen sie miteinander. Als Quintessenz kann dann gemeinsam ein Plakat für das Klassenzimmer gestaltet werden, das die besten Beiträge aus den Gruppenarbeiten aufnimmt. Natürlich sollen die Kinder auch die Landschaft, in der sie leben, auf der Bayernkarte suchen.
Im Folgenden sollen die Kinder zum einen die Fertigkeiten, die sie sich bei der Erarbeitung des Kapitels „Landkarte“ angeeignet haben, weiter vertiefen. Zum anderen sollen sie aber auch mit Hilfe dieser Fähigkeiten anhand der Karte ihre Kenntnisse über Bayern vertiefen. Dazu können die Aufgaben 2–5 im Schülerbuch auf Seite 17 genutzt werden. Ergänzend dazu können die Kinder auf der Karte nachsehen, welche (Bundes-)Länder an Bayern grenzen. Darüber hinaus können die Kinder – vielleicht steht der Wandertag oder ein Landschulheimaufenthalt an – einen Ausflug innerhalb Bayerns unter Zuhilfenahme der Karte auf Seite 14 des Schülerbuchs selbst planen. Die Lehrkraft kann dazu die Klasse in Gruppen einteilen. Jede Gruppe bekommt den Auftrag, einen anderen Ort/eine andere Gegend zu bearbeiten. Die Kinder können jetzt selbst feststellen, wie groß die jeweilige Entfernung ist. Auf der Karte können sie auch die geografischen Gegebenheiten erkennen. Anschließend ist von den Kinder zu eruieren, wie beziehungsweise ob das gewünschte Ziel mit öffentlichen Verkehrsmitteln zu erreichen ist.
Darüber hinaus soll noch weiteres Informationsmaterial, zum Beispiel über Sehenswürdigkeiten, Ausflugsmöglichkeiten, zusammengetragen werden. Die Kinder präsentieren sich gegenseitig ihre Ziele. Anschließend können sie auf Grund dieser Vorstellung gemeinsam entscheiden, wohin sie fahren möchten.

KV 4 Mit der Kopiervorlage „Unser Land in Bayern" sollen die Kinder darstellen, aus welchem Teil Bayerns sie stammen und wie die Landschaft dort aussieht, wo sie leben. Sie sollen sich auch mit den Verkehrswegen in Bayern beschäftigen, indem sie überlegen, wie sie von ihrem Heimatort nach München reisen können.

KV 5 Die Kinder sollen sich bei der Kopiervorlage „Deutschland" mit Deutschland und den Bundesländern auseinander setzen. Dabei kennzeichnen sie das Bundesland, in dem sie wohnen, tragen den Namen der Landeshauptstadt ein und ergänzen die Namen der restlichen Bundesländer.

6. Literatur- und Medienhinweise

Fachliteratur

Diercke Grundschulatlas, Ausgabe Bayern. Westermann Schulbuchverlag GmbH, Braunschweig 2001

Nebel, Jürgen: Start in die Kartenwelt. Westermann Schulbuchverlag GmbH, Braunschweig 2002

Knoch, Peter: Heimat oder Region? Überlegungen zu einer Didaktik der Regionalgeschichte. Diesterweg, Frankfurt 1984

Stöckle, Frieder: Heimat heute, Probleme der Sozialisation und Identitätsbildung im Rahmen eines regionalgeschichtlichen Unterrichts. Diesterweg, Frankfurt 1984

Volkert, Wilhelm: Geschichte Bayerns. Beck C.H., München 2001

Wuermeling, Henric L.: Die Geschichte Bayerns. Langen Müller Herbig, München 2002

Internet

www.blinde-kuh.de

1. Überblick über die Inhalte des Kapitels

Inhalte	Intentionen
S. 20/21 Europa	– Die politische Karte als thematische Karte kennen – Die Gliederung Europas kennen – Die Nachbarstaaten Deutschlands kennen – Die Hauptstädte der europäischen Staaten kennen – Eine Ausstellung über Europa machen

2. Weitere Möglichkeiten im Bausteine-Programm

Sprachbuch 4

Kapitel: Sprachen verstehen
S. 4/5 Sprachen verstehen
S. 6 Urlaubsgrüße
S. 7 Urlaub in „bella italia"
S. 8 Wörter aus anderen Sprachen
S. 9 Wörtertraining

Lesebuch 4

Kapitel: In fernen Ländern
S. 52/53 Aus dem Lexikon: Religionen der Welt

Funkelsteine 4

Kapitel: Aus anderen Ländern
S. 14 Ein Mosaik von Menschen und ihren Ländern
S. 15 Hej, hello, bonjour!
S. 22 Süt ictim

Weitere fächerverbindende Möglichkeiten

Musikerziehung: Typische Lieder europäischer Länder einüben
Religionslehre: Sich mit den verschiedenen Religionen Europas beschäftigen (s. auch Lesebuch Seite 53/53)

3. Vorüberlegungen

Im Verlauf des Schuljahres haben die Kinder ihre Heimat in immer größeren geografischen Zusammenhängen gesehen. Wesentlich ist es nun, in einer Zeit, in der häufig vom „vereinten Europa" gesprochen wird, dass die Kinder auch eine Vorstellung von Europa bekommen – zunächst einmal in seiner geografischen Dimension. Nur so können die Kinder in den folgenden Jahrgangsstufen geschichtliche und politische Zusammenhänge verstehen und selbst ein europäisches Bewusstsein entwickeln. Sicher haben viele Kinder schon zusammen mit ihren Eltern andere europäische Länder bereist oder stammen selbst aus einem anderen europäischen Land. Sie können in dieser Phase ihre eigenen Erfahrungen und Berichte über andere Kulturen in den Unterricht mit einbringen.

4. Sachinformationen

S. 20/21

Der Name Europa ist griechisch-semitischen Ursprungs und bezeichnete zu Homers Zeiten das mittlere Griechenland. Der Geograf Hekataios von

Milet kannte allerdings im 6. Jahrhundert vor Christus schon die beiden Erdteile Asien und Europa. Bei Herodot findet sich dann schon die Dreiteilung der Erde in Asien, Europa und Libyen beziehungsweise Afrika. In römischer Zeit ist allmählich das ganze europäische Festland, einschließlich Skandinaviens und Finnlands, zumindest umrisshaft bekannt geworden.
Das seit dem Altpaläolithikum besiedelte Europa ist mit einer Fläche von rund 10,5 Millionen km^2 nach Australien der kleinste Erdteil. Zwar bildet Europa mit Asien die zusammenhängende Landmasse Eurasien, aber auf Grund geschichtlicher, wirtschaftlicher und kultureller Aspekte ist Europa als selbstständiger Erdteil aufzufassen.
Als seine Grenzen gegen Asien gelten Ural, Uralfluss, Kaspisches Meer und die Manytschniederung bis zum Asowschen Meer, von Vorderasien und Afrika trennen es Schwarzes Meer, Bosporus, Marmarameer, Dardanellen, Mittelmeer und die Straße von Gibraltar. Außerdem ist Europa im Westen und Nordwesten vom Atlantischen Ozean und seinen Nebenmeeren begrenzt, im Norden stößt es an das Nördliche Eismeer.
Im Vergleich zu anderen Kontinenten ist Europa in große Halbinseln und Nordmeere reich gegliedert; größte Halbinseln sind dabei im Norden Skandinavien (mit Norwegen, Schweden, Finnland), im Süden die Iberische Halbinsel (Portugal, Spanien), die Apenninenhalbinsel (Italien) und die Balkanhalbinsel (u. a. Albanien, Griechenland). Die größte Inselgruppe bilden die Britischen Inseln.
Von Nordfrankreich dehnt sich ein breites Tiefland bis zum Uralgebirge aus. Nach Süden folgen Mittelgebirge mit Beckenlandschaften und zwischen Mittel- und Südeuropa ein Zug junger Faltengebirge (Pyrenäen, Alpen, Karpaten, Balkan), die bis über 4000 Meter aufragen können. Jungvulkanische Bildungen (Vesuv, Ätna, Santorin) finden sich in Südeuropa. Auch Skandinavien wird von einem Gebirge überzogen. Wichtige Flüsse sind Wolga, Don, Dnjepr, Dnjester, Petschora, Dwina, Düna, Weichsel, Oder, Elbe, Donau, Theiß, Rhein, Maas, Seine, Loire, Ebro und Po. Die seenreichsten Gebiete finden sich im Norden und im Alpengebiet.
In Europa herrscht größtenteils ein gemäßigtes Klima. Dabei ist es im Westen durch Meeresnähe mild und feucht, nach der Mitte zu wird es kälter. Die jahreszeitlichen Gegensätze zwischen kaltem Winter mit lang anhaltender Schneedecke und warmem Sommer nehmen landeinwärts nach Osten zu. Südeuropa gehört mit heißen, trockenen Sommern und regenreichen Wintern zur subtropischen Zone. Der Norden hat Polarklima, an der unteren Wolga herrscht Steppenklima.
Als Heimat der Europiden ist Europa der dichtest besiedelte Erdteil. Es leben dort ungefähr 740 Millionen Menschen, doch die Bevölkerung ist sehr ungleichmäßig verteilt: auf Island 3 Einwohner/km^2, aber 380 Einwohner/km^2 in den Niederlanden. Ein großer Anteil der Menschen lebt in Städten.
Es werden heute über 60 Sprachen in Europa gesprochen. Rund 35 % der Bevölkerung sprechen slawische Sprachen, rund 30 % germanische und 27 % romanische Sprachen.
Im neuzeitlichen Europa haben sich folgende 41 Staaten ausgebildet: Albanien, Andorra, Belgien, Bosnien und Herzegowina, Bulgarien, Dänemark, Deutschland, Estland, Finnland, Frankreich, Griechenland, Großbritannien und Nordirland, Irland, Island, Italien, Jugoslawien, Kroatien, Lettland, Liechtenstein, Litauen, Luxemburg, Makedonien, Malta, Moldawien, Monaco, Niederlande, Norwegen, Österreich, Polen, Portugal, Rumänien, San Marino, Schweden, Schweiz, Slowakei, Slowenien, Tschechien, Ukraine, Ungarn, Vatikanstadt und Weißrussland. Ebenso gehören Teile Russlands, Kasachstans und der Türkei zu Europa.

5. Unterrichtsgestaltung

S. 20/21 Europa

Ideal ist die Bearbeitung des Kapitels nach einem Ferienabschnitt. Zum Einstieg in das Thema können die Kinder die Karte im Schulbuch auf Seite 20/21 betrachten. Vielleicht bringt die Lehrkraft auch eine große Europakarte in den Unterricht mit. Als zusätzlichen Gesprächsimpuls kann die Lehrkraft aber auch Reiseprospekte und Reisesouvenirs aus europäischen Ländern in der Klasse auslegen. Nach einer intensiven Betrachtungsphase setzen sich die Kinder im Stuhlkreis zusammen und sprechen über eigene Reiseerfahrungen. Auch Kinder, deren Eltern oder die noch selbst aus dem (europäischen) Ausland stammen, sollen dazu angeregt werden, über ihr Herkunftsland zu berichten. Dabei sollte stets das entsprechende Land von den Kindern auf einer Karte gezeigt werden.

Anschließend sollte die Lehrkraft das Augenmerk der Kinder besonders auf die Nachbarstaaten Deutschlands lenken. Die Kinder sollen, auch mithilfe der Karte, bestimmen, welche Länder dies sind und wo diese liegen. Zusammen können sie überlegen, welche Sprachen dort gesprochen werden. Zur akustischen Untermalung kann die Lehrkraft passende Sprachproben vorspielen. Vielleicht können auch einfache Lieder in diesen Sprachen eingeübt werden, die möglicherweise dann auf dem nächsten Schulfest von der Klasse vorgetragen werden können. Hier können die Kinder der Klasse, die aus den entsprechenden Nachbarländern stammen, sicher einen großen Beitrag leisten und ihren Mitschülern einige Lieder vorsingen, sie bei der richtigen Aussprache unterstützen und die Texte übersetzen. Darüber hinaus kann in der Klasse darüber gesprochen werden, wo Gemeinsamkeiten der Nachbarstaaten mit Deutschland bestehen und wo Unterschiede. Die Lehrkraft kann dann Kärtchen verteilen, auf denen die Namen europäischer Hauptstädte notiert sind. Zusammen soll dann besprochen werden, welchem Land die jeweilige Hauptstadt zuzuordnen ist. Gegebenenfalls können die Kinder etwas Charakteristisches auf das Kärtchen malen. Steht eine große Karte zur Verfügung, können die Kinder auf dieser ihre Kärtchen im richtigen Länderfeld platzieren.

KV 6

Bei der Bearbeitung der Kopiervorlage „Europa" vertiefen die Kinder das zuvor besprochene. Sie beschriften eine Karte von Europa: ergänzen den Namen des Meeres, das Europa im Westen begrenzt, tragen die Namen der Nachbartstaaten (und ihrer Hauptstädte) Deutschlands ein und nennen außerdem den höchsten Berg und den längsten Fluss Europas.

Den Abschluss des Themas kann eine Projektarbeit bilden. Dazu werden Gruppen gebildet, denen ein Land, eventuell über das Ziehen von verdeckt beschrifteten Länderkärtchen zugewiesen wird. Die Gruppen erhalten den Arbeitsauftrag, Informationsmaterial über das entsprechende Land zu besorgen. Dies können sie beispielsweise in Reisebüros oder auch bei den jeweiligen Touristeninformationsstellen erhalten, vielleicht finden sie auch zu Hause passende Reisesouvenirs und Urlaubsfotos. Im Kunstunterricht können sie zusätzlich ihre eigenen Plakate gestalten, mit denen sie „ihr" Land bewerben würden. Sie können dabei vielleicht malen, eine Collage gestalten u. Ä. Zudem können sie sich einen passenden Slogan für das jeweilige Land überlegen. Ergänzend können auch Schautafeln mit Sachinformationen zu Einwohnerzahl, Größe etc. gestaltet werden (Recherche im Internet). Das gesammelte Material kann dann zu einer Ausstellung zusammengefasst werden. Steht das Foyer der Schule zur Verfügung, kann dort die Ausstellung aufgebaut und andere Klassen zum Besuch eingeladen werden. Die Kinder können fortwährend die Ausstellung ergänzen und bereichern. Vielleicht erhalten sie im Laufe des Schuljahres noch passende Ansichtskarten und Souvenirs oder verreisen selbst.

6. Literatur- und Medienhinweise

Fachliteratur

Diercke Grundschulatlas, Ausgabe Bayern. Westermann Schulbuchverlag GmbH, Braunschweig 2001

Nebel, Jürgen: Start in die Kartenwelt. Westermann Schulbuchverlag GmbH, Braunschweig 2002

Trends

S. 22 – 25

1. Überblick über die Inhalte des Kapitels

Inhalte		Intentionen
S. 22/23	Qual der Wahl	– Aktuelle Trends erkennen, vergleichen und ordnen – Herausfinden, welchen Bedürfnissen Trends entgegenkommen
S. 24	In oder out?	– Herausfinden, welche Trends gerade „in“ sind – Erstellen von „In und out“-Listen – Herausfinden, welche Trends dem Einzelnen und welche der Allgemeinheit nützen – Feststellen, welche Trends gesundheitsgefährdend und welche teuer sind
S. 25	Für oder gegen einen Trend?	– Gründe finden, die für oder gegen den Kauf eines Gegenstandes sprechen

2. Weitere Möglichkeiten im BAUSTEINE-Programm

Funkelsteine 4

Kapitel: Spiele

S. 61 Neue Sprüche aus der Werbung

Weitere fächerverbindende Möglichkeiten

Deutsch: Werbesprüche analysieren; selbst gestalten

3. Vorüberlegungen

Kinder, Jugendliche und auch Erwachsene sind heute unausweichlich bestimmten Entwicklungen, auch Trends genannt, in verschiedenen Lebensbereichen ausgesetzt. Sie tauchen in unserer Kultur zur gleichen Zeit in den unterschiedlichsten Bereichen auf, wie z. B. in der Mode, in der Technologie, in der Ernährung etc. Trendforscher schauen auch Kindern auf die Finger und untersuchen mit Hilfe von Trend-Scouts deren Vorlieben und Verhaltensweisen, ihre Träume und Gefühlslagen und versuchen daraus dann jene Trends zu erkennen, auf die die Konsumindustrie ihre Produkte abstellt.

Die unterrichtliche Behandlung muss nun darauf hin abzielen, die Trends in ihrem Umfeld zu untersuchen und den Kindern bewusst zu machen, dass eigene Wünsche und Bedürfnisse das eigene Miteinander in der Gruppe oder Klasse durch diese Trends beeinflusst werden.

4. Sachinformationen

S. 22-25

Trends sind wichtige Indikatoren für grundlegende Denk-, Werte- und Verhaltensströmungen in unserer Gesellschaft.

Erwachsene, Jugendliche sowie Kinder wollen nicht Produkte von einem angestaubten Unternehmen kaufen, sie wollen etwas, das absolut im „Trend“ liegt. Oft nützen Firmen mittels Werbung eine bestimmte Stimmung aus, wenn es darum geht, ein neues Produkt auf dem Markt zu etablieren. So sind zum Beispiel im Sommer Mixgetränke angesagt. Wer denkt da nicht gleich an Tropen, Urlaub und Strand, wenn er zum Glas greift. Aber auch der Wunsch nach Gruppenzugehörigkeit, sozialer Anerkennung und Anpassung beeinflusst maßgeblich die Bedürfnisse von Kindern und Jugendlichen. So ist zum Beispiel so genannte Markenware mit dem entsprechenden Markennamen bei jugendlichen Konsumenten, die noch kein ausgeprägtes Selbstwertgefühl entwickelt haben, hoch im Kurs und erzeugen ein Gefühl des sozialen Statusgewinns. Wie lange sich diese Trends halten werden, das weiß niemand genau. Unternehmen hoffen natürlich darauf, dass sie mit ihrem Produkt lange die Nummer eins bleiben. Auch wenn solche Produkte nach einiger Zeit wieder verschwinden, geht es vor allem darum, einen Trend als eine Art „Türöffner" zu benutzen und sich dauerhaft im Markt zu etablieren. Genauso kann ein Trend auf Grund seiner Schnelllebigkeit wieder vom Markt verschwinden, wenn nicht ein entsprechendes Marketingkonzept dahinter steht. Um einen neuen Trend zu setzen und ein neues Produkt als „in" erscheinen zu lassen gilt es, die richtige Zielgruppe mit dem richtigen Medium zu bewerben. Dazu werden die Konsumenten genauestens nach ihren Lebensgewohnheiten befragt und dann in Gruppen eingeteilt. In verschiedenen Studien und Fragebögen werden die verschiedenen Konsum- und Lesegewohnheiten ermittelt.

Sozialer Wandel
In Fachkreisen spricht man von einem Wandel von der Deutschland-AG zur „Ich-AG", von der Fremdverantwortung zur Selbstverantwortung. Das Individuum als Aktiengesellschaft ist nichts anderes als der zeitgemäße Ausdruck für die alte Erkenntnis, dass jeder seines Glückes Schmied ist. Gemeint ist auch der Wandel von der Industriegesellschaft zur so genannten Wissensökonomie. Jeder versucht seine Fertigkeiten zu verbessern und seinen individuellen Wert zu steigern. Jeder kann sich selbst, seine Ideen, seine Kreativität zu Markte tragen und daraus Kapital schlagen. Unter anderem das Internet und die Umstrukturierung der Arbeitswelt machen es möglich. Jeder ist bald sein eigener „Lebens-Unternehmer", er ist flexibel und höchst mobil, so die Trendforscher.

Technologischer Wandel
Wir leben heutzutage in einer Mediengesellschaft, d. h. jeder ist auch mit seinem Abbild in den Medien konfrontiert. Viele haben ihre eigene Homepage und präsentieren sich somit in der Öffentlichkeit. Da heißt es natürlich gut auszusehen. Für Kinder und Jugendliche gewinnt das Internet zunehmend an Bedeutung. Immer mehr junge Kunden verwenden das neue Medium regelmäßig zur gezielten Informationsbeschaffung, zum Lernen oder zum Kommunizieren oder erledigen mit Hilfe des Internets ihre Hausaufgaben. Über die Hälfte der „Online-Kids" schreibt und liest E-Mails. Mehr als die Hälfte der 6- bis 18-Jährigen kommunizieren per Computer und verschicken SMS per Handy, was natürlich immer das neueste Modell sein sollte …

Ökonomischer Wandel
Im Bereich der Ökonomie gestaltet der Konsument sein individuelles Produkt. Das eigene Ich wird zur Marke. Massenware ist „out". Man gibt den Konsumgütern, mit denen man umgeben ist, seinen persönlichen Touch. So kann man zum Beispiel seinen Sportschuh nach bestimmten Designvorgaben individuell herstellen und einen persönlichen Aufdruck erstellen lassen. Ebenso kann man sich inzwischen bei einigen Jeans-Herstellern ein individuelles Design aus Stoffen und Schnitten erstellen lassen. Auch T-Shirts mit der E-Mail-Adresse als Aufdruck oder mit persönlichen Logos waren/sind bei Kindern angesagt.
Während Marken in der Vergangenheit vor allem Qualität garantierten, entwickelt sich in der neuen Konsumwelt eine Kultur des Kultes: Emotionen, Rituale und Bindungen, die früher den Kirchen und Religionen gewidmet waren, werden in die Warenwelt exportiert und bilden dort neue kulturelle Codierungen. Marken binden sich an Lebensgefühle für Lebensstil-Clans, die sich um sie herum gruppieren.

Kultureller Wandel
Die Vernetzung der Medien hat dazu geführt, dass die Trennung von Kulturen nicht mehr möglich ist. Im Bereich der Musik treffen zum Beispiel die verschiedensten Stilrichtungen wie Funk, Rock und Pop aufeinander und mischen sich. Somit entstehen wieder neue Stilformen.

5. Unterrichtsgestaltung

S. 22/23 Qual der Wahl

Der Einstieg kann über die Bildbetrachtung im Schulbuch erfolgen. Dabei können die Kinder an Vorerfahrungen anknüpfen sowie die Auswahl der abgebildeten Gegenstände erweitern.
Die Frage, welche der Gegenstände der Kinder wohl zurzeit im Trend liegen, führt zu einer ersten Begegnung mit dem Begriff „Trend" (Aufgabe 1). Eine Begriffserklärung ist im Sachregisterteil des Buches angefügt und soll auch von den Kindern erklärt werden. Wichtig dabei in dieser Diskussion ist auch die Begründung, warum der Gegenstand gerade „in oder out" ist und warum manche sich für die eine oder andere Ware entscheiden. Anschließend können die verschiedenen Sprechblasen den Abbildungen zugeordnet werden, die zugleich die unterschiedlichen Auswahlkriterien der einzelnen Personen zeigen (Aufgabe 2).
Über die genaue Bildbetrachtung lassen sich nun die Gegenstandspaare leicht vergleichen und in verschiedene Bereiche ordnen (Aufgabe 3):

- technischer Bereich: Computer und Laptop, Handy mit und ohne Feststation
- sportlicher Bereich: City-Roller und Roller aus Holz, Ski und Snowboard
- Mode: bedrucktes und unbedrucktes T-Shirt
- Schulbereich: Schultasche und Schulrucksack

Im Anschluss daran wird mit den Kindern gemeinsam erörtert, welchen Bedürfnissen Trends entgegenkommen (Aufgabe 4), wie z. B.: Bedürfnis nach Unabhängigkeit, nach Preisbewusstsein, Sportlichkeit, Zugehörigkeit zu einer Gruppe, Bequemlichkeit, Fortschrittlichkeit. In einer Umfrage innerhalb der Klasse oder der Schule können die aktuellen Trends festgestellt werden.

KV 7

Dazu hilft der Erfassungsbogen der Kopiervorlage 7 „Trendforscher".

S. 24 In oder out

Als Einstieg kann nach der Tafelanschrift „In oder out?" ein fiktives Rollenspiel gezeigt werden, in dem einige Kinder in Absprache mit der Lehrkraft die Situation in der Klasse nachspielen. Dazu können sie die jeweiligen Argumente der Sprechblasen verwenden.

Dieses Rollenspiel führt zu der Frage „Warum tauschen einige Kinder gerne Sammelbilder, warum andere nicht?" (Aufgabe 1). Die Kinder nennen wohl Gründe, wie sie bereits in den Sprechblasen schon vordergründig erscheinen, wie z. B. Neugier, Langeweile, Verbote usw. Eine wichtige Aufgabe der unterrichtlichen Behandlung wird hierbei vor allem auch sein, welche Gründe hinter den Äußerungen stecken könnten, die gegen das Sammeln von solchen Bildern sprechen, wie z. B. Neid, Geltungsbedürfnis oder Gruppenzugehörigkeit.

Im Anschluss daran können die Kinder eine „In und Out"-Liste der Klasse erstellen (Aufgabe 3) und aktuelle Trends untersuchen. Hier bieten sich verschiedene Bereiche an: Mode und Kleidung, Schmuck, Technik, Sportarten, schulische Ausstattung, Ernährung etc.

Daran schließt sich die Aufgabe 4 des Buches an: „Welche Trends nützen dem Einzelnen oder der Gemeinschaft? Welche sind gesundheitsgefährdend oder teuer?" Hier sollen den Kindern Denkanstöße gegeben und ein kritisches Problembewusstsein aufgebaut werden, um die Auswirkungen eines Trends auf sie selbst, auf die Mitmenschen und die Natur darzulegen. Auch eine Umfrage bei Erwachsenen trägt dazu bei, dieses Problembewusstsein zu verstärken (Aufgabe 5).

KV 7

Mit der Kopiervorlage „Trendforscher" setzen sich die Kinder mit den Trends der eigenen und anderer Klassen auseinander.

S. 25 Für oder gegen einen Trend?

Während auf der vorhergehenden Seite das Thema bereits behandelt wurde, jedoch die Auseinandersetzung mit dem Thema in Form von „In und Out"-Listen zu kurz käme, zielt die Seite 25 „Für oder gegen einen Trend?" insbesondere auf eine Vertiefung des Themas ab. Bewusst ist auch ein Produkt in Form von „Amandas Hexenküche" als CD-ROM gewählt, das Kinder in dieser Altersstruktur anspricht. Hier sollen insbesondere Argumente für oder gegen den Kauf eines Produkts bzw. die Gründe für oder gegen einen Trends hinterfragt werden.

Um einen lebendigen Einstieg zu wählen, können die Sprechblasen auf einzelne Rollen verteilt und vorgetragen werden. Die Argumente werden dann in eine „Pro und Contra-Liste" an der Tafel oder an einem entsprechendem Plakat eingetragen. Zur Auswertung kann eine Punktewertung einen Aufschluss über die Meinungsbildung der Klasse geben. Dazu ordnen die Kinder den einzelnen Argumenten z. B. farbige Klebepunkte zu. Durch die Häufung der Punkte ist dann leicht die Meinung der Klasse zu erkennen. In einer anschließenden Diskussion kann die Punktbewertung und eventuelle Gründe für oder gegen die Zuordnung im einzelnen erörtert werden.

Abschließend kann, wie in Aufgabe 3 vorgeschlagen, ein Gegenstand oder ein Artikel aus dem Bereich des Sports, der Mode, der Technik gewählt werden und in ähnlicher Weise wie oben beschrieben in Gruppenarbeit behandelt werden.

Die einzelnen Ergebnisse der Gruppenarbeit könnten dann in einem Rollenspiel dargestellt werden.

6. Literatur- und Medienhinweise

Fachliteratur

Horx, Matthias: Trendbuch. Econ, Düsseldorf 1994

Naisbitt, John/Aburdene, Patricia: Megatrends 2000. Econ, Düsseldorf 1992

Adressen

Trendbüro, Beratungsunternehmen für gesellschaftlichen Wandel BKW GmbH, Haus der Seefahrt, Hohe Brücke 1, 20459 Hamburg

1. Überblick über die Inhalte des Kapitels

Inhalte		Intentionen
S. 26	Was Eindruck macht	– Die Bedeutung von Statussymbolen für das Zusammenleben der Menschen untersuchen
S. 27	Kleidung	– Kleidung als Statussymbol
S. 28	Kleiderordnungen	– Kleiderordnungen und die damit verbundene Zugehörigkeit zu einem gesellschaftlichen Stand erkennen
S. 29	Kleidung im Wandel	– Das Statussymbol Kleidung im Wandel der Zeit

2. Weitere Möglichkeiten im Bausteine-Programm

Lesebuch 4

Kapitel: Was meinst du dazu?
S. 173 Die Düsenberg Kids

3. Vorüberlegungen

Viele Menschen benutzen Statussymbole, um nach außen hin ihre gesellschaftliche Stellung zu demonstrieren. Nicht wenige statten sich mit Statussymbolen aus, die sich an der nächsthöheren gesellschaftlichen Schicht orientieren, um sich dadurch den gesellschaftlichen Aufstieg zu sichern. Sich durch Statussymbole, vor allem durch Kleidung, als Mitglied einer Gesellschaftsschicht auszuzeichnen, ist allerdings keine Erfindung der Neuzeit. Bereits mittelalterliche Kleiderordnungen zeigen uns den engen Zusammenhang.
Durch die allgegenwärtigen Medien kommen Kinder schon früh mit dem Thema in Berührung. Die Werbung suggeriert heute den Kindern, was sie an Kleidung tragen und welches Spielzeug etc. sie haben müssen, um „dazuzugehören". Schon teilweise im Kindergarten achten Kinder darauf, ob die Kleider und Schuhe der anderen den richtigen Markennamen tragen, ob sie auch das „coole" Skateboard haben.
Die Kinder sollen in dieser Unterrichtsphase für das Thema sensibilisiert werden. Statussymbole an sich sollen zwar nicht grundsätzlich abgelehnt werden, die Kinder müssen aber lernen auch hier kritisch zu hinterfragen.

4. Sachinformationen

S. 26/27 Was Eindruck macht/Kleider

Mit Status wird die soziale Stellung eines Menschen in einer (hierarchischen) Rangfolge, für deren Bemessung Faktoren wie Berufsstellung, Einkommen, Gruppenzugehörigkeit herangezogen werden können, bezeichnet. Ein bestimmter Status kann mit bestimmten Statussymbolen (v. a. besondere Besitzgegenstände) ausgestattet sein. Diese sollen nach außen hin deutlich zeigen, wer man ist. Die Menschen versuchen sich u. a. mit Hilfe von Konsumzeichen voneinander abzuheben.
Statusverhalten und das Streben nach Statussymbolen wird überall auf der Welt beobachtet. Sie werden seit Jahrtausenden praktiziert und von Historikern und Anthropologen beobachtet.

S. 28/29 Kleiderordnungen/Kleidung im Wandel

Kleidung entwickelte sich im Laufe der Zeit von der einfachen Körperbedeckung zu einem deutlich sichtbaren Standeszeichen. Schließlich sah sich die Obrigkeit gezwungen, durch so genannte Kleiderordnungen den Kleiderluxus einzuschränken. Darüber hinaus sollten die einzelnen gesellschaftlichen Schichten deutlich voneinander zu unterscheiden sein.

Bestimmungen beispielsweise über Rangzeichen und Farben der Kleidung finden sich schon zur Zeit des Römischen Reiches. Als eine der frühesten mittelalterlichen Kleiderordnungen gilt ein Kapitulare Karls des Großen. In größerer Zahl sind Kleiderordnungen in Deutschland erst seit Mitte des 14. Jahrhunderts bekannt. Sie finden sich noch bis zum Ende des 17. Jahrhunderts. Im 18. Jahrhundert kam es zunehmend zu wirtschaftlich begründeten Luxusverboten und Einfuhrbeschränkungen ausländischer Modeartikel, sodass die traditionellen Kleiderordnungen aufgegeben wurden.
Kleiderordnungen regeln Zuschnitt, Material, Ausstattung der Kleidung, auch die zulässige Anzahl, Farben und Anlässe zum Tragen einzelner Kleidungsstücke. Modische Übertreibungen wurden untersagt, übermäßiger Luxus und Schmuck eingeschränkt. Besonders seit dem 16. Jahrhundert wurden Kleiderordnungen zur Wahrung der Unterschiede zwischen den einzelnen Ständen und Bevölkerungsgruppen festgelegt. Sie sind in Burspraken (Bürgergesetzen, Stadtverfassungen), Ordnungs-, Rats-, Stadtbüchern und -rechten aufgezeichnet. Seit Ende des 15. Jahrhunderts wurden Kleiderordnungen auch auf Reichstagen erlassen.

5. Unterrichtsgestaltung

S. 26/27 Was Eindruck macht/Kleider

Als Unterrichtseinstieg können die Kinder die Bilder im Schulbuch auf Seite 26 betrachten. Anschließend sollten sie darüber sprechen, welche Bilder sie besonders beeindruckt haben und warum sie die gezeigten Dinge gern besitzen möchten. Darüber hinaus können die Kinder aus Illustrierten Bilder ausschneiden, die ähnliche Statussymbole zeigen. Schließlich sollen die Kinder ihre eigene „Hitliste" mit den Dingen, die ihnen wichtig sind, aufstellen (Seite 26, Aufgabe 3). Die einzelnen Listen können dann ohne Namensnennung im Klassenzimmer aufgehängt und miteinander verglichen werden. Wo sehen dabei die Kinder Gemeinsamkeiten und wo Unterschiede? In anderen Klassen kann zu dem Thema eine Befragung durchgeführt werden. Die Kinder müssen sich allerdings zuvor dafür geeignete Fragen überlegen und eventuell passendes Bildmaterial aussuchen. Die Ergebnisse der Befragung können anschließend mit den Gesprächsergebnissen und Hitlisten aus der eigenen Klasse verglichen werden. Die Kinder sollen auch dazu ermutigt werden, darüber zu sprechen, was sie an anderen beeindruckt. Hier können vielleicht auch mögliche bestehende Spannungen in der Klasse, die auf soziale Unterschiede zurückgehen, gelöst oder zumindest angesprochen werden.
Oftmals ist es gerade die Kleidung, die andere beeindruckt oder zumindest einen äußeren Eindruck vom Träger vermittelt. Mit der „richtigen" Kleidung „gehört man dazu" oder man kann sich bewusst von den anderen abheben. Die auf Seite 27 des Schulbuchs formulierten Aufgaben und Fragen sollen den Kindern helfen, sich darüber klar zu werden, welche Funktion Kleidung auch als Statussymbol übernehmen kann.
Die Lehrkraft kann mit der Klasse ein Projekt starten: Alle sollen für eine bestimmte Zeit die gleichen T-Shirts oder Sweatshirts tragen. Vielleicht können auch andere Klassen miteinbezogen werden. Es ist zu beobachten, ob durch die gleiche Kleidung das Gemeinschaftsgefühl eher gestärkt wird. Wie empfinden dies die Kinder?

S. 28/29 Kleiderordnungen/Kleidung im Wandel

Der Sachtext und die Aufgaben auf Seite 28 des Schulbuchs dienen dazu, den Kindern deutlich zu machen, dass früher die sozialen Schichten noch deutlicher hervortraten und besonders Kleidung dazu benutzt wurde, diese nach außen hin zu dokumentieren. Im Museum können die Kinder zudem historische Kleidung betrachten. Auch historische Bildbände vermitteln ihnen eine Vorstellung über die Kleidung früherer Zeit.
So auf das Thema eingestimmt, sollte in der Klasse darüber gesprochen werden, welche gesellschaftspolitische Relevanz diese Kleiderordnungen hatten. Ebenso kann die Lehrkraft gemeinsam mit den Kindern überlegen, wie es denn wäre, wenn es heute noch offizielle Kleiderordnungen in Europa gäbe und wie denn ihre Kleidung aussähe. Vielleicht schreiben die Kinder dann auch eine moderne Kleiderordnung. Die Lehrkraft kann auch Fotos von Frauen in Burkas mitbringen und mit den Kindern über die Bedeutung von religiösen Kleiderordnungen sprechen. Möglicherweise sind auch muslimische Mädchen in der Klasse, die ihren Mitschülern erklären können, warum sie ein Kopftuch tragen oder auch nicht und welche Bedeutung dieses für sie hat. In diesem Kontext kann auch über Schuluniformen gesprochen werden. Hier bieten Fotos von Schülern in Uniformen einen guten Gesprächsimpuls. Die Kinder überlegen, ob sie auch eine Schuluniform tragen möchten und welche Gründe dafür oder dagegen sprechen. Wenn sie eine Schuluniform befürworten, können sie ja eine für ihre Klasse/Schule entwerfen.

Jede Zeit bringt ihre eigene Mode hervor – die kontrastierenden Abbildungen auf Seite 29 des Schulbuchs zeigen dies anschaulich – im Laufe der Jahrhunderte wurde sie allerdings immer bequemer und praktischer. Dies können die Kinder recht gut aus den Abbildungen selbst erschließen, ebenso den Bezug zur Standeszugehörigkeit. Für die Bewertung der heutigen Relevanz sollten die Kinder zusätzlich beispielsweise in Illustrierten recherchieren und Bildmaterial sammeln. Gemeinsam ist noch zu überlegen, ob es heute noch „Kleiderordnungen" im Sinne so genannter „dress codes" gibt. Dazu können die Kinder sich etwa vorstellen, wie es wäre, in Jeans in die Oper zu gehen oder in Abendgarderobe in die Schule, und überlegen, wo sie sinnvoll sind/wären und wo nicht.

KV 8

Die Kinder sollen bei der Kopiervorlage „Was ist für dich wichtig?/Kleidung im Wandel" aufschreiben, was für sie wichtig ist und wie die Hitliste der Klasse aussieht. Ferner sollen sie die Kleidung von verschiedenen Gesellschaftsschichten früher und heute vergleichen.

6. Literatur- und Medienhinweise

Videos

Aus der Geschichte der Mode - Altertum (16 min., 1989 – FWU 4201207)

Die Daltons: Die Hose (19 min., 1999/2002 – FWU 4202748)

Löwenzahn: Peters famose Hose (25 min., 2000/2003 – FWU 4231599)

1. Überblick über die Inhalte des Kapitels

Inhalte		Intentionen
S. 30/31	Unser Vater ist Grieche – unsere Mutter Deutsche	– Für das Leben in anderen Ländern und Kulturen Interesse gewinnen – Das Aufeinandertreffen und Vermischen verschiedener Kulturen im eigenen Umfeld feststellen – Sich über die Lebensweise von Kindern in anderen Ländern informieren – Etwas über die Herkunft und Lebensweise von Klassenkameraden anderer Nationalität erfahren – Erkunden, welche von Ausländern geführten gastronomischen Betriebe es am eigenen Heimatort gibt
S. 32	Warum ich nach Deutschland kam	– Gründe finden die Heimat zu verlassen – Gründe erkennen, warum Menschen anderer Nationalität Zuflucht in unserem Land suchen und dort bleiben wollen – Vorurteile abbauen – Ängste und Schwierigkeiten reflektieren, welche bei Migranten auftreten – Möglichkeiten kennen lernen, die Integration ausländischer Mitschüler zu fördern – Sich mit der Karte einen Überblick über Herkunfts- oder Zielländer von Migranten verschaffen
S. 33	Ich bin nach Spanien umgezogen	– Gründe finden die Heimat zu verlassen – Ängste und Schwierigkeiten reflektieren, welche bei Migranten auftreten – Etwas über Lebensweisen in anderen Ländern erfahren – Sich mit der Karte einen Überblick über Herkunfts- oder Zielländer von Migranten verschaffen
S. 34/35	Aslak und Erica…/… und Sayako und Hari	– Gründe finden die Heimat zu verlassen – Ängste und Schwierigkeiten reflektieren, welche bei Migranten auftreten – Etwas über Lebensweisen in anderen Ländern erfahren – Sich mit der Karte einen Überblick über Herkunfts- oder Zielländer von Migranten verschaffen – Etwas über die Lebensweise von Kindern in anderen Ländern und Kulturen erfahren – Unterschiedliche Lebensweisen achten, Vorurteile über das Leben in anderen Ländern abbauen – Sich mit Karte und Globus einen Überblick über Lage und Distanz anderer Länder verschaffen

2. Weitere Möglichkeiten im BAUSTEINE-Programm

Sprachbuch 4

Kapitel: In einem fernen Land

S. 34/35	Palimbei in Papua-Neuguinea
S. 36	Sich und andere informieren
S. 37	Harte Arbeit
S. 38	Sein „Sing-Sing" für das neue Kanu

Lesebuch 4

Kapitel: In fernen Ländern

S. 46	Simone Dittrich: Niederländischer Ostindienfahrer
S. 47	Käpt'n Blaubär erzählt – wahr oder gelogen?
S. 48/49	Kumbals Vogel
S. 49	Der Fischspeer
S. 50/51	Ein Tag in einer japanischen Grundschule
S. 52/53	Aus dem Lexikon: Religionen der Welt

Funkelsteine 4

Kapitel: Aus anderen Ländern

S. 14	Ein Mosaik von Menschen und ihren Ländern
S. 15	Hej, hello, bonjour
S. 16/17	Fischerlied aus Taiwan
S. 18/19	Becherspiel aus Ghana
S. 20	Eine Reise nach Südamerika
S. 21	So klingt es in Südamerika
S. 22	Süt ictim (Lied)
S. 23	Teppichknüpfen (Tanz)

Weitere fächerverbindende Möglichkeiten

Deutsch: Ein Buch mit Berichten aus anderen Ländern anfertigen
Musikerziehung: Lieder aus anderen Ländern einüben
Religionslehre: Sich mit den verschiedenen Weltreligionen beschäftigen

3. Vorüberlegungen

Längst beziehen wir unsere Informationen über die Lebensbedingungen von Menschen anderer Länder und Kulturen nicht mehr ausschließlich über Medien oder Spendenaufrufe der Kirchen und anderer wohltätiger Organisationen. Vielmehr sind diese Menschen „aus einer anderen Welt", bemerkt oder übersehen, gewollt, abgelehnt oder gefürchtet, zu einer Erscheinung unseres Alltags geworden:
Ausländische Kinder sitzen in fast jeder unserer Schulklassen, weil ihre Eltern hier als „Gastarbeiter", Bürger der Europäischen Union, Flüchtlinge oder Asylanten leben. Oft ist ihre familiäre und schulische Situation alles andere als einfach, weil ihre Eltern nicht immer ganz freiwillig in Deutschland leben. Sie verließen ihre Heimat nicht selten aus wirtschaftlicher Not, wegen eines Krieges oder politischer Verfolgung. Oft sind diese Kinder hier noch nicht ausreichend integriert, weil sie die deutsche Sprache noch nicht oder zumindest nicht wie ihre Muttersprache sprechen und verstehen, weil die Verhaftetheit ihrer Eltern in den Sitten und Weltanschauungen ihrer Herkunftskultur von Teilen der angestammten Bevölkerung mitunter noch als Hemmnis zur Integration angesehen wird, weil ihr Anderssein Angst und damit Ablehnung erzeugt.

Die Problematik vieler ausländischer Familien besteht darin, dass sie einerseits hier, in Deutschland, noch nicht völlig „angekommen" sind, andererseits aber auch nicht mehr ganz zur Bevölkerung ihrer Herkunftsländer zählen und dort in der Umgangssprache als „Deutsche" betitelt werden. Viele ausländische Mitbürger in der Bundesrepublik Deutschland, und nicht nur hier, leben als Eltern in dem mitunter über zwei oder drei Generationen anhaltenden Dilemma, ob sie ihre Kinder weiterhin in der Sprache und Kultur ihrer Vorfahren und Verwandten erziehen, oder sich um eine weitestgehende Integration in die hiesige Gesellschaft bemühen sollen. Beides gleichzeitig oder nebeneinander zu tun erscheint ihnen oft fast unmöglich. Einerseits bindet die Arbeitswelt große Teile ihrer

Energie und Zeit andererseits fühlen sie sich mitunter nicht mehr völlig kompetent die Werte ihrer Herkunftskultur zu vermitteln, noch ganz in der Lage, ihre Kinder beim Erlernen der Kulturtechniken des Gastlandes zu unterstützen. Erschwert wird die Situation nicht nur dadurch, dass sich mitunter Wertvorstellungen beider Länder oder Kulturkreise unterscheiden oder widersprechen, sondern auch durch die Tatsache, dass viele der hier lebenden Ausländer sich noch nicht endgültig entschieden haben, ob sie und ihre Kinder für immer in Deutschland bleiben oder in ihre Ursprungsländer zurückkehren sollen.
Leichter ist im Allgemeinen die Lebenssituation von aus binationalen Ehen stammende Kindern. Dadurch, dass ihre Eltern sich meist in ihrer Herkunftskultur kompetent fühlen und normalerweise großes Interesse an der ihres Partners verspüren, können sie den Kindern die jeweiligen Gemeinsamkeiten, Unterschiede und Eigenarten als Bereicherung und Erweiterung des eigenen Horizonts vermitteln. Diese Kinder können mitunter selbstbewusst in ihren Schulkassen stehen und dort als „Botschafter" eines anderen Landes oder Kulturkreises wirken.

Ob durch diese Kinder oder durch das Feiern von Festen mit Ausländern, ob durch die Vermittlung von Lehrern und Medien oder durch Urlaubsreisen und das Kennenlernen fremdländischer Gastronomie sollten die aus deutschen Familien stammenden Kinder etwas von anderen Ländern und Kulturen erfahren und für sie so interessiert oder sogar begeistert werden, dass sie die jeweils „andere Welt" als bereichernd begreifen oder sie zumindest besser verstehen und tolerieren können. Haben sie diese Einstellung erreicht können sie mit einer möglicherweise bestehenden Furcht vor dem oder den Fremden besser umgehen und vielleicht selbst zur Integration ihrer ausländischen Mitschüler beitragen.

4. Sachinformationen

S. 30/31 Unser Vater ist Grieche – unsere Mutter Deutsche

Leben in Griechenland
Mit einer Fläche von 131 957 km² und 10,5 Mio. Einwohnern gehört Griechenland eher zu den kleineren Staaten des Europäischen Kontinents. (Zum Vergleich: Freistaat Bayern: 70 551 km², 12,1 Mio. Einwohner.) Dennoch genießt das Land als „Wiege der europäischen Kultur und Demokratie" hohes Ansehen. Die griechische Sprache wird, als einzige in der Welt, mit dem, aus dem klassischen Altertum überlieferten, griechischen Alphabet niedergeschrieben. 98 % der Bevölkerung dieses Landes gehören der griechisch-orthodoxen Kirche an. Die orthodoxen Kirchen haben sich im 11. Jahrhundert von Rom getrennt, erkennen den Papst folglich nicht als Oberhaupt an, sind sich aber in der Gewichtung der christlichen Feste und Sakramente weitgehend mit der römisch-katholischen Kirche einig. Allein das Kirchenjahr läuft dort noch nach dem alten Kalender ab, was zur Folge hat, dass die beweglichen religiösen Feste der beiden Kirchen nur ausnahmsweise gleichzeitig gefeiert werden. Selbstverständlich ergeben sich auch aus der langen Getrenntheit der Kirchen sowie den unterschiedlichen Klimazonen und Bräuchen in Deutschland und Griechenland viele interessante Unterschiede aber auch Gemeinsamkeiten, welche den Vergleich beider kirchlicher Traditionen förmlich herausfordern.
Auf Grund klimatischer und gesellschaftlicher Bedingungen unterscheidet sich auch das öffentliche Leben in Griechenland in einigen Punkten vom unsrigen: Täglicher Treffpunkt, zumindest in ländlichen Gebieten, zunächst fast ausschließlich für Männer, ist das „Kafenion". Dort werden private, politische und geschäftliche Kontakte aufgenommen und gepflegt während man gemeinsam Mokka schlürft und isst. In den Dörfern finden sich Frauen und Kinder nur zögernd dort ein, wobei zurückgekehrte „Gastarbeiterinnen" aus Deutschland eine selbstbewusste Vorreiterrolle übernommen haben. Auch durch die sich europäischen Standards anpassende Lebensweise in den größeren griechischen Städten und den Tourismus unterliegt die griechische Gesellschaft einer ständigen Veränderung. Kaum verändert haben sich jedoch Lebensweisen, welche mit dem Klima oder der Einstellung zu Kindern zu tun haben. So beginnt der Tag eines Griechen meist sehr früh, wenn der Morgen noch kühl ist, von der Mittagszeit bis zum frühen Abend erstreckt sich normalerweise eine mehrstündige Ruhezeit und erst am Abend und weit in die Nacht hinein sieht man sich wieder – oft im Kafenion. Kinder haben Schlafenszeiten, welche sich kaum von denen der Erwachsenen unterscheiden, werden also nicht, wie bei uns, ins Bett geschickt.

Griechenland und Westeuropa
Griechenland wurde bereits 1952, also noch vor der Bundesrepublik Deutschland und zeitgleich mit dem Erzrivalen Türkei, Mitglied der NATO. Die Griechische Republik, Elliniki Dimokratia, ist seit 1981 Vollmitglied der Europäischen Union. Aus diesem Grund haben die Bürger Griechenlands das Recht, sich ohne zeitliche Begrenzung in der Bundesrepublik Deutschland niederzulassen und zu arbeiten. Aber bereits vorher, seit den 1960er Jahren, kamen viele Griechen als Gastarbeiter in unser Land. Derzeit leben ca. 360 000 griechische Staatsbürger hier.

Die Griechen orientieren sich seit dem so genannten griechischen Befreiungskampf 1821/29, in welchem durch das Eingreifen Englands, Frankreichs und Russlands die Türken aus dem Land vertrieben wurden, an Europa und leben in meist angespannter Nachbarschaft mit dem NATO-Partner Türkei. Jedoch dürften andere Gründe, welche Menschen aus Griechenland nach Deutschland zogen, schwerer wiegen: So weist das durch hohe Gebirge vielfach zergliederte Mittelmeerland neben fruchtbaren, meist künstlich bewässerten, oasenartigen Beckenlandschaften auch viele öde Gebirgszonen auf, in welchen sich die Bevölkerung zum Teil nur mühsam durch Schaf- und Ziegenzucht ernähren konnte. Dies dürften die Gebiete sein, aus welchen die griechischen Arbeitnehmer in Deutschland in ihrer Mehrheit stammen.
Unter den „Gastarbeitern" in unserem Land genießen die Griechen, nach eigenem Empfinden, eine bevorzugte Sonderstellung: Sie sind bei den Deutschen im Allgemeinen beliebter als Angehörige anderer Ethnien. Griechenland genießt wohl noch immer großen Respekt als die Wiege der klassisch-hellenistischen Kultur und damit auch unserer europäischen. Dass der deutsche Reisende im ländlichen Griechenland, durchaus in angenehmer Weise, sich oft eher an türkische Lebensart erinnert fühlt, soll diesem positiven Vorurteil aber mitnichten Abbruch tun.

S. 32 Warum ich nach Deutschland kam

Vor Bürgerkrieg, Verfolgung und Tod flohen seit April 1992 über 1 Million Menschen aus Bosnien-Herzegowina, damals noch Teil der Bundesrepublik Jugoslawien. 600 000 baten um Aufnahme in EU-Staaten, davon fast die Hälfte in Deutschland. Das Recht auf Rückkehr, festgelegt im „Abkommen von Dayton", stieß, auch nach Beendigung der Kriegshandlungen, auf Widerstand bei den Führern der verschiedenen Volksgruppen. Eine Rückkehr vieler Bürgerkriegsflüchtlinge in ihre angestammte Heimat ist nicht selten bis auf den heutigen Tag unmöglich, oft auch weil ihre Häuser durch den Krieg zerstört, beschädigt oder von Angehörigen anderer Bevölkerungsgruppen besetzt sind. Gesundheits-, Sozial- und Bildungssystem sowie Industrie, Verkehrsnetz und Wirtschaft des Landes sind durch den Krieg weit gehend zerstört oder zumindest schwer in Mitleidenschaft gezogen. Dennoch bestanden die Mehrzahl der Landesregierungen in der Bundesrepublik Deutschland auf die Rückführung aller Flüchtlinge, sobald eine Nato-Friedenstruppe kriegerische Handlungen im ehemaligen Jugoslawien weit gehend unterbunden hatte.

S. 34/35 Aslak und Erica .../ ...Sayako und Hari

Das interkulturelle Thema „Kinder aus aller Welt" wird häufig in der Schule unter dem Aspekt behandelt, Verständnis für Menschen aus anderen Ländern zu wecken. Ein zusätzlicher und ebenfalls wichtiger Aspekt besteht darin, die verschiedenen Lebensweisen aufzuzeigen. Über das Kennenlernen des Fremdartigen kann darauf aufmerksam gemacht werden, dass das Leben sowohl anderswo als auch bei uns gesellschaftlich bedingt ist. Damit können das Verständnis für ungewohntes Verhalten anderer geweckt und Vorurteile abgebaut werden.
Bei der Auswahl der zu betrachtenden Länder wurden weniger die Länder der 3. Welt berücksichtigt. Um das Klischee zu vermeiden „Kinder in anderen Ländern sind arm" wird auch die Lebensweise in Ländern betrachtet, die mit unserem Land eher vergleichbar sind. Es wurden idealtypisch vier Länder ausgewählt: Brasilien und Indien stehen für zwei kulturell unterschiedliche so genannte Schwellenländer, Japan für ein hoch entwickeltes Industrieland, Lappland für ein wenig beachtetes europäisches Land mit starken Kontrasten zu unserer Lebensweise.

(1) Leben in Lappland
Im Grenzbereich von Norwegen, Finnland, Schweden und Russland liegt Lappland. Es ist kein eigener Staat; die Menschen besitzen eine der vier Staatsangehörigkeiten. Der größte Teil Lapplands, nördlich des Polarkreises, liegt in der polaren Lichtzone mit Mitternachtssonne im Mai bis Juli und lichtarmer Polarnacht im Mittwinter (am Nordkap sind 74 Tage im Jahr ohne Sonnenlicht).
Das Volk der Sa(a)men (zumeist bei uns „Lappen" genannt, obwohl dieser Name nur die sesshafte Bevölkerung bezeichnete) in Lappland ist klein, es umfasst heute nicht mehr als etwa 40 000 Menschen. Die Saamen sprechen eine eigenständige Sprache, die in ihrer Struktur der finnischen Sprache am nächsten kommt. Die Saamen sind heute meist sesshaft oder aber Halbnomaden mit Sommerwohnhütten im Gebirge und Winterhäusern im Waldland. Die Saamen sind traditionell Rentierjäger bzw. Rentierzüchter. Im Winter, der in Lappland ungefähr zwei Monate dauert und durch hohe Kälte (minus 30 °C) und starke Dunkelheit gekennzeichnet ist, leben die Lappen in ihrem Dorf. Im Frühjahr wandern sie mit ihren Rentierherden zu Weideplätzen an der Küste und auf den Inseln des Eismeeres. Dort im Bergland bleiben die Tiere den Sommer über. Die Saamen leben in dieser Zeit in einem Zelt ihres Sommerlagers, zum Teil heute auch in einem Sommerhaus. Im Herbst ziehen sie dann in die Tundra. Das ist dann die Zeit, in der die Kinder zur Schule

gehen, sie fahren mit Bus oder Auto zurück in ihr Dorf. Oft wohnen sie dann in der Schule, bis die Eltern im Herbst nachkommen.

(2) Leben in Brasilien

Brasilien ist der größte Staat Südamerikas, der einzige mit portugiesischer Sprache. Während im riesigen tropischen Regenwald am Amazonas und auf den Hochebenen nur wenige Menschen leben, drängen sich in den Großstädten Millionen auf engstem Raum. So entstanden auch die Elendsviertel (favelas) am Rande von Rio de Janeiro. Die Bevölkerung wächst sehr schnell, Sao Paolo hatte 1965 noch 5 Millionen Einwohner, 1995 schon 31 Millionen. In den Städten gibt es überall zu wenig Wohnraum – und auch zu wenig Schulen. Deshalb werden die Schulgebäude oft zweimal, manchmal sogar dreimal täglich belegt.

Das Leben auf dem Lande ist der Landschaft entsprechend sehr unterschiedlich. Am Amazonas leben (noch vereinzelt) Bauern in Pfahlbauten, an der Nordküste Fischer, in den Grasebenen im Süden Viehhirten auf großen Rinderfarmen (fazendas). Von den einst 5 Millionen Indianern leben heute nur noch ca. 300 000. Ihre Situation ist nach wie vor bedroht. Bodenschätze und Tropenholz sind wichtige Einnahmequellen des brasilianischen Staates; Indianerreservate sind hier natürlich „hinderlich“.

Auf Grund der hohen Arbeitslosigkeit müssen vielerorts auch die Kinder Geld verdienen. Die Not ist zum Teil so groß, dass sie stehlen müssen, um nicht zu verhungern. Rund die Hälfte der Bevölkerung lebt am Rande des Existenzminimums – etwa 70 Millionen Menschen haben ein Familieneinkommen, das umgerechnet weniger als 40–45 Euro im Monat beträgt. Der großen armen Schicht steht eine relativ kleine, sehr reiche Oberschicht gegenüber. Das Erziehungssystem benachteiligt in Brasilien nach wie vor die ärmeren Schichten. Die Grundschulausbildung ist für die Kinder der Armen in der Regel schlecht. Dazu kommt, dass der Schulbesuch von den Kindern der Armen nicht regelmäßig wahrgenommen wird.

Ein zentrales Merkmal der brasilianischen Volkskultur sind der Tanz und die Musik. Brasilien hat eine reiche Kultur an Tänzen wie Congo und Samba. Wenngleich der Samba immer mehr für den Tourismus kommerzialisiert wurde, ist er besonders in armen Vorstädten noch „echt“. Auch der Capoeira ist neben Show und Kampfsport wesentlich Tanz und Coreografie. Ein weiterer wichtiger Aspekt der brasilianischen Volkskultur ist das Fußballspiel.

(3) Leben in Japan

Japan liegt auf einer dem asiatischen Kontinent vorgelagerten Inselkette. Die meisten der ca. 130 Millionen Einwohner leben auf einer der vier Hauptinseln Hokkaido, Honschu mit der Hauptstadt Tokio, Shikoku und Kyushu, und zwar wegen des gebirgigen Landesinnern hauptsächlich in den großen Städten an der Küste. Von den fast 4000 kleineren Inseln sind die meisten unbewohnt. Der Legende nach wurde Japan aus den Tränen einer Göttin geformt, die in den Ozean fielen.

Die Bezeichnung „Japan“ leitet sich von den Schriftzeichen „ni“, d. h. Sonne, und „hon“, d. h. Ursprung/Aufgang her. Mit der Bedeutung „Land der aufgehenden Sonne“ wollte sich Japan von China abgrenzen, dem „Reich der Mitte“, als das davon östlich liegende Land. Die Schriftzeichen „ni“ und „hon“ werden heute als „Ni-ppon,“ umschrieben. Die Chinesen haben den Namen „ni-hon“ als „dsche-ben“ gelesen, die Engländer haben daraus „dschä-pän“ gemacht und Japan geschrieben – und wir schreiben und lesen „ja-pan“.

In Japan gibt es vier Schriftsysteme: Die Kanji (kana = Schrift) mit ihren chinesischen Schriftzeichen ist eine Symbolschrift, hier werden Wörter ganz oder als Wortstamm in einem einzigen bildhaften Zeichen dargestellt (Ideogramm). Die Hiragana-Schrift und die Katakana-Schrift sind ebenfalls aus der chinesischen Schrift abgeleitete Silbenschriften mit je 46 Zeichen. Die eher gerundeten Zeichen der Hiragana (hira = gerundet, kana = Schrift) sind zentral in der Schriftsprache Japans, sie werden dementsprechend auch in der Grundschule eingeführt. Die eher eckige Katakana (kata = fragmentarisch) werden hauptsächlich für Fremdwörter verwendet. Ein moderner japanischer Text enthält Zeichen aus allen drei Schriftsystemen! Die lateinische Schrift ist als viertes Schriftsystem in Japan heute ebenfalls weit verbreitet, vor allem durch die Massenmedien.

Die Sozialisation in Japan ist durch das wichtige Ziel der Einordnung in die Gesellschaft bestimmt. Der Einzelne soll sich in der Gemeinschaft wohlfühlen, seine individuellen Interessen sind sekundär. Von Anfang an werden die Kinder daran gewöhnt, Verantwortung in der Gemeinschaft zu übernehmen, in der Schule z. B. bei der Organisation des Mittagessens oder bei der gemeinsamen Reinigung des Klassenraums. Auch das Schulsystem selbst ist auf dem Prinzip der Egalisierung aufgebaut: alle Kinder gehen 9 Jahre in dieselbe Schule, zuerst in die Grundschule (6 Jahre), dann in die Mittelschule (3 Jahre). Für das sich anschließende Gymnasium (3 Jahre) sind allerdings Aufnahmeprüfungen erforderlich, die die leistungsorientierte Seite der Gesellschaft deutlich machen. Viele Kinder können die Prüfung nur durch zusätzlichen Abendunterricht in regelrechten „Paukschulen“ bewältigen. Die meisten Japaner tragen heute im Alltag west-

liche Kleidung. Nur wenn sie es sich zu Hause gemütlich machen, tragen die Frauen einen Haus-Kimono, zu besonders festlichen Anlässen auch einen Festtags-Kimono aus teurem Stoff.
In Japan ernährt man sich von Fisch (etwa dreimal so viel wie bei uns), dazu Reis. Das Essen wird mit Stäbchen eingenommen. Damit dies möglich ist, werden die Speisen in Würfel oder dünne Streifen geschnitten. Beim Essen sitzt man traditionell nicht auf Stühlen, sondern kniet auf einem Kissen vor einem niedrigen Tisch. Die Japaner schlafen auch nicht in Betten, sondern in der Regel auf am Boden liegenden Matten (Futon-Matten).

(4) Leben in Indien
Der südasiatische Subkontinent Indien hat nahezu 1 Milliarde Einwohner. Indien ist nach China das bevölkerungsreichste Land der Erde, jeder 7. Mensch auf der Erde ist Inder oder Inderin. Das Land ist dicht besiedelt, die Bevölkerungsdichte ist mit 284 Ew./qkm größer als in Deutschland (228 Ew./qkm). Da sich ein Großteil der Bevölkerung auf die fruchtbare Gangesebene und die Städte konzentriert und weite Teile des Landes fast unbewohnbar sind, liegt die Bevölkerungsdichte in der Realität wesentlich höher.
Der Name Indien ist vom Strom Indus (ind. sindha) abgeleitet. Staatssprache des Bundesstaates ist Hindi, doch gibt es 14 verfassungsmäßig garantierte regionale Hauptsprachen.

Die Familie nimmt im Leben der Inder eine zentrale Stellung ein. Die wichtigsten Ziele sind Heiraten und Kinder. Indische Heiraten werden von den Eltern arrangiert.
Das häusliche Leben spielt sich in der Großfamilie ab. Die Rolle der Frau ist von untergeordneter Bedeutung. Wenngleich freilich die Rolle der Frau im gesamten gesellschaftlichen Leben sekundär ist, kann in Ausnahmefällen eine Inderin in der Gesellschaft auch bis in höchste Positionen kommen, wie z. B. Präsident Nehrus Tochter, Indira Gandhi, die Ministerpräsidentin wurde.
Jungen und Mädchen werden dementsprechend unterschiedlich behandelt: Jungen werden verwöhnt, Mädchen vernachlässigt, weil man u. a. auch für ihre Mitgift bei der Hochzeit aufkommen muss. Mädchen werden auch bei der Ernährung und bei der Behandlung von Krankheiten schlechter versorgt. Von Kindern bis zu 9 Jahren sterben 60% mehr Mädchen als Jungen. Mädchen werden trotz Schulpflicht weniger zur Schule geschickt als Jungen, vor allem auf dem Land.

Die Schulbildung in Indien bewegt sich auf niedrigem Niveau, die Lehrerzuweisung an Schulen ist ungünstig und es fehlen Lernmittel. Der Schulbesuch ist gering: 24% des Altersjahrgangs der Jungen und 39% der Mädchen ging 1994 überhaupt nicht zur Schule. (Betz: Informationen zur politischen Bildung, vgl. Literaturverzeichnis)

Nahezu ein Drittel der Menschen in Indien (in absoluten Zahlen: 300 Millionen) lebt am Rande bzw. unterhalb der Armutsschwelle (wenngleich die Zahlen rückläufig sind: 1972 waren es noch 50%).
Ein großes gesellschaftliches Problem ist die Kinderarbeit. Es gibt zwar Gesetze gegen die Ausbeutung von Kindern und es gibt die internationale Ächtung der Kinderarbeit. Nach wie vor arbeiten viele Kinder als Lastenträger, Schuhputzer, in Teppich-, Streichholz- oder Papiertütenfabriken. Die Zahlen schwanken zwischen 40 und 100 Millionen – eine riesige Spanne – aber beide Zahlen zeigen, dass Indien auch am Anfang des 21. Jahrhunderts das Land mit der größten Zahl arbeitender Kindern in der Welt ist (vgl. Betz, S. 15).

Noch immer existiert das Kastenwesen. Der Name Kaste wurde von den Portugiesen geprägt (casta) und bedeutete zunächst „Stamm“ oder „Clan“. Heute bedeutet er: gesellschaftliche Klasse und Berufsgruppe. Nach Krack soll es gegenwärtig etwa 2000–3000 Kasten und Unterkasten geben, wenngleich viele Inder selbst nicht mehr in der Lage zu sein scheinen, das komplizierte hierarchische System zu durchschauen. Dazu gibt es in Indien mehr als 150 Millionen Kastenlose! Zwar gibt es auf Grund einer Kastenzugehörigkeit kaum noch eine Benachteiligung im öffentlichen Bereich, doch scheint sich dies trotz der Gleichstellungsgesetze auf dem Lande noch wenig durchgesetzt zu haben. In neuester Zeit bahnt sich ein Wandel an, denn die neue Wirtschaftselite richtet sich nicht mehr nach Kasten, und so konnte es ein Mann wie L. P Yadav, Angehöriger der Ziegenhirtenkaste (!) bis zum Regierungschef (von Bihar) bringen. Im privaten Bereich ist die Kastenzugehörigkeit aber nach wie vor entscheidend. Die meisten Inder/innen heiraten nur innerhalb ihrer Kaste.

Indische Feste sind meist religiösen Ursprungs. Ihre Zahl ist, den Religionen entsprechend, sehr groß. Das Diwali-Fest wird in ganz Indien gefeiert. Es handelt sich um ein Lichterfest im Oktober oder November, bei dem alle Orte mit Öllämpchen oder Kerzen geschmückt werden. Zum Fest selbst treffen sich traditionell die Familienmitglieder und schenken sich Süßigkeiten. In der Nacht findet dann manchmal ein Feuerwerk statt.

5. Unterrichtsgestaltung

S. 30/31 Unser Vater ist Grieche – unsere Mutter Deutsche

Die Doppelseite versteht sich als Lese- und Informationstext. Er kann in der Klasse gemeinsam oder arbeitsteilig in Gruppen erlesen werden. Durch die Beantwortung der Fragen der Arbeitsaufträge 1–3 erhalten die Kinder Informationen über Gründe, die Heimat zu verlassen, die Schwierigkeiten oder Vorteile von Zweisprachigkeit und das Lebensgefühl von Kindern aus binationalen Ehen. Darüber hinaus vermitteln die Erzählungen der Familie einen kleinen Einblick in Brauchtum, Lebensweise, Schrift und Kinderspiele in Griechenland. Für die Kinder in unseren Schulkassen dürfte vor allem ein Vergleich des Lebens von Kindern hier und dort interessant sein, z. B. dass Kinder in Griechenland normalerweise abends nicht vor den Erwachsenen ins Bett geschickt werden.

Fragen zur Geografie und Verkehrsanbindung Griechenlands sind aus Platzgründen auf dieser Doppelseite nicht aufgenommen. Sie können aber von interessierten Kindern anhand der Europakarte auf S. 20 im Schülerbuch oder durch die Befragung von griechischen Mitbürgern, im Idealfall griechischen Mitschülern, behandelt werden. Z.B.: Wie viele Kilometer ist Griechenland von Deutschland entfernt? Auf welchen Reiserouten und mit welchen Verkehrsmitteln kann man dort hin gelangen? Wie lange dauert so eine Reise nach Griechenland? Ist sie angenehm oder eher unangenehm?

Sollten sich in der eigenen Schulklasse Kinder griechischer Eltern befinden, so können diese die im Schülerbuch enthaltenen Informationen ergänzen und ausweiten, indem sie von ihren eigenen Erfahrungen, Erlebnissen und Eindrücken berichten. Auch deutsche Kinder könnten von ihren Ferienerlebnissen in Griechenland erzählen.
Befinden sich in der eigenen Klasse keine griechischen Kinder, aber solche mit anderer Nationalität, so sollten die Erfahrungen und Erlebnisse dieser Kinder, eventuell auch ihrer Eltern unbedingt Vorrang genießen (s. Arbeitsauftrag 5). Die im Schülerbuch über die Familie Litsios gegebenen Informationen können in diesem Fall Anregungen bieten, worüber ausländische Kinder berichten könnten oder zu welchen Themenbereichen sie oder ihre Eltern interviewt werden könnten.

Persönliche Kontakte zu Menschen anderer Nationalität werden meist als eine Bereicherung erfahren. Sie können ausländerfeindlichen Vorurteilen entgegentreten und neugierig machen auf die Kultur der Anderen. Auch der Arbeitsauftrag 8 fordert die Kinder auf, von ihren eigenen Erfahrungen mit ausländischen Bekannten, Nachbarn und Freunden zu berichten.
Oft sind auch die Betreiber ausländischer Gaststätten gerne bereit über sich und ihr Land zu berichten (Arbeitsauftrag 6). Sie verstehen sich nicht selten, über ihr wirtschaftliches Interesse hinaus, als „Botschafter" ihrer Heimatländer und erzählen, wenn man sie fragt, wie sie nach Deutschland kamen, wie es ihnen hier ergeht und welches ihre Pläne für die Zukunft sind. Außerdem können sie allein durch die Qualität ihrer Küche und ihre Gastlichkeit bei Erwachsenen und Kindern für eine positive Voreingenommenheit gegenüber Ausländern sorgen: Ausländerfreundlichkeit!

S. 32 Warum ich nach Deutschland kam

Einen Beitrag zu verfassen, welcher Einblick in die Lebenssituation von Flüchtlingen in unserem Heimatland gibt, der Kindern verständlich macht, aus welch schwer wiegenden Gründen Menschen sich gezwungen fühlen ihre Heimat zu verlassen, war nicht einfach. Der Fall „Nerma Ramic" war beim Entstehen des Schülerbuchs noch von einer gewissen Aktualität: Sie war vor einigen Jahren Schülerin in einer bayerischen Klasse, befand sich aber am Ende eines Jahre andauernden Überprüfungsprozesses mit dem Ziel der Abschiebung. Sie erhielt schließlich, zusammen mit ihrer Familie, doch eine der äußerst seltenen Genehmigungen um in Deutschland zu bleiben.
Für Schulkinder im Jahr 2004 oder später werden die Bürgerkriege im ehemaligen Jugoslawien „längst" vergangene Ereignisse sein, von denen sie in ihrem Alltag nichts mehr spüren.
Nermas Schicksal wird sie nur betroffen machen, wenn es dem Informationstext auf S. 32 gelingt, dass sich die Kinder von heute in die Situation des damals zehnjährigen Mädchens einfühlen können.
Sie würden dann verstehen, dass Kriegsflüchtlinge ihre Heimat keinesfalls aus wirtschaftlichen Gründen verlassen, dass sie traumatisierende Erlebnisse verarbeiten müssen, weil sie und ihre Angehörigen sich in wirklicher Lebensgefahr befanden und dass jeder Mensch das Recht haben muss, sich und seine Familie vor Krieg und Verfolgung in Sicherheit zu bringen. Wir wollen keinesfalls hoffen, dass während sich das Schülerbuch und dieser Lehrerkommentarband in Gebrauch befinden, wir es in unserem Land mit einer Flüchtlingssituation zu tun haben werden, welche mit jener Mitte der 1990-er Jahre vergleichbar ist. Sollte dies dennoch der Fall sein, hätte die Behandlung aktueller Ereignisse selbstverständlich Vorrang vor denen, welche im Schülerbuch auf S. 32 beschrieben werden.

Grundsätzlich kann Nermas Bericht deutlich machen, welche Umstände es Kindern nichtdeutscher Nationalität erschweren, sich in unserem Land einzuleben und welche ihre Integration erleichtern und fördern (Arbeitsfragen 3, 4 und 5). Dies kann auf die Situation und Integration von Ausländerkindern in der eigenen Klasse übertragen werden. Die Lehrkraft kann anregen oder organisieren, dass diese Kinder von ihren deutschen Altersgenossen zum Spielen, Hausaufgaben machen, Lernen oder Feiern eingeladen werden – und umgekehrt.

S. 33 Ich bin nach Spanien umgezogen

Die Erzählung von Katherina Tewes über ihren Umzug nach Spanien zeigt den Kindern einerseits, dass auch sie Ausländer sind, sobald sie in ein anderes Land kommen, andererseits ist sie bewusst als Gegenstück zum Text von Nerma Ramic auf der vorhergegangenen Seite des Schülerbuches konzipiert. So können die Kinder anhand der zu den Texten gestellten Fragen und Arbeitsaufträge nicht nur Informationen über beide Mädchen gewinnen, sondern auch deren Lebenssituationen vergleichen:

- Warum verließen beide ihre Heimat?
- Wie bereiteten sie sich auf ihren Umzug vor?
- Welche Schwierigkeiten traten für sie in dem neuen Land auf?
- Was und wer halfen ihnen dabei, diese Schwierigkeiten zu meistern?
- Welche angenehmen Erfahrungen machten die beiden Mädchen in ihrem neuen Land?
- Wie könnte die Zukunft der beiden aussehen?

Arbeitsauftrag 5 gibt den Kindern einen Anreiz Vorstellungen von ihrem „Traumland“ zu entwickeln und sich über dieses Land zu informieren. Dies kann über Bücher, Reiseprospekte, Landkarten und andere Medien geschehen oder sich auch aus Urlaubserinnerungen, Filmen und Erzählungen speisen. Wenn sie die Resultate ihrer Nachforschungen ihren Mitschülern präsentieren, sollten sie auch darüber sprechen, ob sie sich einen solchen Aufenthalt als Urlaub wünschen (s. auch S. 38/39 im Schülerbuch: „Wir reisen in die Welt“) oder ob sie sich vorstellen können, für einen längeren Zeitraum mit allen Konsequenzen (z. B. neue Sprache, Schulpflicht) dort zu leben. Wie würden sie sich gegebenenfalls darauf vorbereiten ?

S. 34/35 Aslak und Erica .../ ... Sayako und Hari

Globus, Weltkarte, Gegenstände aus den Ländern, evtl. aus dem Besitz der Eltern von Kindern aus diesen Ländern, Musikkassetten zu den ausgewählten Ländern

Es empfiehlt sich, mit einem Rätsel in das Thema einzusteigen, zum Beispiel mit der Schemadarstellung der vier Nationalflaggen. Eventuell kann man auch ein indisches, japanisches, brasilianisches Musikbeispiel an den Anfang stellen. Motivierend ist sicher auch, wenn man einen Originalgegenstand aus einem der Länder vorzustellen hat. Man kann auch typische Bilder oder Fotos zeigen oder Briefmarken mitbringen. Am Ende des Einstiegs könnten die Namen der entsprechenden Länder an der Tafel stehen und ein Gespräch über das Vorwissen der Kinder zu diesen Ländern geführt werden. Sicher wird man auch auf dem Globus oder der Weltkarte suchen lassen, wo sich die Länder befinden.
Um die Frage genauer zu klären, wie man in den angesprochenen Ländern lebt, kann man nun die Texte im Sachbuch lesen und auswerten lassen

KV 11

(vgl. die Leseaufträge der Arbeitsanweisungen). Als Zusammenfassung kann dann die Kopiervorlage „Länderrätsel“ bearbeitet werden.

Projektartige Fortsetzung der Arbeit
Je nach Interessenlage der Kinder wird man anschließend zu einem einzigen Land oder zu allen von den Kindern gewünschten Ländern ein Projekt entwickeln. Haben sich die Kinder für mehrere Länder entschieden, sollte das Projekt in Gruppenarbeit erarbeitet werden. Im Sachbuch kann dann die individuelle Zusammenfassung festgehalten werden. Aufgabe der Kinder ist es dann, sich in Lexika, Kinderbüchern, evtl. Museen und durch Befragung sachkundig zu machen. Aufgabe der Lehrkraft wird sein, Medien verschiedenster Art zur Unterstützung bereitzustellen. Ein mögliches Ziel des Projekts wäre es, eine Ausstellung zu organisieren oder eine kleine Broschüre zu dem ausgesuchten Land herzustellen. Je nach Verlauf kann man die folgenden Hinweise nutzen:

(1) Zum Leben in Lappland

Lappenlied aus Nordfinnland:

Das Rentier vor dem Schlitten,
Fellschnüre um den Schlitten,
Kochtopf und Fleisch im Schlitten,
ein Schaffell auch –
das ist's, was ich brauch.
In den Wäldern schläft sich's gut,
wie unter einem gewaltigen Hut.

aus: Kasper, Hildegard/Kullen, Siegfried: Europa für Kinder. Verlag Moritz Diesterweg, S. 74.

Das Gedicht (Tafelanschrieb, Zeilen 4 und 5 in grün und rot farbig abgesetzt) wird zunächst erlesen und anhand folgender Fragen besprochen:

– Woran erkennt man, dass es ein „Lied", also ein Gedicht ist? (Reime, Rhythmus)
– Woran erkennt man, dass es ein Lappenlied ist?
– Wenn ein Kind dieses Gedicht sagt: Was braucht dieses Kind zum Leben?
– Jedes Kind schreibt sein eigenes Lied darüber, was es zum Leben braucht.
– Herstellung eines Goatti (Sommerzelt der Lappen) als Modell aus Zweig, Schnur, Stecknadeln, Styroporplatte, Zeltstoff: Der Zweig wird in „Stangen" zerlegt, in die Styroporplatte gesteckt und oben zusammengebunden. Über diesen Rahmen wird der Stoff als Zeltplane gelegt, mit Stecknadeln zusammengesteckt und oben befestigt. Dann wird der Boden des Zeltes „ausgepolstert" evtl. noch eine Feuerstelle mit Topf (Nussschale) hergestellt. (Anregungen ebenfalls aus Kasper/Kullen, S. 73 f)

(2) Zum Leben in Brasilien

KV 9

Einfache Musikinstrumente für den Karneval in Bahia können nach Anweisung auf der Kopiervorlage „Brasilianische Trommeln herstellen" hergestellt werden. Weiterführend wären auch die Einübung kleiner Musikstücke oder ein Projekt zum Thema „brasilianischer Karneval" möglich.

(3) Zum Leben in Japan

– Den Namen Japan-Nippon erklären und auf Japanisch schreiben.
– Schreiben einiger Kanji–Zeichen (im Lesebuch auf S. 50/51 sind einige Beispiele abgedruckt).
– Origami–Falttechnik ausprobieren/anwenden (siehe Literaturverzeichnis: Kinderbücher zu Japan. In den dort aufgeführten Büchern werden einfache, leicht zu faltende Motive vorgestellt).

(4) Zum Leben in Indien

Scheren, Tapetenkleister (am besten einige Töpfe), Kunststofffolie (als Schutz für den Fußboden), einen Stapel alter Zeitungen und Illustrierten, feuchte Tücher (um ggf. Kleister zu entfernen).

KV 10

Um die mühselige Arbeit vieler Menschen in Indien zu veranschaulichen, kann man entsprechend der Kopiervorlage „Lebensunterhalt in Indien – Papiertüten herstellen" Papiertüten herstellen. Dazu kann man vorbereitend erzählen, dass viele Menschen in Indien ihren Lebensunterhalt durch das Herstellen von Papiertüten aus Altpapier verdienen. Der Preis für 10 Tüten ist (nach einer Information von terre des hommes, vgl. Literaturverzeichnis) 1 Paisa, 100 Paisas ergeben eine Rupie – den Gegenwert von etwas Obst oder einer Tasse Tee ... Die Klasse müsste also 1000 Tüten herstellen, um den Gegenwert für eine Tasse Tee zu erhalten! Danach sollte man einige Papiertüten als Muster vorzeigen und schließlich ausprobieren, wie viele Tüten die Klasse in einer festgelegten Zeiteinheit (Vorschlag: 30 Minuten) herstellt. Am Ende kann dann hochgerechnet werden, wie viele Tüten eine Person in 8 Stunden herstellen würde.
Bevor mit der Arbeit begonnen wird, sollte selbstverständlich das Prinzip der Herstellung erläutert werden.

KV 11

Um die Frage genauer zu klären, wie man in den im Schülerband angesprochenen Ländern lebt, kann man die Texte im Sachbuch lesen und auswerten lassen. Als Zusammenfassung kann dann die Kopiervorlage „Länderrätsel" bearbeitet werden.

6. Literatur- und Medienhinweise

Kinderbücher zu Lappland

Feustel, Günther: Tschurk. Otto Maier Verlag, Ravensburg 1989
Hagbrink, Bodil: Bei uns in Lappland. Gerstenberg Verlag, Hildesheim 1994
Hagbrink, Bodil: Kinder aus Kautokeino. Stalling Verlag Odenburg, Hamburg 1978
Pitkänen, Matti A./Pitkänen, Ilkaa: Ari aus Lappland. Oetinger Verlag, Hamburg 1983

Kinderbücher zu Brasilien

Amado, Jorge: Herren des Strandes. Rowohlt Taschenbuchverlag, Reinbek 2002
Bienewald, Erwin: Reise in den Tropenwald. Die Xavante-Indianer in Brasilien. Rowohlt Verlag, Reinbek 1992
Große-Oetringhaus, Hans-Martin: Kreiselgeschichten. Lateinamerikanische Kinder aus fünf Jahrhunderten, mit 24 Dias und vielen Aktionsideen. Terre des Hommes e.V., Osnabrück 1992

Kinderbücher zu Japan

Ellermann, Heike: Papiervogel flieg. Herder, Freiburg i. Br., Basel, Wien 1990
Lucio, R./Spütz, J.: Origami – Faltspaß für Kinder. Englisch Verlag, Wiesbaden 1999
Lucio, René/Geisler, Ursel/Spütz, Jan: Verzaubertes Papier – Origami für Kinder. Don Bosco, München 1997
Pilger, Monika: Origami für Kinder. Englisch Verlag, Wiesbaden 1996
Sallas, Joan: Origami-Spaß für Kinder – pfiffiges Papierbasteln zum Spielen und Staunen. Augustus Verlag, München 2002
Ungert, Ruth/Schuppelius, Frank: Origami-Tiere für Kinder. Englisch Verlag, Wiesbaden 2001

Kinderbücher zu Indien

Desai, Anita: Das Dorf am Meer: eine Familiengeschichte aus Indien. Dt. Taschenbuch-Verlag, München 1993

Fischer, Barbara/Fischer, Eberhard (Text)/Pathy, Ninanath: Gita und ihr Dorf in Indien. Peter Hammer Verlag, Wuppertal 1988

Fischer, Barbara/Fischer, Eberhard (Text)/Pathy, Ninanath: Gita will Tänzerin werden. Komitee für Unicef, Zürich 1986

Fischer, Barbara/Fischer, Eberhard/Haku, Shah: Gopal. Ein indischer Balladensänger zeichnet sein Leben, Verlag Peter Hammer, Wuppertal 1985

Große-Oetringhaus, Hans-Martin: Jogan haut ab. Terre des Hommes, Osnabrück 2002

Kordon, Klaus: Annapurna. Meine Mutter ist eine Göttin. Dt. Taschenbuch-Verlag, München 1994

Kordon, Klaus: Mottha und Bawani. Beltz und Gelberg, Basel 1986

Sloan, Carolyn: Ein Elefant für Muthu. Arena, Würzburg 1995

Fachliteratur

Betz, J.: Gesellschaftliche Strukturen, in: Informationen zur politischen Bildung Heft 4 /1997, S. 14

Erklärung von Bern (Hrsg.): Fremde Welten in den Kinder- und Jugendbüchern zum Thema Dritte Welt, Empfehlungsliste, Quellenstr. 25, CH-8031 Zürich

INKUBI (Interkulturelle Beratung und Information) Broschüren zu nahezu allen Ländern der Erde, hrsg. von der Universität Essen, Henri-Dunant-Str. 65, 45131 Essen

Juha, Pentikainen: Die Mythologie der Saamen. Schletzer Verlag, Berlin 1997

Materialien zum Thema Dritte Welt: terre des hommes, Ruppenkampstr. 11 a, 49084 Osnabrück

Spiegel-Buchverlag (Hrsg.): Welt-Jahrbuch, 2001

Veit, Barbara/Wiebus, Hans-Otto: Dritte Welt Buch für Kinder. Otto Maier Verlag, Ravensburg 1994

Dias Lappland

Aus dem Leben der Lappen (20 Dias, 1963 – FWU 1000673)*

Dias Brasilien

Amazonasgebiet: Wirtschaftliche Inwertsetzung (12 Dias, 1978 – FWU 1002542)*

Dias Indien

Indien: Arbeiten auf dem Land (11 Dias, 1983 – FWU 1002809)*

Indien: Wohnen im Dorf (12 Dias, 1983 – FWU 1002808)*

Filme (16 mm) Brasilien

Favela - Das Leben in Armut (18 min., 1971/1972 – FWU 3202350)*

Pflanzen und Tiere am Amazonas (13 min., 1966 – FWU 3200917)*

Filme (16 mm) Indien

Prahlad – Ein Junge in Indien (19 min., 1980 – FWU 3203239)*

Videos Lappland

Land jenseits des Polarkreises: Nordskandinavien (14 min., 1988/1994 – FWU 4201753)

Videos Japan

Schulbildung in Japan (25 min., 1992 – FWU 4201513)

Videobrief aus Japan: Mein Tag (27 min., 1985 – FWU 4200609)*

Videobrief aus Japan: Meine Familie (27 min., 1986 – FWU 4200620)*

Videobrief aus Japan: Meine Stadt (29 min., 1986 – FWU 4200634)*

Videobrief aus Japan: Tohoku-Tagebuch, Eine Reise durch Nordjapan (29 min., 1986 – FWU 4200619)*

* leider nicht mehr im aktuellen Lieferbestand

1. Überblick über die Inhalte des Kapitels

Inhalte	Intentionen
S. 36/37 Handel – weltweit	– Warenangebote aus anderen Ländern im eigenen Umfeld feststellen – Sich mit Karte und Globus einen Überblick über Herkunftsländer und Transportwege verschaffen
S. 38/39 Wir reisen in die Welt	– Gründe finden die Heimat kurzfristig zu verlassen: Urlaub – Sich über Reiseziele informieren – Unterschiedliche Lebensweisen achten, Anderssein als Bereicherung erfahren

2. Weitere Möglichkeiten im Bausteine-Programm

Sprachbuch 4

Kapitel: In einem fernen Land
S. 34/35 In einem fernen Land
S. 36 Sich und andere informieren
S. 37 Harte Arbeit
S. 38 Ein „Sing-Sing" für das neue Kanu

Lesebuch 4

Kapitel: In fernen Ländern
S. 48 Kumbals Vogel
S. 49 Der Fischspeer (Fadenspiel aus Papua-Neuguinea
S. 50/51 Ein Tag in einer japanischen Grundschule
S. 52/53 Aus dem Lexikon: Religionen der Welt

Kapitel: Unterwegs
S. 134/135 Mit Kolumbus unterwegs nach Indien
S. 138/139 Hungerweg

Kapitel: Für Bücherwürmer
S. 218–221 Meine Oma lebt in Afrika

Funkelsteine 4

Kapitel: Aus anderen Ländern
S. 14 Ein Mosaik von Menschen und ihren Ländern
S. 15 Hej, hello, bonjour!
S. 16/17 Fischerlied aus Taiwan
S. 18/19 Becherspiel aus Ghana
S. 20 Eine Reise nach Südamerika
S. 21 So klingt es in Südamerika
S. 22 Süt ictim
S. 23 Teppichknüpfen

Weitere fächerverbindende Möglichkeiten

Kunsterziehung: Einen Reiseprospekt/Collage über ein Reiseland herstellen
Musikerziehung: Irische Musik hören, ein irisches Lied oder Tanz einüben; Lieder aus anderen Ländern der Welt einüben
Religionslehre: Sich mit den verschiedenen Religionen Europas beschäftigen (s. auch Lesebuch Seite 53/53)

3. Vorüberlegungen

Die Welt sei kleiner geworden, sagt man. „Globalisierung" war ein oft gehörtes Schlagwort der vergangenen Jahre. Die Märkte seien längst international geworden. Man könne nahezu jeden beliebigen Punkt auf der Erdkugel binnen kürzester Zeit erreichen. Waren aus der ganzen Welt könnten fast ebenso schnell bei uns eintreffen und mit den hier hergestellten in Konkurrenz treten.
In der Welt der Kinder ist davon (zum Glück) noch nicht viel zu merken. In ihrer „kleinen Welt" von Zuhause, Familie, Freundschaften und Schule kommen die Auswirkungen der „großen Welt" bisher nur relativ unscheinbar an. Meist in Form von Medienberichten und einem Warenangebot aus fast allen Teilen der Welt. Letzteres nehmen die Kinder – übrigens auch einige Erwachsene – kaum wahr. Allzu selbstverständlich nehmen wir oft, was man in unseren Geschäften, Tankstellen und Reisebüros für Geld kaufen kann.
Das Kapitel „Ferne Länder" hat sich zum Ziel gesetzt, Kindern anhand ausgewählter Beispiele einen ersten Einblick in die Zusammenhänge internationaler Warenströme zu geben und sie auf ein Urlaubs- und Reiseverhalten einzustimmen, das geprägt ist von Respekt und Interesse gegenüber der Bevölkerung und der Natur der jeweiligen Zielländer. Vielleicht hilft ihnen dies dabei, Anderssein als Bereicherung zu erfahren.

4. Sachinformationen

S. 36/37 Handel – weltweit

Nach den USA ist die Bundesrepublik Deutschland seit Jahren die Nation in der Welt, welche am meisten Waren exportiert und importiert. Unsere wichtigsten Handelspartner sind die USA und die Mitgliedsländer der Europäischen Union. Gemessen an ihrem Geldwert nehmen bei diesem Austausch Maschinen, Fahrzeuge, industrielle Vorprodukte und Erzeugnisse der chemischen Industrie den weitaus größten Teil ein.
In unserem Alltagsleben, also auch im Alltagsleben unserer Kinder, spielen auch Produkte eine wichtige Rolle, welche nicht aus den oben genannten Ländern stammen. Es handelt sich dabei vor allem um Nahrungsmittel, Kleidung, Autos und Produkte aus Erdöl. Lieferländer sind Industriestaaten wie Japan, industrielle Schwellenländer wie die arabischen Länder und auch Entwicklungsländer wie Ghana oder die Philippinen. Entweder haben sie Rohstoffe anzubieten, die es bei uns nicht gibt (Erdöl), produzieren Früchte, welche in unserem Klima nicht wachsen oder sie können ihre Produkte trotz weiter Transportwege preisgünstiger anbieten als unsere heimischen Hersteller, weil Löhne und soziale Standards in diesen Ländern um vieles niedriger liegen als bei uns.

Die für das Schülerbuch ausgewählten Staaten sind in ihrer Art typisch, können jedoch auch als Beispiele für andere Staaten mit ähnlichen klimatischen, sozialen oder industriellen Voraussetzungen stehen.

Chile
Insbesondere in den Obstabteilungen unserer Supermärkte und wiederum besonders im Frühjahr finden sich Früchte aus diesem südamerikanischen Land, welche eigentlich auch bei uns in Europa produziert werden. Es handelt sich dabei meist um Äpfel, Birnen, Pflaumen und Trauben. Der Vorteil der chilenischen Früchte im Vergleich zu den heimischen besteht darin, dass sie im Frühjahr erntefrisch zu uns kommen, denn auf der Südhalbkugel unserer Erde ist zu dieser Zeit Herbst, also Erntezeit. Auf Grund der Verderblichkeit dieser Waren werden sie normalerweise eingeflogen, seltener auf dem Seeweg importiert. Die dabei entstehenden Transportkosten werden durch niedrige Herstellungs- und Lohnkosten kompensiert. Die durch den Transport entstehende Belastung der Umwelt ist hierbei allerdings nicht berücksichtigt. Im Vergleich zu früheren Jahrhunderten stellt die Versorgung mit vitaminreichen Nahrungsmitteln, auch mediterranen und tropischen Früchten, während des Winters und des Frühjahrs einen unbestreitbaren Vorteil für unsere Gesundheit und Lebensqualität dar. Im Fall der chilenischen Früchte stellt sich die Frage, ob sie gelagertem heimischen Obst bezüglich ihrer Inhaltsstoffe (Vitamine, Mineralien) tatsächlich überlegen sind.
Vergleichbar mit den chilenischen Voraussetzungen bezüglich der Produktion und des Exports von Früchten sind die der Republik Südafrika.

Ghana
Kakao stellt einen unverzichtbaren Bestandteil der, nicht nur bei Kindern, beliebten Schokolade dar. Da die zur Herstellung notwendigen Kakaobohnen ausschließlich in tropischem Klima gedeihen, werden sie importiert. (Bei „Kakaobohnen" handelt es sich um die Kerne der gurkenähnlichen Früchte des Kakaobaumes.)
Kakao ist neben Gold und tropischen Hölzern das wichtigste Exportprodukt und damit die wichtigste Devisenquelle Ghanas. Der größte und wahrscheinlich fruchtbarste Teil der landwirtschaftlichen Nutzfläche des westafrikanischen Landes wird zu seiner Produktion genutzt. Da Kakao vorwiegend zum Zweck des Exports angepflanzt wird, entfällt die

dazu verwendete Fläche zum Anbau von Nahrungsmitteln für die Bevölkerung Ghanas.
Kakao für unsere Schokolade wird unter ähnlichen Bedingungen auch in den westafrikanischen Nachbarstaaten Ghanas sowie in Brasilien, Kolumbien, Venezuela und Ecuador produziert.

Japan
Obwohl die Automobilindustrie ein wesentlicher Zweig der deutschen Wirtschaft ist und dem Verbraucher eine eindrucksvolle Palette von im eigenen Land oder im benachbarten europäischen Ausland hergestellten Modellen zur Verfügung steht, trifft man auf unseren Straßen nicht selten Pkws japanischer Produktion an. Trotz sehr weiter und kostenintensiver Transportwege – gewöhnlich nehmen die Frachtschiffe ihren Weg von Japan nach Europa um die Südspitze Afrikas – sind die japanischen Fahrzeughersteller in der Lage, auf dem europäischen Markt zu bestehen. Verbraucher erwerben Autos aus Fernost nicht nur, weil diese normalerweise preisgünstiger sind als vergleichbare europäische Modelle, sondern auch, weil ihnen eine besondere Zuverlässigkeit bescheinigt wird.
Als Gründe, warum Japans Industrie besonders kostengünstig produzieren konnte, wurden insbesondere die Arbeitseinstellung der Bevölkerung aufgeführt (lange Arbeitszeiten bei relativ niedriger Bezahlung sowie lebenslängliche Arbeit für nur eine Firma) und der frühzeitige Einsatz von Industrierobotern.
Nach einer schweren Finanzkrise Ende der 1990er-Jahre erholte sich die japanische Wirtschaft nur langsam. Die lohnintensive Herstellung von Massenprodukten wird zunehmend in asiatische Billiglohnländer verlegt, nach größeren Entlassungen zur Sanierung von Betrieben gilt inzwischen auch das Prinzip der „Firmen-Familie" nicht mehr ungebrochen. Japans Jugend scheint die Lebensform ihrer Eltern, die „Gruppengesellschaft", nicht fortführen zu wollen; 1999 berichtete die Presse häufig über den Verfall der Disziplin an japanischen Schulen und von Gewalttätigkeiten.
Inzwischen sieht man in Südkorea ein Land, welches eine ähnliche Entwicklung nehmen könnte wie Japan bis zur Mitte der 1990er-Jahre.

Kolumbien
Fragt man in Blumengeschäften und Supermärkten nach dem Herkunftsland von Topfpflanzen und Schnittblumen, so erfährt man, dass nur ein geringer Anteil von ihnen aus der eigenen Gärtnerei oder aus heimischer Produktion stammen. Oft hingegen bekommt man den Namen Kolumbien zu hören. Dort werden, meist in Treibhäusern sowie unter Ausnutzung des tropischen Klimas und billiger einheimischer Arbeitskräfte, Blumen für Nordamerika und Europa gezogen. Um hohe Rentabilität zu erzielen, lassen die Erzeuger hohe Mengen an chemischen Düngemitteln, Herbiziden, Fungiziden und Insektiziden einsetzen. Die Arbeiter, welche mit diesen Giftstoffen zu hantieren haben, sind oft nicht oder nur in unzureichender Weise davor geschützt. Weil die Blumen frisch in ihren Bestimmungsländern ankommen sollen, werden sie auf dem Luftweg dorthin gebracht – wiederum ohne Rücksicht auf Umweltschädigungen.
Der zweite wichtige Produzent für Blumen und bekanntermaßen auch für Gemüse ist Holland. Die dort gezogenen Pflanzen wachsen in Treibhäusern und unter hohem Einsatz von Erdöl (Heizung) und chemischen Düngemitteln. Die Arbeitsbedingungen in Holland dürften deutlich günstiger sein als in Kolumbien.

Philippinen
Die Philippinen sind ein Billiglohnland. Zahlreiche Unternehmen aus Industriestaaten lassen dort Textilien und elektronische Bauteile preiswert fertigen und umgehen so die wesentlich teureren Arbeitskräfte der Verbraucherländer. Im Inselstaat wird oft unter menschenunwürdigen Bedingungen produziert, nicht selten ist Kinderarbeit anzutreffen.
In Thailand wird unter ähnlichen Bedingungen produziert. Hier bestehen zudem Überkapazitäten zur Herstellung von elektronischen Erzeugnissen und Textilien.

Saudi-Arabien
Saudi-Arabien ist das ölreichste Land der Erde. 75% der Staatseinnahmen stammen aus dem Verkauf von Rohöl. 1998 wurden 475 Mio. t Öl gefördert. 381 Mio. t davon wurden exportiert. Im eigenen Land werden Meerwasserentsalzungsanlagen mit Öl betrieben. Bei gleich bleibenden Fördermengen werden die Ölvorräte voraussichtlich bis über das Jahr 2088 hinaus reichen. Seine ebenfalls riesigen Erdgasvorkommen hat das Land bisher noch nicht einmal zu nutzen begonnen. Ein schwerwiegendes Problem für die Industrialisierung Saudi-Arabiens ist der Mangel an eigenen gut ausgebildeten Arbeitskräften. Ursache dafür dürfte sein, dass keine Schulpflicht besteht, wenngleich der Staat alle Kosten für Bildung und Gesundheit übernimmt.
Rohöl von der arabischen Halbinsel wird normalerweise in Supertankern, welche auf Grund ihrer Größe den Kanal von Suez nicht passieren können, um den afrikanischen Kontinent herum nach Europa und Nordamerika gebracht. Tankerunglücksfälle in aller Welt weisen immer wieder darauf hin, wie sorglos Bedrohung und Zerstörung der Umwelt in Kauf genommen werden, wenn es darum geht, im internationalen Wettbewerb kostengünstig zu wirtschaften und wie notwendig es ist,

diesen Zuständen durch internationale Gesetze (z. B. doppelwandige Tankschiffe) entgegenzutreten. Obwohl Europa (Nordseeöl) und Nordamerika (Texas, Alaska) über eigene Ölvorräte verfügen, wollen sie nicht auf Importe aus den arabischen, afrikanischen und südamerikanischen Förderländern verzichten. Wohl geht es z. T. darum, die eigenen Energiereserven zu schonen.

S. 38/39 Wir reisen in die Welt

Tourismus sei „eine moderne Form der Völkerwanderung mit Rückkehrgarantie" meint Ursula Kosser im Spiegel Almanach 2000. Weltweit wurden 1995 3,5 Billionen (!) US-Dollar fürs Reisen ausgegeben. Das sind 12 % aller in diesem Zeitraum auf dem Globus erwirtschafteten Werte. Nur in der Mineralölbranche und in der Automobilindustrie wurde demnach noch mehr Geld umgesetzt.
Dass wir Deutschen „Reiseweltmeister" sind bekommen wir immer wieder zu hören. 1998 sollen die 82 Millionen Bundesbürger 63,4 Millionen Urlaubsreisen unternommen und dabei 42,2 Milliarden Euro ins Ausland getragen haben. Ob sich die Prognosen der Experten bewahrheiten, wonach sich dieser Trend mit steigender Tendenz auch ins 21. Jahrhundert fortsetzen soll, bleibt abzuwarten, denn zu Jahresbeginn 2003 gaben viele Bundesbürger an, sie hätten vor zu sparen – vor allem bei Urlaubsreisen.
Glaubt man Ökonomen, so ist der Tourismus ein Seitenzweig des Kapitalismus: Der Reisende versucht sich mit immer mehr materiellem Konsum Befriedigung zu verschaffen. Wollen die Menschen „nur weg" aus ihrem Alltag? Sind Urlaubsreisen ein Statussymbol, um so prestigeträchtiger, je weiter weg sie führen und je mehr sie kosten? Oder gibt es im Menschen eine tief verankerte Neugier auf alles Fremde, Exotische? Und wenn ja, ist der Massentourismus in der Lage diese Bedürfnisse zu befriedigen? Oder zerstört der Tourismus das, was er sucht dadurch, dass er es findet?
Wie bei anderen Entwicklungen kann man auch beim Tourismus die Uhr nicht zurückstellen. Wir sind Touristen, wenn wir in Urlaub oder in Ferien fahren, auch wenn wir es „sanft" tun. Aber wir können Schwerpunkte setzen: Wollen wir uns möglichst komfortabel erholen oder bringen wir den von uns besuchten Ländern, den dort lebenden Menschen, ihrer Kultur und der Natur dort Neugier und Respekt entgegen? – Beides muss kein Widerspruch sein.
Die Doppelseite 38/39 des Schülerbuchs versucht eine Möglichkeit aufzuzeigen, welche beides miteinander verbindet: Eine bewusste, selbstständige Reiseplanung, möglichst abseits des Massentourismus. Planung der Reiseroute, Wahl der zur Verfügung stehenden Verkehrsmittel, Informationen über Kultur, politische Situation, Landschaft, Klima und Küche des Landes gehören dazu. – Als Beispiel dient die irische Insel.

5. Unterrichtsgestaltung

S. 36/37 Handel – weltweit

Waren aus internationalem Handel
Anhand von Aufschriften an Verpackungen von Nahrungsmitteln, Spielsachen, elektronischen Kleingeräten und anderen Waren können Kinder feststellen, woher die bei uns verkauften Waren stammen (Arbeitsauftrag 6 des Schülerbuchs). Wenn man mit Kindern auf einen Parkplatz geht, können sicherlich einige von ihnen nicht nur die jeweiligen Marken und Typen benennen, sondern auch darüber Auskunft geben, in welchen Ländern diese Fahrzeuge hergestellt wurden. In Obst- und Gemüseläden oder in den entsprechenden Abteilungen von Supermärkten muss bei den angebotenen Waren angegeben sein, in welchem Land sie angebaut wurden. Diese Informationen können Kinder sich im Rahmen eines Unterrichtsgangs beschaffen oder als Hausaufgabe alleine oder auch in Gruppen herausfinden.
Natürlich macht es Sinn, diese Herstellungsländer von Waren nicht nur zu benennen, sondern sie auch auf Landkarten (Europa, Welt) oder einem Globus ausfindig zu machen.
Daraus ergibt sich fast von selbst die Frage, wie diese Waren zu uns transportiert wurden. Dabei spielt es zunächst eine eher untergeordnete Rolle, ob die Kinder sofort das zutreffende Verkehrsmittel herausfinden, es geht vielmehr darum, dass sie mit ihren Fingern auf der Landkarte „spazieren gehen" und dabei auch anderes Interessantes entdecken. Ähnlich kann mit den Informationen im Schülerbuch verfahren werden (Arbeitsaufträge1 und 2). Warum diese Waren importiert werden (Arbeitsauftrag 3) können die Kinder aus dem Informationstext auf Seite 36 entnehmen, vermuten oder aus einer Lehrererzählung erfahren. Auch die Ansichten ihrer Eltern oder anderer Erwachsener könnten die Kinder dazu erfragen. Anschließend lassen sich die Waren in zwei Gruppen einteilen: Solche, die importiert werden, weil es sie bei uns nicht gibt (Klima, Bodenschätze) und solche, die auch bei uns hergestellt werden.
Darstellen kann man die Ergebnisse der eigenen Nachforschungen und der Arbeit mit dem Schülerbuch gut auf einer großen, weißen Weltkarte.

KV 12/13

(Kopiervorlage „Weltkarte 1 und 2" mehrmals vergrößern) Nach Vorbild der Doppelseite im Schülerbuch können Staaten, über welche etwas in Erfahrung gebracht wurde, farbig hervorgehoben und benannt werden. Eine Abbildung des dort hergestellten Produkts kann man dazuzeichnen, kleben oder pinnen. Auch die Transportwege lassen sich auf der Karte einzeichnen oder mit Fäden markieren. Wobei man sinnvollerweise verschiedene Farben für verschiedene Transportmittel wählen wird.

Waren aus „Fairem Handel"

Waren aus Lateinamerika, Afrika, Asien und zum Teil auch aus dem östlichen Europa werden bei uns oft relativ preisgünstig angeboten, weil die Arbeitskräfte in den entsprechenden Ländern oft angehalten werden, unter gesundheitsgefährdenden Bedingungen oder gegen geringen Lohn zu produzieren. Oft ist uns dies als Verbrauchern aber gar nicht bewusst. Kinder wissen im Allgemeinen noch weniger darüber Bescheid.

Das oft ehrenamtlich arbeitende Personal von so genannten Eine-Welt-Läden bietet Waren aus „Fairem Handel" nicht nur zum Verkauf an, es kann im Allgemeinen auch Informationen mündlicher und schriftlicher Art dazu geben, warum ihre Produkte teurer, eventuell gesünder, sicher aber fairer sind als anderswo angebotene. Eine-Welt-Läden sind mitunter Kirchen angeschlossen oder existieren auch selbstständig. Produkte aus „Fairem Handel" sind mit einem entsprechenden Symbol gekennzeichnet und finden sich zunehmend auch in Supermärkten (Kaffee, Tee).

Kinder können sich in Eine-Welt-Läden umsehen, informieren, die Preise der dort angebotenen Waren mit denen in anderen Geschäften vergleichen und versuchen, den Preisunterschied zu erklären.

Aber auch die Lehrkraft könnte den Kindern zu Beginn einer Unterrichtseinheit zwei gleiche Waren mit verschiedenen Preisen (z. B. Tees) präsentieren und sie vermuten bzw. nachforschen lassen, warum das Produkt aus „Fairem Handel" teurer sein muss.

S. 38/39 Wir reisen in die Welt

Texte, Fotos und Kartenumriss auf dieser Doppelseite können den Kindern als Reiserätsel vorgestellt werden. Sie können dabei Mutmaßungen und eigenes Vorwissen einbringen.

KV 14 Zur Zusammenfassung der aus dem Buch entnommenen Informationen über Irland kann die Kopiervorlage „Mein Wunschreiseland" dienen, allerdings müsste dazu die Überschrift gelöscht oder in passender Form abgeändert werden. Auch zusätzliche Informationen, welche die Kinder zum Beispiel aus Reiseprospekten entnommen haben, können hier notiert werden. Die Lehrkraft kann die Informationen ergänzen. Beispielsweise durch das Vorspielen irischer Musik, das Einüben eines Liedes oder Tanzes aus Irland oder auch indem sie einen Film oder eine Diareihe über Irland zeigt.

Sicherlich werden Kinder anschließend auch über Länder berichten wollen, die sie bereits bereist haben. Auch dies kann in Form eines den anderen Kindern der Klasse gestellten Rätsels geschehen.

Die Kopiervorlage „Mein Wunschreiseland" kann als Checkliste zur persönlichen Vorbereitung dienen.

Sollten die Kinder sich jetzt in Reisestimmung befinden, können sie sich ihr Wunschland für eine Reise aussuchen. Sie können sich allein, zu zweit, oder in Gruppen Informationen über „ihr" Land besorgen. Dies kann z. B. mit Hilfe von Reiseprospekten, Landkarten, Büchern, Erzählungen von Erwachsenen oder aus dem Internet geschehen. In jedem Fall werden sie dabei spielerisch üben, die Besonderheiten ihres Reisziels kennen zu lernen und sie zu respektieren. Um gefundene Informationen festzuhalten oder um Mitschülern über ihr ausgesuchtes Wunschland zu berichten, können die Kinder wiederum die Kopiervorlage „Mein Wunschreiseland" verwenden.

6. Literatur- und Medienhinweise

Fachliteratur

Welt-Jahrbuch: Die Welt in Zahlen, Daten, Analysen. Spiegel-Buchverlag, Hamburg 2000

Videos

Kinderarbeit – Wege aus der Armut? (12 min., 1997/2002 – FWU 4231058)

Im Rhythmus der Straße (15 min., 2000/2002 – FWU 4231057)

Balljungs – woher kommen unsere Fußbälle? (28 min., 1999/2001 FWU 4231051)

1. Überblick über die Inhalte des Kapitels

Inhalte		Intentionen
S. 40/41	Kinderrechte sind Menschenrechte	– Einen Überblick über die Kinderrechtskonvention der Vereinten Nationen von 1989 gewinnen – Gleiche Rechte für alle Kinder der Welt als sinnvoll erkennen (Solidarisierung) – Sich über die unterschiedlichen Lebensbedingungen von Kindern hier und in anderen Staaten der Erde informieren und darüber nachdenken – Um die Verantwortungen und Verpflichtungen von Erwachsenen und Staaten gegenüber Kindern wissen
S. 42	Kinderrechte in der Schule	– „Selbstbestimmung" als ein wesentliches Kinderrecht kennen lernen und anwenden – Menschenrechte/Kinderrechte als Grundlage für die Regeln des Zusammenlebens in der Klasse heranziehen
S. 43	Wie kommen Kinder zu ihren Rechten?	– Um die Verantwortungen und Verpflichtungen von Erwachsenen und Staaten gegenüber Kindern wissen – Mut finden, sich mit seinen Problemen an andere zu wenden, sie um Unterstützung zu bitten, d. h. seine Kinderrechte einzufordern – Einrichtungen kennen lernen, die Hilfe und Unterstützung bei Problemen geben

2. Weitere Möglichkeiten im Bausteine-Programm

Sprachbuch 4

Kapitel: Kinderrechte

S. 52/53 Kinderrechte
S. 54 Kinder – Kinder – Kinder
S. 55 Ein Recht für Kinder

Lesebuch 4

Kapitel: Kinderrechte

S. 72 August Edwin John: Robin
S. 73 Bitten der Kinder/Der Tag
S. 74 Die Rechte der Kinder
S. 75 Ein Geheimnis behalten
S. 76/77 Immer nach Westen
S. 78/79 Das Münchener Kinder- und Jugendforum
S. 80 Wenn Rechte aufeinander stoßen
S. 81 Ich träume mir ein Land

Funkelsteine 4

Kapitel: Träumen

S. 83 Ich träume mir ein Land

Weitere fächerverbindende Möglichkeiten

Kunsterziehung: Plakate zu Kinderrechten selbst gestalten

3. Vorüberlegungen

„In vielen Ländern gibt es Gesetze für das Wohlergehen und die Rechte von Kindern. Die Wirklichkeit sieht jedoch häufig anders aus. Kinderrechte werden weltweit verletzt. In Entwicklungsländern steht vor allem das Recht auf Überleben im Vordergrund, während in den Industrieländern die Rechte auf Schutz vor Missbrauch und Gewalt, Spiel, angemessenen Lebensstandard und auf Beteiligung größere Bedeutung haben.
Kinder sind die schwächsten Mitglieder einer Gesellschaft. Sie verfügen über keine eigene Stimme und benötigen daher eine Lobby. Diese Aufgabe übernehmen Kinder- und Jugendorganisationen. Ihre Arbeit für die Rechte der Kinder wird durch die Kinderkonvention gestärkt, da sie jetzt von ihren Regierungen einfordern können, dass die Rechte der Kinder umgesetzt werden. Aus diesem Grund gibt es eigenständige Menschenrechtsinstrumente für Kinder, wie die UN-Konvention über die Rechte des Kindes.
Denn Kinder

- sind abhängig von Erwachsenen,
- Kinder bedürfen eines besonderen Schutzes und Förderung,
- sind nicht Eigentum der Eltern,
- sind von politischen Entscheidungen besonders betroffen (Umwelt-, Sozial-, Wirtschafts-, Verkehrs- und Bildungspolitik),
- haben keine Stimme und kein Wahlrecht und deshalb keinen Einfluss auf die „große" Politik
- trifft die Trennung der Eltern, Arbeitslosigkeit oder Sparmaßnahmen im sozialen Bereich besonders.

Die Situation von Kindern ist ein Barometer für die Auswirkungen sozialer und wirtschaftlicher Veränderungen in einer Gesellschaft."
(Unicef: Fragen und Antworten zur Kinderrechtskonvention. Argumentationsleitfaden, April 1999, S. 2)

4. Sachinformationen

S. 40/41 Kinderrechte sind Menschenrechte

Bei den auf dieser Doppelseite aufgeführten Kinderrechten handelt es sich nicht um den vollständigen Katalog aller in der UN-Konvention festgelegten Kinderrechte! Vielmehr wurde versucht, aus den 54 Artikeln der Konvention eine inhaltliche und zahlenmäßige Auswahl zu treffen, welche der Erfahrungswelt und den Verständnismöglichkeiten von Zehnjährigen entspricht. Auch andere Veröffentlichungen treffen solche, keineswegs einheitlichen, Zusammenfassungen der Inhalte ausgewählter Artikel:
Den im Schülerbuch aufgeführten Kinderrechten liegen folgende Artikel der UN-Kinderrechtskonvention zu Grunde:

- Das Wohl der Kinder muss bei allen Entscheidungen und Maßnahmen, die Erwachsene für Kinder treffen im Mittelpunkt stehen (Artikel 3)
- Religionsfreiheit (Artikel 14/30)
- Versorgung mit Nahrung, Kleidung und Wohnung (Artikel 27)
- Schutz vor Drogen (Artikel 33)
- Das Recht auf eine eigene Meinung (Artikel 12 mit Einschränkung durch Artikel 13)
- Das Recht auf Freizeit, Spiel (Artikel 31)
- Das Recht auf Privatsphäre (Artikel 16)
- Das Recht auf Lernen und kostenlosen Schulbesuch (Artikel 28/29)
- Das Recht, über eigene Rechte aufgeklärt zu werden (Artikel 42)
- Schutz vor Gewalt (Artikel 19/34/35/39)
- Das Recht auf Gesundheit und medizinische Hilfe (Artikel 24)
- Gleiche Rechte für alle Kinder (Artikel 2/23)
- Das Recht auf ein Leben in Frieden (Präambel, Artikel 38/39)
- Das Recht auf Liebe und Fürsorge (Artikel 7, 9, 18)

„Was sind Grundsätze der Konvention?
Die vier Grundprinzipien sind:

- Alle Kinder sind gleich.
- Das „beste Interesse" des Kindes.
- Jedes Kind hat von Geburt an ein Grundrecht auf Überleben und persönliche Entwicklung.
- Die Meinung des Kindes soll ernst genommen werden.

Welche Arten von Rechten gibt es?
Versorgungsrechte: Kinder haben das Recht auf Gesundheitsversorgung, auf Grundbildung, auf Spiel- und Freizeitmöglichkeiten und auf menschenwürdige Wohnverhältnisse.
Schutzrechte: Kinder müssen vor jeder Form von Missbrauch, Vernachlässigung und Ausbeutung bewahrt werden. Sie haben auch das Recht auf Schutz und Hilfe bei Kriegen und auf der Flucht oder das Recht auf Schutz vor wirtschaftlicher und sexueller Ausbeutung.
Beteiligungsrechte: Kinder haben u. a. das Recht auf freie Meinungsäußerung und auf kindgerechte Information."
(Unicef: Fragen und Antworten zur Kinderrechtskonvention. Argumentationsleitfaden, April 1999, S. 1)

Der ungekürzte, englische Originaltext (Convention on the Rights of the Child, 20 November 1989) kann

über das Internetangebot von UNICEF (www.unicef.de) abgerufen werden.
Die vollständige und erläuterte UN-Kinderrechtskonvention (auf Deutsch) ist erhältlich bei: Bundesministerium für Familien, Senioren, Frauen und Jugend, Rochusstraße 8-10, 53123 Bonn, Tel.: 02 28 / 930-0 oder 0 18 05 / 32 93 29, www.bmfsfj.de.

S. 42 Kinderrechte in der Schule

In den Artikeln 28 und 29 der Konvention wird das Recht der Kinder auf Bildung, Erziehung und die Entfaltung ihrer Begabungen und Fähigkeiten in Schulen festgelegt. Wie dies im Einzelnen zu geschehen hat liegt jedoch im Ermessen der Schulbehörden der jeweiligen Länder. Anerkannt und gefordert wird, dass Disziplin eine Voraussetzung von Unterricht ist. Ihre Schaffung und Aufrechterhaltung muss jedoch unter Wahrung der Menschenwürde und im Einklang mit den Inhalten der UN-Kinderrechtskonvention geschehen (Art. 28.2). Das heißt: gewaltfrei, unter Achtung der persönlichen Meinungen von Kindern und in respektvollem Umgang mit ihnen.
Da Schule nach unseren Vorstellungen auch ein Ort ist, an dem demokratisches Verhalten gelehrt und eingeübt werden soll, bietet es sich an, Kinderrechte in ihr nicht nur zu vermitteln (Art. 42), sondern die dort geltenden Regeln auf ihre Übereinstimmung mit den Kinderrechten zu überprüfen, sowie Kinderrechte bei der Erstellung von Regeln für die eigene Klasse oder Schule durch Schüler und Lehrer anzuwenden.

S. 43 Wie kommen Kinder zu ihren Rechten?

Auf dieser Schülerbuchseite werden den Kindern die unterschiedlichen Möglichkeiten aufgezeigt, wie und wo sie bei Problemen Hilfe erhalten können. Dabei wird auch thematisiert, wie sich Kinder Hilfe von **staatlichen** Einrichtungen oder **allgemeinnützigen** Organisationen beschaffen können.

In Artikel 39 der Kinderrechtskonvention verpflichten sich die Vertragsstaaten, alle geeigneten Maßnahmen zu treffen, um die physische und psychische Erholung und soziale Wiedereingliederung von Kindern zu fördern, die Opfer von Gewalt oder Vernachlässigung geworden sind.

Ein persönlicher Erfahrungsbericht:
Als Autor dieses Lehrerkommentarbandes und des dazugehörigen Schulbuches wollte ich einmal versuchen aus der Perspektive eines Kindes heraus, dass sich in einer akuten Notsituation befindet, zu prüfen, wie gut und schnell die staatlichen und allgemeinnützigen Einrichtungen für ein Kind zu erreichen sind. Ich begann daher, mit den mir zuständig erscheinenden Stellen Kontakt aufzunehmen und zu telefonieren.
Meine Erfahrungen waren mit einer Ausnahme leider ziemlich deprimierend:
Ausschließlich von der Polizei erhielt ich die Auskunft, Kinder in aktuellen Bedrohungs- oder Gefahrensituationen würden sofort unterstützt, auch gegen ihre eigenen Eltern. („Wir kommen sofort.") Auch die Kontaktaufnahme ist relativ einfach und jederzeit unter der Notrufnummer 110 möglich.
Zeitlich eingegrenzt (montags bis freitags 15–19 Uhr) sind die Sprechzeiten des „Kinder und Jugendtelefons". Dabei handelt es sich um eine gemeinsame Aktion des Deutschen Kinderschutzbundes e. V. und der Bundeszentrale für gesundheitliche Aufklärung. Die kostenfreie Rufnummer 0800-1110333 findet sich im Allgemeinen vorne in Telefonbüchern. Auch in Kampagnen (Veranstaltungen in Jugendzentren und Schulen, Plakate in z. B. Gemeindebibliotheken, Visitenkarten, u. Ä.) bietet die Aktion an: „Für alle Fragen, Sorgen und Probleme. – Wir hören zu – so lange ihr wollt, und alles bleibt unter uns."
Bei meinen Versuchen, dort anzurufen hatte ich es jedoch stunden- und tagelang mit besetzten Leitungen zu tun. Kindern in akuten Notsituationen dürfte diese Telefonnummer folglich, nach meinen Erfahrungen, nur mit viel Glück Hilfe leisten können. Auch wenn Kinder „nur" einen Ansprechpartner für ihre dringenden alltäglichen Problemsituationen suchen, könnten sie leicht durch ständig besetzte Leitungen entmutigt werden und resignieren.
Haben sie jedoch Glück, und der Anschluss kommt zu Stande, können sie an den Telefonen mit Sozialpädagoginnen über ihrer Probleme und „Beziehungen innerhalb ihrer Hausgemeinschaft sprechen – auch über Gewalt, Missbrauch und Prävention".
Bei zahlreichen anderen Einrichtungen und Organisationen (z. B. Jugendamt, Gesundheitsamt, Stadtjugendring, Caritas, Diakonisches Werk, anonyme Alkoholiker ...) wurde ich von einem Mitarbeiter zum nächsten verbunden oder mit den Erklärungen vertröstet wie: Der zuständige Kollege sei erkrankt oder in Urlaub. Einige der oben aufgeführten Organisationen sehen sich zudem nicht in der Lage, Kinder ohne Wissen oder Dabeisein ihrer Eltern zu beraten oder zu unterstützen. Somit kommen sie, meinen Erfahrungen nach, als Partner und Helfer für Kinder in persönlichen Notsituationen kaum in Frage.

Zusammenfassend hat sich für mich somit der Eindruck ergeben, dass man bei diesem Thema Kinder eher dahingehend bestärken sollte, sich in Notsituationen an Eltern, andere Erwachsene, Freunde, Lehrer usw. zu wenden.

5. Unterrichtsgestaltung

S. 40/41 Kinderrechte sind Menschenrechte

Wahrscheinlich werden sich Kinder in der vierten Jahrgangsstufe beim ersten Lesen der im Schülerbuch aufgeführten Kinderrechte nicht bei allen Inhalten vorstellen können, was diese konkret ansprechen. Ziel dieser Seite ist es, dass „unsere" Kinder auf eine ihnen angemessene Weise ihre Rechte und die Rechte ihrer Altersgenossen in anderen Ländern der Welt kennen und verstehen lernen.
Klärungen und Erläuterungen zu den Inhalten können die Kinder im gemeinsamen Gespräch mit der Lehrkraft oder ihren Eltern erhalten. Auch wir Erziehende werden im Laufe eines Gespräches mit Kindern über ihre Rechte aufschlussreiche Einblicke in ihre Sichtweisen, Bedürfnisse und Empfindungen von Rechten erhalten.

Wichtige Kinderrechte für die Kinder in unseren Klassen (Arbeitsauftrag 1)
In Form einer Umfrage innerhalb der eigenen Klasse, den Klassen der selben Jahrgangsstufe oder der ganzen Schule können die Kinder feststellen, was ihre Altersgenossen für ihr Leben als besonders wichtig, also grundlegend erachten und welche Rechte sie für sich in Anspruch nehmen oder gerne in Anspruch nehmen würden. Dies kann in frei assoziierender Weise geschehen, indem sie ihre Ansichten auf einem Blatt niederschreiben oder in Form eines Auswahl-Fragebogens, nachdem die Kinder bereits Informationen über Inhalte der Kinderrechtskonvention erhalten haben.

KV 15 Siehe dazu Kopiervorlage „Kinder haben Rechte".

Auch können die Kinder dazu aufgefordert werden, sich ein ihnen persönlich als besonders wichtig oder wertvoll erscheinendes Kinderrecht herauszusuchen und es künstlerisch darzustellen (z. B. in Form eines Plakates oder einer Pantomime). Durch die von den Kindern gewählten Darstellungsformen können wir Erwachsene möglicherweise weitergehende Einblicke in die emotionale Betroffenheit der Kinder zur von ihnen gewählten Kinderrechtsthematik erhalten. Beim Gespräch innerhalb der Klasse sind eigene künstlerische Darstellungsformen für die Kinder oft eine Hilfe, seine Anliegen den Mitschülern besser verständlich zu machen.

Bereits umgesetzte Kinderrechte (Arbeitsauftrag 2)
Eine größere Zahl von Kinderrechten kann von den bei uns lebenden Kindern bereits in Anspruch genommen werden oder ihre Wahrnehmung ist auf Grund der herrschenden Lebensbedingungen nicht nötig. – Allein diese Feststellung kann Kindern schon ein gewisses Sicherheitsgefühl geben und als Grundlage des Vertrauens beim Gespräch mit Erwachsenen über Kinderrechte dienen (s. Arbeitsauftrag 4).

Solidarität mit benachteiligten Kindern (Arbeitsauftrag 3)
Zu erkennen, dass Kinder in anderen Teilen der Erde oder auch in der eigenen Klasse (z. B. Behinderte oder Kinder von Flüchtlingen) nicht in der gleichen, selbstverständlichen Weise über die Kinderrechte verfügen können wie sie selbst, erweckt bei vielen Kindern die Bereitschaft, sich mit den benachteiligten Altersgenossen zu solidarisieren. Denn das Gerechtigkeitsgefühl ist in diesem Alter erfahrungsgemäß stark ausgeprägt! Dieser Umstand motiviert Kinder sich konkrete Informationen über die Lebensbedingungen von benachteiligten Altersgenossen zu beschaffen.
Das Schülerbuch bietet den Kindern die Möglichkeit, sich anhand von Fallbeispielen detaillierter über die Lebensbedingungen von Kindern in anderen Ländern zu informieren und zu überprüfen, inwieweit Kinderrechte dort gelebt werden können, oder ob gegen sie verstoßen wird:
S. 32 Warum ich nach Deutschland kam
S. 33 Ich bin nach Spanien umgezogen
S. 34/35 Aslak, Erica, Sayako und Hari

Das Kinderhilfswerk der Vereinten Nationen UNICEF bietet in seinen Veröffentlichungen eine Vielzahl von kind- und altersgerechten Informationen, welche „unseren" Kindern Lebensbedingungen von Kindern in anderen Ländern anschaulich vorstellen:

KV 16/17 Ein Interview mit einem brasilianischen Jungen und eine Beschreibung der Situation, in welcher ein Mädchen in Mauretanien aufwächst sind diesem Kommentarband als Kopiervorlagen 16 und 17 beigefügt.

Ein weiteres Angebot von UNICEF: Kinder werden als so genannte „Junior-Botschafter" für ihre Klassen und Schulen ausgebildet. Sie erhalten Informationen über bedrohliche Lebenssituationen von Kindern in aller Welt und rufen in Aktionen dazu auf, diese zu beheben (s. UNICEF-Kinderseiten im Internet unter www.unicef.de).
Eine andere, den Kindern sehr entsprechende Möglichkeit, mehr über die Lebensweisen von Kindern in anderen Ländern zu erfahren ist, Spiele, Lieder und Geschichten aus der ganzen Welt zu sammeln, sie zu spielen (Art. 31) und sie mit den eigenen zu vergleichen. Authentisch, direkt und lebendig kann das geschehen, wenn Kinder anderer Nationalität die eigene Klasse oder Schule besuchen. Auch der Weltkindertag (20. September) ist ein passender Anlass, im Spiel etwas über andere Kulturen zu lernen.

Ein besonderes Erlebnis ist es, mit Hilfe von Kindern und Eltern, welche aus einer anderen Kultur stammen, eines ihrer Feste zu feiern.

Kinderrechte – Erwachsenenrechte (Arbeitsauftrag 4)
Haben Kinder
- mehr Rechte als Erwachsene,
- weniger Rechte als Erwachsene,
- andere Rechte als Erwachsene,
- die gleichen Rechte wie Erwachsene?

Sprecht in eurer Klasse und mit Erwachsenen darüber!
Die fundierte Beantwortung der vier Teilfragen des Arbeitsauftrags 4 stellen die Kinder zunächst noch einmal vor die Aufgabe, die im Buch vorgestellten Kinderrechte zu rekapitulieren und sie mit ihrer Lebensrealität zu vergleichen.
In verschiedenen Gruppen können sie Argumente suchen, welche bei jeder der vier, sich teilweise widersprechende Teilfragen die Antwort „ja" zulassen. Gleichzeit werden aber auch immer Einschränkungen zu machen sein. Den Kindern wird so die Komplexität der Beziehungen zwischen Kindern und ihren Eltern oder Erziehern deutlich. Ebenso wird erkennbar, dass diese besonderen und grundlegenden Beziehungen nur bedingt durch Rechtsansprüche zu regeln sind, dass vielmehr Vertrauen, Liebe, Verantwortung und gegenseitiger Respekt wesentliche Grundlagen dieser Beziehungen sind. Letztendlich dürfte so auch klar werden, dass die von der Konvention postulierten Kinderrechte in erster Linie eine Forderung der Vereinten Nationen an die Unterzeichnerstaaten sind. Diese wurden darin beauftragt, die erforderlichen finanziellen, organisatorischen und rechtlichen Voraussetzungen zu schaffen, damit Eltern ihrer Rolle als Ernährer, Erzieher und Bezugspersonen in einer gewaltfreien Atmosphäre nachkommen können.
Dennoch fühlen sich Kinder von „ihren" Erwachsenen nicht selten benachteiligt oder nicht in ausreichender Weise ernst- oder wahrgenommen. Die Beziehungen von Erwachsenen und Kindern im Spannungsfeld von Rechten zu betrachten kann deshalb auch Anlass vor Begegnungen und Gesprächen innerhalb und außerhalb der Schule sein. Grenzen und Regeln können hierbei mit Eltern, Lehrkräften und/oder Kommunalpolitikern hinterfragt, begründet und modifiziert werden. Demokratisches Verhalten und gegenseitiges Vertrauen kann sich dabei ausbilden.

KV 15 Auf der Kopiervorlage „Kinder haben Rechte" finden die Kinder einen Auszug aus den Kinderrechten der Vereinten Nationen. Sie sollen entscheiden, welche Rechte sie als wichtig und welche sie als nicht so wichtig empfinden.

KV 16/18 Die Kopiervorlagen 16–18 thematisieren die unterschiedlichen Lebensumstände von Amerigo aus Brasilien, Fatimettou aus Mauretanien und Linda aus den Niederlanden.

S. 42 Kinderrechte in der Schule

Der im Schülerbuch dargestellte Gesprächskreis steht stellvertretend für in der eigenen Schulklasse stattfindende Gesprächssituationen über dort geltende Regeln und Abmachungen.
Äußerungen und Forderungen der sechs Kinder stellen Anliegen vor, welche so oder so ähnlich häufig im Schulalltag formuliert werden. Zum Teil beziehen sie sich aufeinander und widersprechen sich mitunter auch.
Die Kinder könnten nach dem Lesen der Sprechblasen mit verteilten Rollen befragt werden:
- Welche der Forderungen erscheinen dir persönlich besonders wichtig? – Begründe!
- Welche der Forderungen treffen auch für unsere Klasse zu?
- Welche Kinder sprechen zum gleichen Thema? – Welche widersprechen sich dabei?
- Wie könnte die Lehrerin zu den Forderungen der Kinder Stellung nehmen?

Die Äußerungen und Forderungen der sechs Kinder lassen sich direkt von Kinderrechten herleiten, welche auf der im Schülerbuch vorangegangenen Doppelseite vorgestellt wurden:
- „Ich möchte reden, wann ich will und sagen was ich will!" – Frei die eigene Meinung äußern (Art.12)
- „Ich möchte viel Neues lernen!" – Etwas lernen, kostenloser Schulbesuch (Art. 28/29)
- „Ich möchte mitentscheiden, was wir lernen!" – Bei Entscheidungen berücksichtigt werden (Art. 12)
- „Ich möchte auch zu Wort kommen und nicht beschimpft werden!" – Frei die eigene Meinung äußern (Art. 12)
- „Ich möchte spielen und mich erholen!" – Recht auf Freizeit und Spiel (Art. 31)
- „Ich möchte selbst entscheiden, wo und wie ich in der Schule sitze!" – Bei Entscheidungen berücksichtigt werden (Art. 12)

Wenn den Kindern klar geworden ist, dass die Forderungen der im Schülerbuch abgebildeten Kinder sich direkt aus den auf der vorhergehenden Doppelseite aufgeführten Kinderrechten ableiten lassen, können sie aufgefordert werden, selbst Forderungen zu formulieren und diese mit Artikeln der Kinderrechtskonventionen zu begründen. Bei widersprüchlichen Anschauungen zwischen Kindern fordert der Artikel 13 zum Kompromiss oder Konsens auf: „Die Rechte eines Kindes dürfen nicht die Rechte eines anderen Kindes verletzen."

Hält die Lehrkraft die Forderungen ihrer Schüler für überzogen oder in der Schule für nicht umsetzbar, obwohl sich diese von Artikeln der Kinderrechte herleiten lassen, sollte sie sich zunächst überlegen, was tatsächlich gegen ungewöhnliche Forderungen von Kindern verstößt. Sie kann dann beispielsweise sinngemäß Artikel 13 auch für sich in Anspruch nehmen, oder damit argumentieren, dass es ihre Aufgabe ist, im Rahmen des Unterrichts für Disziplin zu sorgen (Artikel 28). Mitunter fordert jedoch sogar der Lehrplan Ungewöhnliches: „Ich möchte mitentscheiden, was wir lernen!" ist beispielsweise durch Punkt 1 des HSU-Lehrplans „Unser eigenes Thema" abgedeckt. Auch in den Lehrplänen der anderen Fächer finden sich Hinweise auf entsprechende offene Unterrichtsformen, auf projektorientierten Unterricht.

Der Arbeitsauftrag 2 regt an, selbst Klassenregeln aufzustellen, welche sich auf die Kinderrechte beziehen. Auch hier kann von den Sprechblasen der abgebildeten Kinder und eigenen Forderungen ausgegangen werden. Ziel wird ein von allen Kindern getragener Kompromiss sein, welcher sowohl die Bedürfnisse und Rechte verschiedener Schüler und auch die Notwendigkeit der schulischen Disziplin als Voraussetzung für Lernen berücksichtigt. Es macht Sinn, die in der Klasse im Gespräch ausgehandelten Klassenregeln schriftlich zu fixieren, sie von allen Kindern unterschreiben zu lassen, sie auszuhängen, im Bedarfsfall auf sie hinzuweisen und ihre Einhaltung einzufordern. Eine Erweiterung oder Modifikation der Klassenregeln zu einem späteren Zeitpunkt ist unter Einhaltung und Einübung demokratischer Regeln selbstverständlich möglich.

Artikel 28 der Kinderrechtskonventionen fordert von den Unterzeichnerstaaten kostenlosen Schulbesuch für alle Kinder, zumindest im Elementarbereich, sicherzustellen. Manche unserer Kinder empfinden Schule, besonders, wenn sie Misserfolgserlebnisse vermittelt, als belastende Pflicht. Das Gespräch über diese Thematik (Arbeitsauftrag 3) bietet der Lehrkraft sowohl die Möglichkeit, angeregt durch die Klagen der Kinder, den eigenen Unterricht dahingehend zu reflektieren, ob er noch kindgerechter, motivierender gestaltet werden könnte, als auch hinzuweisen auf die Notwendigkeit von Schule als Vorbereitung für die kompetente Teilnahme an der Erwachsenenwelt.

KV 18 Der aus einem UNICEF-Materialheft entnommene Text von „Linda aus den Niederlanden" beleuchtet diesen Aspekt und findet sich auf Kopiervorlage 18.

S. 43 Wie kommen Kinder zu ihren Rechten?

Beim Betrachten der Zeichnungen werden die Kinder wohl zunächst feststellen, dass sich die dort abgebildeten Kinder in schwierigen oder bedrohlichen Situationen befinden. Ein Kind sitzt nur weinend da. Es bietet sich als Anlass an, zu vermuten, was ihm geschehen sein könnte. Die darauf folgenden Antworten können unter Umständen als Hinweise dienen, in welchen belastenden Lebenssituationen sich die Kinder befinden.
Eine andere Zeichnung bietet sich als Einstieg an, um über Gewalt oder Bedrohung von Gewalt durch andere, eventuell ältere Kinder zu sprechen. Themen können sein: Gewalt im Schulbus, auf dem Schulweg, dem Pausenhof, Bandenbildung.
Die beiden übrigen Abbildungen zeigen eindeutig Kinder, die großen Kummer wegen des Verhaltens ihrer Eltern haben. Einmal ist das Thema „Streit, Trennung, Scheidung" angesprochen, auf dem letzten Bild wird die Problematik angedeutet, welche Auswirkungen der Missbrauch legaler oder illegaler Drogen von Eltern auf ihre Kinder hat.
Kinder empfinden die dargestellten oder ähnlich gelagerten Situationen, wenn sie ihnen selbst widerfahren sind, oft als beschämend. Sie scheuen sich aus diesem Grund oder, weil es ihnen von den Tätern verboten wurde, mit anderen Menschen darüber zu sprechen. Mitunter erhielten sie das Gefühl vermittelt, sie sein selbst an ihrer Situation schuld oder ihre Lage könne sich noch mehr verschlimmern, wenn sie mit anderen darüber sprächen. Vielleicht fühlen sich betroffene Kinder etwas weniger hilflos, wenn ihnen klar wird, dass z. B. in den im Buch abgebildeten Situationen tatsächlich gegen ihre Rechte als Kinder verstoßen wird.
Die Kinder können den Auftrag erhalten herauszufinden, gegen welche, auf der vorhergehenden Doppelseite des Schülerbuches aufgelisteten, Kinderrechte in den Abbildungen auf Seite 43 verstoßen wird. Es sind:

- Schutz vor Vernachlässigung, Missbrauch und jeder Form von Gewalt, auch durch die eigenen Eltern,
- Schutz vor Drogen,
- Liebe und Fürsorge der Eltern und ein sicheres Zuhause. (Artikel 9 der Konvention legt auch fest, dass Kinder ein Recht haben, mit beiden Eltern Kontakt zu halten, wenn diese getrennt leben.)

Eventuell nennen Kinder beim Betrachten der Bilder im Buch auch folgende Punkte:

- Frei die eigene Meinung äußern und bei Entscheidungen berücksichtigt werden,
- Gesundheit und medizinische Hilfe bei Krankheit.

Gerade wenn Kinder aktuell keine Hilfe benötigen, besteht eine gute Ausgangsposition einzuüben, wohin sie sich in Notfällen wenden könnten. Dies wird am sinnvollsten dadurch geschehen, dass jedes Kind sich persönlich darüber klar wird, an welche(n) Erwachsenen es sich in einem Notfall vertrauensvoll wenden könnte.
Aber auch die Möglichkeiten der Kontaktaufnahme zu Organisationen, welche Kindern Hilfe und das geschützte Gespräch anbieten, sollten speziell am eigenen Wohnort ausprobiert werden. Dieser Vorgang kann gerade im Rahmen der Klasse oder Schule angstfrei angebahnt und eingeübt werden. Es steht zu hoffen, dass Kinder die so erworbenen Fähigkeiten im Notfall auch zum Einsatz bringen können.

6. Literatur- und Medienhinweise

Fachliteratur

UNICEF: Convetion on the Rights of the Child, 20. November 1989

UNICEF: Fragen und Antworten zur Kinderrechtskonvention. Argumentationsleitfaden, April 1999

UNICEF und Deutscher Kinderschutzbund: Kinder haben Rechte, eine Materialsammlung

Die vollständige und erläuterte UN-Kinderrechtskonvention ist erhältlich bei: Bundesministerium für Familien, Senioren, Frauen und Jugend, Rochusstraße 8-10, 53123 Bonn, Tel.: 02 28 / 930-0 oder 0 18 05 / 32 93 29, www.bmfsfj.de

Internet

www.bmfsfj.de
www.unicef.de

Meine Zukunft S. 44 – 47

1. Überblick über die Inhalte des Kapitels

Inhalte		Intentionen
S. 44	Die richtige Schule für mich	– Sich der eigenen Fähigkeiten bewusst werden, um Selbstvertrauen für Neues zu entwickeln: neue Schule, neue Klassengemeinschaft, neue Anforderungen
S. 45	Wie kann es nach der Grundschule weitergehen?	– Stärken, Schwächen, Interessen, Lernvoraussetzungen kennen; Informationen von den umliegenden Schulen einholen; Gastbesuch, „Schnuppertage", ehemalige Schüler einladen
S. 46	Nach der Schule – der Beruf	– Sich auf nicht Planbares einstellen, mit Unvorhergesehenem rechnen, mit Schwierigkeiten, Enttäuschungen, und Niederlagen umgehen, Frustrationstoleranz anbahnen
S. 47	Wenn ich einmal erwachsen bin	– Zukunftsbuch, Reportage, Erinnerungsbuch gestalten

2. Weitere fächerverbindende Möglichkeiten

Deutsch: Sichten und Lesen von Informationsmaterial über verschiedene Schularten; Lesen verschiedener Berufsbilder; Schreiben von Gründen für die Wahl einer bestimmten Schulart; Aufsatz über den Wunschberuf; Anlegen eines Zukunftsbuches

Kunsterziehung: Gestalten eines Zukunftsbuches

Religionslehre/Ethik: Über Zukunft sprechen: Was ist wirklich wichtig: Familie, Kinder, Glück, Reichtum, Liebe, Gesundheit, Erfolg …?

3. Vorüberlegungen

In der 4. Jahrgangsstufe beginnen viele Kinder sich Vorstellungen von ihrer Zukunft zu machen. Meist beziehen sich diese Überlegungen auf die Schulart, die sie nach der Grundschule besuchen möchten, manchmal aber auch auf spätere Berufswünsche. Ob sich die Kinder nun irgendwelche Ideale für ihre Zukunft ausmalen oder auch noch keine konkreten Zukunftsvorstellungen haben, so ist es dennoch wichtig, dass sie sich der eigenen Fähigkeiten bewusst werden, also Stärken, Schwächen, Interessen, Lernvoraussetzungen kennen.
Kinder haben unterschiedliche Gründe, sich für eine bestimmte Schulart zu interessieren bzw. für eine zu entscheiden. Voraussetzung für die Wahl einer bestimmten Schulart sind natürlich entsprechender Notendurchschnitt, Interesse oder evtl. bereits eine konkrete Berufsvorstellung, für die ein bestimmter Schulabschluss nötig ist. Nur selten überblicken die Schüler selbst genau, was für sie richtig ist.

4. Sachinformationen

S. 44-47

Das bayerische Schulsystem besteht aus verschiedenen Schularten, die alle – außer der Grundschule – einen Schulabschluss verleihen. Jeder Schulabschluss ermöglicht entweder den Eintritt in die Berufsausbildung oder in die Schulart, die den nächsthöheren Abschluss vergibt. „Kein Abschluss ohne Anschluss" ist das Motto im Zusammenspiel der Schularten. Ziel ist, sowohl frühe Vorbereitung auf den Beruf zu ermöglichen (z. B. über die Wirtschaftsschule, die als berufliche Schule mit der 7. Jahrgangsstufe beginnt) als auch eine breite Allgemeinbildung zu vermitteln (z. B. durch das Gymnasium). Die Schul- bzw. Ausbildungsrichtungen werden zusammengefasst in:

Allgemein bildende Schulen

Grundschule
Sie leistet einen wesentlichen Beitrag zur allseitigen Persönlichkeitsentwicklung jedes Kindes.

Die Grundschule ist die gemeinsame Schule für die sechs- bis zehnjährigen Kinder. Hier werden Grundfertigkeiten im Lesen, Rechnen und Schreiben vermittelt. Gleichzeitig werden auch die schöpferische Kraft, die Wahrnehmungsmöglichkeiten und die Ausdrucksfähigkeiten der Kinder gefördert.
Nach der vierjährigen Grundschule, in der alle Kinder Grundlagen erlernen, entscheiden sich die Eltern zusammen mit ihren Kindern und unter Berücksichtigung der eingehenden Beratung durch die Klassenlehrkraft für eine weiterführende Schule, entweder für eine Hauptschule, für eine Realschule oder für das Gymnasium.

Hauptschule
Sie ist stark praxisorientiert und vermittelt eine grundlegende Allgemeinbildung, um auf die Anforderungen des Berufes vorzubereiten.
Die Hauptschule fördert die Schülerinnen und Schüler von der 5. bis 9. oder 10. Jahrgangsstufe und vermittelt sowohl allgemeine Bildung als auch praktische Fertigkeiten. Neben dem fünfjährigen Durchlauf, der den Hauptschulabschluss oder mit einer Zusatzprüfung den „Quali" ermöglicht, besteht das Angebot des Mittlere-Reife-Zuges, der zu einem mittleren Schulabschluss führt. Praxisklassen erleichtern leistungsschwachen Schülern den Einstieg in das Berufsleben.

Realschule
Sie vermittelt eine fundierte Allgemeinbildung und schafft Grundlagen für weitere berufliche Ausbildung.
Die Realschule vermittelt in sechs Jahren (in vier Jahren = Auslaufmodell) allgemeine und berufsvorbereitende Bildung und führt nach der 10. Jahrgangsstufe zum mittleren Bildungsabschluss. Die Realschule gliedert sich ab der 7. bzw. 8. Jahrgangsstufe in drei Wahlpflichtfächergruppen:
- mathematisch-naturwissenschaftlich-technischer Schwerpunkt,
- wirtschaftlicher Schwerpunkt,
- Schwerpunkt im sprachlichen, musisch-gestaltenden, hauswirtschaftlichen oder sozialen Bereich.

Gymnasium
Es vermittelt eine vertiefte allgemeine Bildung, die für ein Hochschulstudium vorausgesetzt wird.
Das Gymnasium baut auf der Grundschule auf und bietet einen Bildungsgang, der in neun Jahren zur allgemeinen Hochschulreife führt. Durch die Studienvorbereitung gewinnt das Gymnasium sein besonderes Profil. Erlernt werden mindestens zwei Fremdsprachen. Es werden verschiedene Ausbildungsrichtungen angeboten wie:
- humanistisches Gymnasium,
- neusprachliches Gymnasium,
- mathematisch-naturwissenschaftliches Gymnasium,
- musisches Gymnasium,
- sozialwissenschaftliches Gymnasium.

Förderschulen
Sie unterstützen Behinderte und Kranke, die besonderer Förderung bedürfen.
Die Schulen nehmen Rücksicht auf Art und Grad der Beeinträchtigung. Die Kinder können alle Schularten (Gymnasium, Realschule, Hauptschule, Berufsschule) durchlaufen und die entsprechenden Abschlüsse erwerben, ausgenommen sind Schulen zur individuellen Lernförderung und individuellen Lebensbewältigung.

Berufliche Ausbildung

Berufsschule
Sie vermittelt die Theorie für die Berufsausbildung.

Berufsfachschule
Sie verbindet Theorie und Praxis des jeweiligen Berufs.

Berufliche Schulen

Wirtschaftsschule
Sie vermittelt neben einer fundierten Allgemeinbildung eine berufliche Grundbildung.

Fachoberschule
Sie führt Schüler mit mittlerem Bildungsabschluss in zwei Jahren zur fachgebundenen Hochschulreife.

Fachschule
Sie bietet eine vertiefte berufliche Fortbildung oder Umschulung.

Fachakademie
Sie verbindet höhere Ziele mit umfassender beruflicher Weiterbildung.

Berufsoberschule
Sie führt Schüler mit Beruf in zwei Jahren zur allgemeinen Hochschulreife.

Besonderen Wert innerhalb des Schulsystems wird auf die Durchlässigkeit zwischen den verschiedenen Schultypen gelegt. Jedes durch einen Schultypus erreichte Niveau, wie Hauptschulabschluss, mittlerer Bildungsabschluss, Hochschulreife etc., erlaubt den Eintritt in die nächsthöhere Schulart, so kann z. B. ein Hauptschüler mit Berufsausbildung über die Berufsoberschule zum Studium an einer Universität gelangen oder ein Realschüler über die Fachoberschule zu einer Fachhochschule.

Maßgeblich für den Übertritt aus der Grundschule in die weiter führenden Schulformen ist der Gesamtdurchschnitt aus den Noten der Fächer Deutsch, Mathematik und Heimat- und Sachunterricht. Die aktuellen Übertrittsregelungen erhält man über das Internetangebot des Kultusministeriums (www.km.bayern.de).

Schulberatung

Erster Ansprechpartner der Eltern und Kinder in Fragen der Bildung ist die Klassenlehrkraft, auch die Schulleitung. Darüber hinaus gibt es in Bayern die Schulberatung, die den Kindern helfen soll, ihre Anlagen zu erkennen, ihre Fähigkeiten zu nutzen und die vielfältigen Bildungsmöglichkeiten wahrzunehmen. Sie vermittelt Hilfe bei Schulproblemen und unterstützt Eltern und Lehrkräfte bei der Erziehungs- und Bildungsaufgabe. Die Schulberatung ist unabhängig von der Schulart, freiwillig und kostenlos. Sie wird durchgeführt durch die:

Beratungslehrkraft
(Name und Sprechzeiten im Aushang jeder Schule), die für jede Schule bestimmt ist. Diese berät Kinder und Eltern
- bei der Wahl der Schullaufbahn,
- bei der Wahl von Fächern und Ausbildungsrichtungen innerhalb einer Schulart,
- bei der Entscheidung, welcher Schulabschluss angestrebt werden soll,
- bei der Vorbereitung auf die Wahl des späteren Berufs oder Studiums.

Sie hilft nach den pädagogischen Möglichkeiten der Schule bei Lern-, Leistungs- und Verhaltensschwierigkeiten. Sie informiert über die Möglichkeiten, von einer Ausbildungsrichtung in eine andere zu wechseln.

Schulpsychologen
(Name und Sprechzeiten bei der Schule oder bei der staatlichen Schulberatungsstelle zu erfahren), die meistens mehrere Schulen betreuen. Diese bieten Beratung, Hilfe und Betreuung für Kinder, Eltern und Lehrkräfte in psychologisch komplexen Fällen und Fragestellungen an, die den schulischen Bereich betreffen. Sie beraten auf der Grundlage psychologischer Untersuchungen:
- bei der Frage nach der Eignung für eine bestimmte Schulart,
- bei Schulproblemen,
- bei der Förderung altersgemäßer Lern- und Arbeitsmethoden und
- bei Erziehungsfragen.

Staatliche Schulberatungsstelle
(Schulpsychologen und Beratungslehrkräfte verschiedener Schularten sind hier tätig), welche die zentrale Beratungsstelle für alle Schulen des Bezirks ist. Ihre Aufgabe ist vor allem:
- bei schwierigen Beratungsfällen Entscheidungshilfen zu geben,
- die Öffentlichkeit, Behörden und Medien über den Aufbau des gesamten Schulwesens zu informieren,
- Informationsmaterial über die verschiedenen Schularten herauszugeben und
- die Beratungslehrkräfte und Schulpsychologen aller Schulen fachlich zu betreuen.

5. Unterrichtsgestaltung

S. 44 Die richtige Schule für mich

Die Bildsituation auf Seite 44 gibt durch die Aussagen der Kinder in den Sprechblasen genügend Anstoß, sich Gedanken zu machen, welche Schularten es gibt. In Gruppenarbeit können die Kinder die im Bild genannten Gründe für die Wahl einer bestimmten Schulart zuordnen und mit ihren eigenen Gründen ergänzen. Darüber hinaus sollten sie sich in der Gruppe über den Ausspruch „Noten sind nicht alles!“ Gedanken machen.
Da für jedes Kind die bestehende Klassengemeinschaft mit der 4. Klasse beendet ist, sollte sich jedes Kind in Form eines kleinen Aufsatzes Gedanken darüber machen, was es von der neuen Schule erwartet.

S. 45 Wie kann es nach der Grundschule weitergehen?

Um sich im Anschluss an die Grundschule für die richtige Schule zu entscheiden, müssen die Kinder genaue Informationen über die verschiedenen Schularten, die sich an die Grundschule anschließen können, erhalten.
Für den Übertritt in ein Gymnasium und in eine Realschule sind Voraussetzung ein bestimmter Notendurchschnitt. Weitere Informationen können von den umliegenden Schulen eingeholt werden. Sinnvoll sind darüber hinaus Gastbesuche bzw. „Schnuppertage“ in der gewünschten Schulart oder das Befragen von ehemaligen Schülern, die bereits übergetreten sind.
KV 19-22 Eine zusätzliche Entscheidungshilfe bei der Festlegung der weiteren Schullaufbahn können die Kopiervorlagen „Schullaufbahntest 1 und 2“ und „Das kann ich 1 und 2“ für Eltern, Lehrer und Kinder sein.

S. 46 Nach der Schule – der Beruf

Wenn sich die Kinder schon einen Wunschberuf für ihr späteres Leben vorstellen können, können auch entsprechende Vertreter dieses Berufs besucht bzw. in die Schule eingeladen werden, Eltern befragt werden, wie sie zu ihrem Beruf kamen usw. Auch hier bieten die Bilder aus dem Schülerbuch einen geeigneten Sprechanlass. Der Weg vom Kind über eine Schulausbildung bis zum Beruf war bei vielen Erwachsenen oft steinig. Die Kinder sollen erkennen, dass es auch bei ihnen zu Schwierigkeiten, Enttäuschungen und Niederlagen kommen kann und man trotzdem nicht aufgeben darf, sondern diese meistern muss.

S. 47 Wenn ich einmal erwachsen bin

Über den Beruf hinaus hat aber jeder noch ganz bestimmte weitere Vorstellungen und Wünsche für sein Leben als Erwachsener: Familie, Kinder, Glück, Reichtum, Liebe, Gesundheit, Erfolg, Frieden … Das Malen eines Zukunftsbuches kann hier angebracht sein. Über die Vorstellung eines Fotoapparates, welcher Aufnahmen von der Zukunft machen kann, können die Bilder gut gelingen. Mit den Zeichnungen kann z. B. eine Wandzeitung gestaltet werden.

KV 23 Auf der Kopiervorlage „Wenn ich einmal erwachsen bin" können die Kinder mit Bildern und Texten ihre Vorstellung von ihrem zukünftigen Leben skizzieren.

6. Literatur- und Medienhinweise

Fachliteratur

Bayerisches Staatsministerium für Unterricht und Kultus: Welche Schule ist die richtige? Informationen zu den Schullaufbahnen in Bayern – abgestimmt auf die Entscheidungssituation nach der 4. Jahrgangsstufe

Internet

www.km.bayern.de

1. Überblick über die Inhalte des Kapitels

Inhalte		Intentionen
S. 48	Die eigene Meinung vertreten	– Die eigene Meinung zum Ausdruck bringen – Suchtmittel wie Tabak, Alkohol, Tabletten ablehnen – Sich selbst behaupten und Nein sagen üben
S. 49	Gleichberechtigung	– Geschlechtsspezifische Rollenerwartungen hinterfragen – Anlegen eines Ich-Buchs
S. 50	Kleinkind – Schulkind – Jugendliche(r)	– Entwicklung vom Kleinkind zum Jugendlichen – Unterschiede zwischen Kleinkind, Schulkind und Jugendlichem kennen – Körperliche und seelische Veränderungen während der Pubertät – Eltern-Kind-Konflikte während des Erwachsenwerdens, Erklärungen finden
S. 51	Gedanken und Gefühle ändern sich	– Seelische Veränderungen während der Pubertät – Gefühlsschwankungen und Unsicherheiten wahrnehmen

3. Vorüberlegungen

Die Phase der Pubertät beginnt etwa um das elfte Lebensjahr und ist ungefähr mit achtzehn Jahren abgeschlossen. Bei Mädchen fängt sie ein bis zwei Jahre früher an als bei Jungen. Frühere Generationen pubertierten viel später. Vermutlich wird der Anfang der Pubertät von vielen Dingen beeinflusst. Experten meinen, dass besonders die günstigen Lebensbedingungen und unsere gute reichhaltige Ernährung dazu beitragen.
Die Kinder der vierten Klasse befinden sich am Beginn der Pubertät. Sie bemerken in zunehmendem Maße Veränderungen in ihrem seelischen und körperlichen Befinden. In dieser Phase des Umbruchs dürfen sie nicht allein gelassen werden. Sie müssen Erklärungen für die Vorgänge in ihrem Körper und in ihrem Gefühlsleben erhalten, und müssen erfahren, dass diese Veränderungen normal sind.
Da sich Kinder zu Hause oft nicht trauen, ihre Gedanken und Gefühle in aller Offenheit auszusprechen bzw. die Eltern befangen und gehemmt reagieren, ist es wichtig, das Thema im Unterricht aufzugreifen. Ungenaues Wissen im Zusammenhang mit den körperlichen Veränderungen verunsichert die Kinder. Deshalb ist es wichtig, die Kinder mit den Ursachen dieser Veränderungen vertraut zu machen.

4. Sachinformationen

S. 48 Die eigene Meinung vertreten

Jugendliche müssen sich allmählich von ihrer Kindheit und den Eltern lösen, um den eigenen Weg zu finden. Die eigene Identität zu finden ist die Aufgabe, die jedes Kind irgendwann lösen muss. Hierzu gehört
- den eigenen Körper anzunehmen und zu seinem Aussehen zu stehen,
- Beziehungen zu Gleichaltrigen zu pflegen und neu herzustellen,
- Liebesbeziehungen einzugehen,
- auf Ziele hinzuarbeiten und Zukunftspläne zu schmieden.

Um eine stabile Identität zu finden, müssen Jugendliche Erfahrungen sammeln. Wesentlich ist, dass sie
- vielfältige Beziehungen eingehen, denn andere übernehmen die Funktion eines Spiegels. In der Auseinandersetzung mit Erwachsenen, vor allem aber mit Gleichaltrigen, erleben Jugendliche wie sie eingeschätzt werden;
- wechselnde Rollen ausprobieren. Durch Mutproben, auffällige Frisuren, vor allem aber im Umgang mit verschiedenen Arten von Freunden testen Heranwachsende unterschiedliche Rollen, bis sich für sie herauskristallisiert, was sie wirklich wollen;
- ein Gefühl von Kontinuität erlangen. Die meisten

Teenager beginnen sich im Laufe der Pubertät mit der eigenen Vergangenheit bewusst zu beschäftigen. Gerade um sich von ihren Eltern abgrenzen zu können, benötigen sie Informationen über ihre Kindheit.

S. 49 Gleichberechtigung

Viele Eltern halten es inzwischen für selbstverständlich, ihre Söhne und Töchter ohne Geschlechtsunterschiede zu erziehen. Aber in der Praxis zeigt sich fast immer, dass dieses Vorhaben unmöglich ist. Verwandte, Freunde, Kindergarten, Schule und ganz besonders Fernsehen und Zeitschriften vermitteln traditionelle Verhaltensnormen.
Im Bezug auf die Geschlechterrolle erleben Eltern, dass sie ihr Kind formen und beeinflussen können, es aber spezifische Persönlichkeitsmerkmale besitzt, die gegen Erziehungsbemühungen absolut resistent sind.
Trotz aller Emanzipationsbemühungen und wachsender Chancengleichheit, obwohl Mädchen mutiger und selbstsicherer werden und Buben sich weniger machohaft geben, hält sich das überlieferte Muster hartnäckig und weist Mädchen und Frauen nach wie vor den zweiten Platz in der Rangskala zu. Die einzige Chance, die Zwänge der überlieferten Muster abzustreifen liegt darin, ein eigenständiges weibliches Selbstwertgefühl zu gewinnen, das nicht auf männliche Bewunderung angewiesen ist und eigenes Können und Wissen nicht verleugnet.

S. 50 Kleinkind – Schulkind – Jugendliche(r)

Das Wachstum eines Menschen geht in Schüben vor sich. Der auffälligste Schub findet gleich in der ersten Phase der Pubertät statt. Wenn Kinder besonders schnell in die Höhe schießen, spüren sie manchmal ein Ziehen in den Muskeln, weil deren Wachstum nicht unbedingt mit dem der Knochen Schritt hält.
Bei Mädchen werden die Brustwarzen und der Brustwarzenhof immer größer und es bildet sich ein mehr oder weniger großer Busen. Außerdem formt sich das Becken aus: die Hüften werden breiter, die Taille kurviger. Die Schamlippen werden deutlich größer und die Schamhaare werden dichter und lockiger. Dies wird durch die Ausschüttung der Sexualhormone bewirkt und kann bereits im Alter von acht Jahren passieren. Wenn der Wachstumsschub begonnen hat und Brüste und Schamhaare sprießen setzt etwas später auch die Periode ein.
Bei Jungen werden Arme und Beine länger, Brust und Schultern breiter. Das Gesicht bekommt erwachsenere Züge. Die Stimme wird tiefer und männlicher. In der Pubertät wachsen die Stimmbänder und der Kehlkopf verändert sich. Dies geschieht in der Regel im vierzehnten Lebensjahr. Auch die nächtliche Erregung mit anschließendem Samenerguss ist ein typisches Zeichen dafür, dass sich Jungen in der Pubertät befinden.

S. 51 Gedanken und Gefühle ändern sich

Neben der sichtbaren körperlichen Veränderung beschäftigt die Jugendlichen der seelische Wandel viel mehr. Besonders auffällig sind die Stimmungsschwankungen, die durch die Hormone, die jetzt im Körper gebildet werden, ausgelöst werden. Gefährlich wird es, wenn Kinder mit den negativen Stimmungen nicht klarkommen, zu viel oder zu wenig essen und zu Alkohol oder Drogen greifen. Immer wieder kommt es vor, dass junge Menschen am Leben verzweifeln, dass ihnen der Tod lieber wäre als das Dasein auf Erden.
In der Pubertät gewinnt sexuelles Denken und Fantasieren bei Buben an Bedeutung. Die männliche Sexualität unterscheidet sich von der weiblichen vor allem dadurch, dass Männer viel stärker auf optische Signale des anderen Geschlechts reagieren.

5. Unterrichtsgestaltung

S. 48 Die eigene Meinung vertreten

Als Einstieg in die Thematik werden unterschiedliche Bilder (in Anlehnung an S. 48) auf dem Boden ausgelegt. Die Kinder dürfen sich ein Bild auswählen und im Kreisgespräch begründen, warum sie gerade dieses Bild ausgewählt haben. Im Anschluss daran werden die einzelnen Situationen, die im Buch dargestellt sind, besprochen. Möglich wäre auch, die Kinder mit roten und grünen Karten abstimmen zu lassen, ob sie die Situation mögen oder nicht. Wichtig wäre hier, dass die Kinder wirklich sechs rote und sechs grüne Karten bekommen. Die Karten können nun auf die entsprechenden Bilder gelegt werden, es kann aber auch eine offene Abstimmung erfolgen. Im Anschluss daran können die Situationen, die die Kinder nicht mochten im Rollenspiel dargestellt werden. Es kann nun gemeinsam überlegt werden, wie die einzelnen Situationen verändert werden müssten, damit sie die grüne Karte bekommen können. Danach können die veränderten Situationen noch einmal gespielt werden. Wichtig ist hierbei auf die verschiedenen Ausdrucksweisen von „Nein“ einzugehen (z. B. Gestik, Mimik und gesprochenes Wort). Die Kinder sollen lernen sich einem verlockenden Angebot zu widersetzen und die eigene Meinung auch im Rollenspiel deutlich zu machen. Möglich wäre auch die Situa-

tionen, die von den Kindern die „rote Karte" bekommen haben, bildlich so umzugestalten, dass sie die „grüne Karte" bekommen. Es können auch gruppenweise Plakate zum „Nein-Sagen" entworfen werden.
Es bietet sich an, die Informationen, die die Kinder über Alkohol, Drogen und Tabletten bekommen haben, zu einer Wandzeitung oder einem Plakat zu verarbeiten und den Eltern oder in der Schule zu präsentieren. Sinnvoll wäre auch eine Zusammenarbeit mit den Jugendabteilungen der örtlichen Vereine.

S. 49 Gleichberechtigung

Der Einstieg in das Thema kann über Berufsbezeichnungen von Männern und Frauen erfolgen. Sinnvoll ist es typisch männliche Berufe in der weiblichen Form aufzuschreiben und umgekehrt (z. B. Busfahrerin, Erzieher, Pilotin, Geburtshelfer usw.). Daraus wird sich sicher ein lebhaftes Unterrichtsgespräch entwickeln. Möglich wäre auch, die Kinder die Frage(n) 2 auf der Seite 49 in Stillarbeit über sich selbst bearbeiten zu lassen. Beim anschließenden Vorlesen durch die Lehrkraft sollen die Kinder nun raten, ob es sich um ein Mädchen oder einen Jungen handelt. Nun ist es auch nicht mehr schwierig, eine Tabelle anzulegen.
Zum Sichtbarmachen der Unterschiede kann auch eine geschlechtslose Papierfigur durch Anbringen von Haaren, Kleidern und Gesicht zu einem Mädchen oder Buben ausgestaltet werden. Die Ergebnisse der Frage(n) 2 können auch auf Karten geschrieben werden und an jeweils eine Figur gehängt werden.
Durch das Anlegen eines Ich-Buches beschäftigen sich die Kinder mit ihren Gefühlen, Stimmungen und bekommen so mehr Sicherheit und Selbstwertgefühl. Da der eigene Name ein ganz wichtiger Bestandteil der eigenen Identität ist, sollten sich die Kinder mit ihrem Namen beschäftigen und als erste Seite des Ich-Buches einen Namenszug gestalten. In einer vorausgehenden kleinen Fantasiereise kann auch zunächst auf den eigenen Namen „gesehen" werden.
Wenn die Lehrkraft vermutet, dass es den Kindern schwer fällt, im Rollenspiel die Ansichten des anderen Geschlechts zu vertreten, können auch Handpuppen, Stabpuppen oder Kasperfiguren verwendet werden.

KV 24 Bei der Kopiervorlage „Mädchen und Buben" sollen die Kinder aufschreiben, welche Eigenschaften Mädchen und welche Eigenschaften Buben zuzuordnen sind, und diese Ergebnisse vergleichen.

S. 50 Kleinkind – Schulkind – Jugendliche(r)

Als Einstieg bringen die Kinder Bilder von sich aus verschiedenen Altersstufen mit. Sie bekommen nun den Auftrag diese Bilder zu ordnen. Es wird sich wohl ein Gespräch über die körperlichen Unterschiede der einzelnen Bilder ergeben. Nun kann sich eine gelenkte Fantasiereise: Ich in fünf Jahren ... anschließen. Diese Vorausschau gibt allen Kindern den Raum, sich mit den körperlichen und seelischen Veränderungen der nahen Zukunft auseinander zu setzen. Der Text im Schulbuch nennt die Veränderungen. Diese können in Partnerarbeit herausgefunden und anschließend stichwortartig an der Tafel festgehalten werden. Der Text im Schulbuch kann möglicherweise zu Fragen bezüglich der körperlichen Veränderungen wie Menstruation und Ejakulation führen. Diese Fragen sollten von der Lehrkraft in der Klasse allgemein, aber auch nach Möglichkeit im Einzelgespräch offen beantwortet werden.

S. 51 Gedanken und Gefühle ändern sich

Als Einstieg in die Thematik können die Sprechblasen der Kinder vervollständigt werden. Im Anschluss daran kann im Klassengespräch überlegt werden, mit wem man über Gedanken und Gefühle reden kann. Wichtig ist es, auf unterschiedliche Angebote hinzuweisen und auch ein Plakat mit Adressen im Klassenzimmer aufzuhängen.

Bei seelischen Problemen:
Die Arche
Viktoriastr.9
80803 München
Telefon 089/33 40 41

Bei Vergewaltigung und sexuellem Missbrauch:
Polizeipräsidium München
– Beauftragte der Polizei für Frauen und Kinder –
Ettstr. 2
80333 München
Telefon: 089/2910–4444 oder Notruf 110

In jeder Notlage:
Kinder- und Jugendtelefon
Gebührenfrei
0800/1 11 03 33

Bei der Frage vier ist es sinnvoll den Kindern vorbereitete Papierstreifen auszuteilen, die dann in Einzelarbeit vervollständigt werden. Nach dem Vorlesen (evtl. auch durch die Lehrkraft) können die Papierstreifen auf farbige Plakate z. B. schwarz/grau für schlecht und traurig und gelb/orange für gut und stark aufgeklebt werden. Zur Weiterarbeit am Thema können einzelne Schülergruppen Rollenanweisungen für Situationen, in denen man sich gut/schlecht fühlt, schreiben und der Klasse vorspielen.

6. Literatur- und Medienhinweise

Kinderbücher

Ausfelder, Trude: Alles, was Mädchen wissen wollen. Ellermann, München 1997

Ausfelder, Trude: Alles, was Jungen wissen wollen. Ellermann, München 1998

Fuchs, Ursula: Wiebke und Paul. Ravensburger Buchverlag, Ravensburg 1996

Ruwisch, Ulrike: Toller Hecht gesucht. Ravensburger Buchverlag, Ravensburg 2002

Fachliteratur

Hintz, Dieter/Pöppel, Karl Gerhard/Rekus, Jürgen: Neues schulpädagogisches Wörterbuch. Juventa Verlag, Weinheim, München 2001

Miller, Reinhold: Lernwanderung. Beltz, Weinheim, Basel 2001

Nitsch, Cornelia/Beil, Brigitte/Schelling, Cornelia von: Pubertät? Kein Grund zur Panik! Goldmann, München 2003

Preuschoff, Gisela: Von 12 bis 16: Abenteuer Pubertät. PapyRossa Verlag, Köln 2001

Wingfield Jack und Angela: Jetzt werde ich erwachsen. Brunnen Verlag, Gießen, Basel 1995

1. Überblick über die Inhalte des Kapitels

Inhalte		Intentionen
S. 52	Den Abfall richtig trennen	– Sich darüber informieren, wo Müll entsteht – Abfallarten unterscheiden – Die Trennungsmöglichkeiten von Müll kennen – Sich über die Trennung von Müll, die Müllsammlungen in der Gemeinde informieren
S. 53	Recycling von Abfall	– Recyclingmöglichkeiten von Metall, Papier und Kunststoff kennen – Kompostierungsmöglichkeiten von Abfall
S. 53	Mülldeponie – Müllverbrennung	– Möglichkeiten der Abfallentsorgung kennen
S. 54	Mehrwegsystem	– Abfälle können Rohstoffe sein: Wiederverwertung der Wertstoffe – Mehrwegsystem – Müll vermeiden

2. Weitere Möglichkeiten im Bausteine-Programm

Sprachbuch 4

Kapitel: Müll mit Wert?

S. 64/65	Müll mit Wert?
S. 66	Umweltberatung
S. 67	Arbeit an der Müllkartei
S. 68	Müllprobleme

Lesebuch 4

Kapitel: Wert- und Werkstoffe

S. 92	Fenster des Augsburger Doms
S. 93	Aus Glas
S. 94	Glas als Verpackungsmaterial
S. 95	Ein Handwerk mit Puste

Weitere fächerverbindende Möglichkeiten

Werken/Textiles Gestalten: Aus Altpapier selbst Papier herstellen (Kopiervorlage 26) und daraus Schmuckpapier erstellen

3. Vorüberlegungen

Die Kinder einer vierten Klasse kommen jeden Tag mit dem Thema Verpackungsmüll in Berührung. Zum einen bringen sie ein Pausenbrot und Getränke in einer geeigneten Verpackung mit in die Schule, zum anderen treten sie als Käufer für Schulsachen auf. Außerdem beeinflussen sie die Kaufentscheidungen der Eltern. Daher richten sich auch viele Werbespots gezielt an Kinder und Jugendliche.
Das Abfallproblem ist ein zentrales Thema unserer Zeit. Da die Abfälle schnell und zuverlässig aus dem Gesichtsfeld der Verbraucher und Verbraucherinnen entfernt werden, ist die Distanz des einzelnen zum selbst produzierten Müll relativ groß. Durch das Kennenlernen des Zusammenhangs zwischen Abfallmenge und Konsumgewohnheiten soll die Motivation zur Abfallvermeidung gestärkt werden. Die Kinder sollen erkennen, dass sie über bewusstes Konsumverhalten durchaus Einfluss auf die Abfallreduzierung nehmen können.

4. Sachinformationen

S. 52 Den Abfall richtig trennen

„Müll" im altmodischen Sinne enthält viele Bestandteile, die nochmals verwendbar oder wieder verwendbar, recycelbar sind. „Früher" wurden alle

Abfälle in eine Tonne geworfen. Es war sehr mühsam, die verschiedenen Fraktionen wieder herauszufischen. Städte und Gemeinden gingen daher dazu über, Wertstoffe getrennt zu sammeln. Der jeweilige Modus variiert dabei erheblich.
Mittlerweile ist die Technik aber weiter vorangeschritten: Es gibt betriebsbereite großtechnische Anlagen im Raum Dresden und Essen, in denen die Trennung der „in einer Tonne gesammelten" Wertstoffe automatisch erfolgt. Die Sortier-Ergebnisse sind erheblich besser (sortenreiner) als bei der getrennten Sammlung durch z. B. das „Duale System" und dieses zudem zu weitaus geringeren Kosten. In den nächsten Jahren wird es daher wahrscheinlich wieder eine Umstellung der Abfallsammlung geben.

S. 53 Recycling von Abfall

„Recycling" taucht als Schlagwort erst Anfang der 1960er-Jahre auf. Es stammt aus dem Englischen, hat seinen Ursprung aber im altgriechischen Wort „Kyclos" = Kreis. Recycling bedeutet, Altstoffe in den Produktionskreislauf zurückzuführen.
In den 1970er-Jahren begann man in Deutschland verstärkt, Altglas zu sammeln. Umweltschützer und Politiker erkannten mit steigender Verpackungsflut, dass nicht jeder Müll auf der Deponie gelagert werden konnte. Drohender Müllkollaps durch Platzmangel in den 1980er-Jahren, die fortschreitende Vergiftung von Boden und Grundwasser sowie der Ruf nach Einsparung von Rohstoffen, Energie und Wasser waren die Auslöser für die Entwicklung eines bundesweiten Recycling-Konzeptes. 1991 wurde das „Duale System" als Antwort der Industrie gegründet. Zwischen 1992 und 1998 wurden rund 30 Mio. Tonnen Verpackungen verwertet. Immer mehr Dinge werden inzwischen wieder verwertet oder -verwendet.

Metalle
Durch Einschmelzen von alten Autoteilen, Eisenstangen, Konservendosen etc. lassen sich die Materialien zurückgewinnen. Wie bei anderen Wertstoffen auch, sollten die Metallteile frei von anderen Stoffen sein.

Aluminium
Die Herstellung von Aluminium kostet viel Energie, da es bei sehr hohen Temperaturen verarbeitet wird. Das Recycling dieses Materials lohnt sich daher besonders.

Papier
Aus gebrauchtem Papier kann wieder Papier oder Karton hergestellt werden. Das recycelte Produkt hat aber immer eine geringere Qualität als das neue. Grund dafür sind einerseits die Verschmutzungen, andererseits die Verkürzung der Holzfasern bei jedem Recyclingdurchgang.

Kunststoffe
Beim Recycling von Kunststoff unterscheidet man wertstoffliche, rohstoffliche und energetische Verwertung. Beim werkstofflichen Recycling entstehen neue Kunststoffprodukte. Beim rohstofflichen Recycling wird vermischter oder verschmutzter Kunststoff in seine Grundbausteine Öl und Gas zerlegt und als solches eingesetzt. Stark verschmutztes Material kann bis jetzt nur energetisch recycelt, also verbrannt werden. Auch dieses Problem ist mit den neuen Anlagen (siehe Sachinformationen zu S. 52) gelöst worden. Im Jahr 1997 wurden 58 Prozent der verwerteten Verkaufsverpackungen aus Kunststoff rohstofflich und 42 Prozent werkstofflich recycelt.

Bioabfall
Für die Verwertung von Bioabfall gibt es drei Möglichkeiten: Die private Kompostierung im Garten, die Kompostierung auf dem Kompostplatz der Stadt oder Gemeinde und die Verwertung des Biomülls in einer Vergärungsanlage. In einer solchen Anlage werden die Abfälle zerkleinert und von Fremdstoffen wie Tüten, Textilien, Sand, Glassplittern usw. befreit. Das mit Prozesswasser suspendierte Material fault 16 Tage im Methanreaktor aus. Danach wird es entwässert, mit Siebresten vom Kompostplatz vermischt und in geschlossene Rotteboxen verfüllt. Hier bleibt das Material fünf Tage. Bei Temperaturen bis 70 Grad werden Keime abgetötet und es entsteht Kompost, der anschließend auf einer überdachten Miete nachreift.

S. 54 Mülldeponie – Müllverbrennung

Je mehr Abfall es gibt, desto größer ist der Aufwand, ihn zu beseitigen. Dazu gehört der Energieverbrauch für Anlagen zur Müllverbrennung bzw. thermischen Müllbehandlung genauso wie die Kohlendioxidmengen, die dabei frei werden.
Da Kinder der vierten Klasse häufig mit Batterien in Kontakt kommen, sollen sie hier als Beispiel für Sondermüll dienen.
Nahezu alle Batterien und Akkus enthalten umweltgefährliche Stoffe. Besonders umweltgefährlich sind die Batterien, die z. T. immer noch die Schwermetalle Quecksilber, Cadmium oder Blei enthalten. Zum einen können diese extrem gefährdenden Stoffe direkte gesundheitsschädigende Wirkungen auf den Menschen haben, zum anderen reichern sich diese Schwermetalle und ihre Verbindungen in der Nahrungskette und in der Umwelt an und schädigen die Ökosysteme, Tiere und indirekt den Menschen. Schwermetalle führen z. B. zu Schäden in den Gewässern, reichern sich in Fischen an und können

so in den menschlichen Körper gelangen. Cadmiumverbindungen können zu Nierenschäden führen und gelten als krebsverdächtig, wenn sie über die Atemluft aufgenommen werden. Blei lagert sich in den Knochen ab und kann biochemische Prozesse im Körper stören. Nickel kann allergische Reaktionen hervorrufen.
In Deutschland wurden im Jahr 2000 über eine Milliarde Gerätebatterien verkauft. Diese enthalten ca. 640 t Cadmium, 3 t Quecksilber, 11 t Silber, 1050 t Nickel und 4700 t Zink.

S. 55 Mehrwegsystem

Aus dem Streit zwischen Industrie und Umweltschützern über das Für und Wider von Ein- und Mehrwegverpackungen gingen die Ökobilanzen hervor. Sie beziehen alle Faktoren einer Sache in deren ökologische Bewertung ein. Das Umweltbundesamt (UBA) gab 1993 eine Ökobilanz für Getränkeverpackungen in Auftrag. Ergebnis: Alle Einwegsysteme außer der Schlauchverpackung aus Polyethylen für Milch schnitten deutlich schlechter ab als die Mehrwegflasche. Vorausgesetzt wurde, dass die Umlaufzahl der Flaschen hoch genug ist und das Produkt keinen übermäßig weiten Weg zurücklegt.

Abfallvermeidung
Obwohl die Umweltorganisationen in den 1960er und 1970er-Jahren begannen, den abfallarmen Einkauf zu propagieren hat sich in dieser Richtung sowohl von Seiten der Verbraucher als auch der Industrie wenig getan. In der Schule lässt sich jedoch ohne viel Aufwand Abfall vermeiden indem
- Pausenbrote in wieder verwendbaren Dosen statt in Alu- oder Einweg-Kunststoff-Folien eingewickelt mitgenommen werden,
- Getränke von zu Hause in wieder verwendbaren Metall- oder Kunststoffflaschen mitgenommen werden,
- Recyclingpapier verwendet wird,
- auf Blisterverpackungen verzichtet wird,
- mit Füller und Bleistiften statt mit Wegwerfstiften geschrieben wird,
- auf Langlebigkeit und Stabilität der Materialien geachtet wird.

5. Unterrichtsgestaltung

S. 52 Den Abfall richtig trennen

Als Einstieg in das Thema bietet es sich an, einen von der Lehrkraft zusammengestellten „Abfallhaufen“ zu untersuchen. Im Klassengespräch kann anschließend geklärt werden, welcher Abfall in welche Tonne kommt. Häufig werden von den Landkreisen Faltblätter und Broschüren zur Abfalltrennung im Klassensatz zur Verfügung gestellt. Es wäre möglich, die Fragen 4, 5 und 6 in arbeitsteiliger Gruppenarbeit zu beantworten und von einem Gruppensprecher vortragen zu lassen. Die Kinder üben dabei das selbstständige Auffinden von Informationen aus einem Text. Mülltrennung kann aber auch Thema von Projekten sein, z. B.
- Herstellen von Umweltpapier,
- abfallbewusst basteln oder mit Abfall basteln,
- Anlegen eines Komposthaufens.

Erkundungsgänge und Expertengespräche sollten auf jeden Fall die Theorie ergänzen.

KV 25 Die richtige Abfalltrennung kann anschließend mit der Kopiervorlage „Den Abfall richtig trennen“ vertieft werden.

S. 53 Recycling von Abfall

Beim Thema Recycling von Abfall ist es wichtig, den Kindern geeignetes Material zur Verfügung zu stellen, damit sie eine Vorstellung eines Kreislaufs entwickeln und auch selbst welche entwerfen können. Mit altem Zeitungspapier kann auch Umweltpapier selbst hergestellt werden.

KV 26 Die Kopiervorlage „Papier selbst herstellen“ zeigt in kleinen, übersichtlichen Schritten die Papierherstellung, die von Kindern einer vierten Klasse problemlos ausprobiert werden kann.

Das Kompostieren wird am besten am Schnellkomposter oder Komposthaufen selbst ausprobiert oder bei geeigneten Experten nachgefragt. Sinnvoll ist auch das Anlegen einer Regenwurmfarm, da Regenwürmer den Boden lockern, indem sie sich überall hindurchfressen und dabei noch wertvollen Humus hinterlassen.

S. 54 Mülldeponie – Müllverbrennung

Besser als das Verbrennen oder Deponieren von Müll ist es, Müll erst gar nicht entstehen zu lassen. Da die Lehrkraft hier eine starke Vorbildfunktion ausübt, sollte sie darauf achten, bei Schulveranstaltungen und auch außerschulischen Aktivitäten möglichst wenig Müll zu produzieren z. B. durch den Verzicht auf Einweggeschirr bei Klassenfeiern oder das Verwenden von Farben und Lacken mit dem Umweltzeichen im textilen Gestalten und Werken.
Da die Kinder sehr viele batteriebetriebene Spielzeuge besitzen und hier sicher als Käufer von Batterien auftreten, sollte auf die Verwendung und Aufladung von Akkus hingewiesen werden. Auch viele andere schadstoffhaltige Produkte lassen sich durch andere ersetzen.

S. 55 Mehrwegsystem

Beim Thema Abfallvermeidung sollte die Lehrkraft versuchen, Konsumgewohnheiten kritisch zu hinterfragen. Kinder unserer Zeit können sich nicht vorstellen, dass es eine Zeit ohne Getränkedosen und Fast-Food-Ketten gab. Auch Einkaufsgewohnheiten und Warenangebote haben sich in den letzten Jahr(zehnt)en erheblich verändert. Damit die Kinder hiervon eine Vorstellung entwickeln können, ist es sinnvoll einen „Zeitzeugen" einzuladen und von früher erzählen zu lassen. Natürlich kann auch vorher mit den Kindern ein Fragenkatalog ausgearbeitet werden. Möglich ist auch ein „Interview" der Großeltern. Alle diese Ergebnisse sind es wert, einer geeigneten Öffentlichkeit vorgestellt zu werden. Da es sich hierbei um ein zentrales Anliegen der Gemeinde handelt, ist diese sicher bereit, die Klasse bei der Präsentation der Ergebnisse mit Stellwänden oder geeigneten Räumlichkeiten zu unterstützen. Eine weitere Möglichkeit wäre, die Kinder als Verpackungsdetektive im eigenen Haushalt oder in ihrer Freizeit im Supermarkt loszuschicken und ein besonders aufwendig verpacktes Produkt und einen Gegenstand, der mit wenig Verpackung auskommt, ausfindig zu machen. Mit jeweils zehn Produkten ließe sich ein Schaukasten bestücken.

Besonders einprägsam ist eine Gegenüberstellung einer Mehrwegflasche, die wiederaufgefüllt werden kann, mit Einwegtrinkpäckchen. Geht man davon aus, dass die Flasche vierzigmal gefüllt wird, entspricht dies zweihundert Trinkpäckchen mit 200 ml Inhalt.

6. Literatur- und Medienhinweise

Kinderbücher

Walter, K/Kolb, A.: Mein Baum. Rowohlt, Reinbeck 1994

Winsemius, Dieuwke: Hilfe! Mein Gefieder ist voll Öl. Dt. Taschenbuchverlag, München 1996

Rauprich, Nina: Lasst den Uhu leben! Dt. Taschenbuchverlag, München 1996

Veit, Barbara/Wiebus, Hans-Otto: Umweltbuch für Kinder: Umweltverschmutzung und was man dagegen tun kann. Meier, Ravensburg 1991

Fachliteratur

Bergmoser und Höller Verlag (Hrsg.): Bausteine Grundschule

Heft 4/1992 „Ex und hopp – Unser täglich Müll"

Heft 1/1993 „Ex und hopp – Wohin mit dem Müll?"

Jenchen, H. J.: Ökologie im Alltag: Grundlagen, Aktivitäten und Unterrichtshinweise. Ökotopia-Verlag, Münster 1992

Seitz, Paul: Das Kompostbuch für jedermann: gesunde Pflanzen durch Kompostieren, Mulchen und Gründüngen. Franckh-Kosmos, Stuttgart 1990

SOLE Nordbaden e. V. Stadt Karlsruhe, Steinstr. 23 A, 76133 Karlsruhe: Umweltthemen im Unterricht

Heft 19 Abfälle vermeiden

Heft 20 Abfälle verwerten

Umweltbundesamt (Hrsg.): Batterien und Akkus: was wollten sie wissen! Umweltbundesamt Fachgebiet III 2.4, Berlin 2002

Videos

Mittendrin in unserer Welt mit Peter Lustig: Supermarkt (30 min, 1991/1996 – FWU 4231126)

Mittendrin in unserer Welt mit Peter Lustig: Müllabfuhr, Müllkippe (30 min, 1991/1996 – FWU 4231170)

Leben im Mittelalter S. 56 – 59

1. Überblick über die Inhalte des Kapitels

Inhalte		Intentionen
S.56	Ein Markttag vor 500 Jahren	– Aussehen einer mittelalterlichen Stadt beschreiben – Leben in einer mittelalterlichen Stadt nachvollziehen – Verkäufer auf einem mittelalterlichen Markt kennen lernen – Markt im Heimatort erkunden
S.57	Bauern und Handwerker	– Bauern und Handwerker als Verkäufer auf dem mittelalterlichen Markt – Zunft und Gilde
S.58	Händler und Märkte	– Händler als Verkäufer auf dem mittelalterlichen Markt – Handelswege und deren Beschwernisse – Profite der Marktorte
S.59	Preise auf einem mittelalterlichen Markt	– verschiedene Geldmünzen – Warenpreise – Zustandekommen von Preisen

2. Weitere Möglichkeiten im BAUSTEINE-Programm

Sprachbuch 4

Kapitel: Schrift und Schreiben
S. 50 Schreiben im Mittelalter

Lesebuch 4

Kapitel: Schrift und Schreiben
S. 67 Gutenberg starb arm

Weitere fächerverbindende Möglichkeiten

Deutsch: Lesen von mittelhochdeutschen Gedichten (zum Beispiel Gedichte von Walther von der Vogelweide)
Kunsterziehung: Gestaltung eines eigenen Zunftzeichens

3. Vorüberlegungen

Kinder der vierten Klasse sind meist sehr interessiert an historischen Themen. Das liegt daran, dass Geschichte in der Grundschule sich zumeist im engeren Heimatraum zuträgt (örtliche Nähe) und immer von handelnden Menschen berichtet (emotionale Nähe). Hinzu kommt die Tatsache, dass sich Geschichte Arbeitsweisen bedient, die Kindern vertraut sind (vgl. z. B. Befragungen im Sinne einer oral history; Geschichte weiß Geschichten zu erzählen), dass Geschichte aber auch viele Möglichkeiten bietet, originale Begegnungen zu erleben (z. B. historische Stätten, Überreste, Museen, mit Einschränkungen Archive), die von Kindern als spannend empfunden werden.

Gemäß der geltenden Lehre von der Entwicklung von Zeit- und Geschichtsverständnis beim Kind legt der Lehrplan für die bayerischen Grundschulen (2000) für die ersten beiden Jahrgangsstufen den Schwerpunkt auf die Dimension der Zeit (Tag, Jahreslauf, Kalender, Uhr) ehe im dritten Schuljahr diese Dimension um den historischen Aspekt „Ortsgeschichte" erweitert wird, der im vierten Schuljahr auf die Ebene der Regionalgeschichte gehoben wird.

Der Lehrplan möchte im vierten Schuljahr die Ortsgeschichte mit der Regionalgeschichte in Beziehung gesetzt wissen. Diesem Umstand möchte natürlich auch *BAUSTEINE HSU 4* Rechnung tragen. Schwierig ist das insofern, weil ein Schulbuch natürlich nur schwer regionale oder lokale Eigenheiten thematisieren kann. Aus diesem Grund wurde das „Leben im Mittelalter“ thematisiert. Dieses Thema, aufgebaut auf einem Markttag vor 500 Jahren, bei dem Bauern, Handwerker und Händler ihre Waren feilbieten, kann auf alle Marktorte Bayerns übertragen werden und als einigermaßen idealtypisch gelten. Die Lehrkraft vor Ort hat daher mit diesem Thema die Möglichkeit, es entweder so wie im Buch dargestellt durchzunehmen oder aber entsprechende lokale und regionale Ergänzungen durchzuführen.

4. Sachinformationen

S. 56-59

Das Mittelalter ist die Zeit zwischen Altertum (gegliedert in Vor-, Früh- und alte Geschichte) und Neuzeit (gegliedert in neue, neuere und Zeitgeschichte). Grob befinden wir uns dabei in einem Zeitraum zwischen etwa 500 n. Chr. bis 1500 n. Chr. Als markante Eckdaten in einer bis heute geführten Periodisierungsdiskussion werden genannt für den Beginn des Mittelalters: Völkerwanderung, Niedergang des römischen Reiches, Christianisierung usw.; für das Ende des Mittelalters: Entdeckung der „neuen Welt“, Reformation, Renaissance usw.

Innerhalb des Mittelalters hat man sich auf eine Dreiteilung der Epoche in Früh-, Hoch- und Spätmittelalter verständigt. Prägende Kennzeichen für das gesamte Mittelalter sind ein einheitliches christliches Weltbild und eine „Verfassung“, die auf den Säulen des Lehnswesens und der Grundherrschaft ruht. Während das Frühmittelalter der Merowinger und Karolinger vor allem durch Adels- und Grundherrschaft geprägt ist, ist das Hochmittelalter der Ottonen, Salier und Stauffer die Zeit des Lehnswesens und der Ritter, ehe im Spätmittelalter, eingeleitet von der Pestzeit (um 1250 n. Chr.), die Zeit der Städte und der Bildung von Territorialstaaten beginnt.

Städte und Märkte

Für unser Thema von Belang sind mehrere Handlungsstränge in der deutschen Geschichte. Zum einen ist das die Entwicklung der Städte und Dörfer in dem Bereich, den wir heute Bayern nennen, zum anderen die Entwicklung der Menschen, die Stadt und Land bevölkerten, und zuletzt die Art und Weise des Lebens und Wirtschaftens dieser Menschen. Nach dem Niedergang des Römischen Reiches fußt die Entwicklung auf wenigen Städten (z. B. Regensburg, Augsburg). Der überwiegende Teil der Bevölkerung lebte jedoch auf dem Land als Selbstversorger.
Um das Jahr 1000 n. Chr. setzte ein nachhaltiger Verstädterungsprozess und ein Landesausbau in der Fläche ein. Bevölkerungswachstum und eine zunehmende Mobilität förderten die Nachfrage nach Gütern und somit den Handel. Die geistlichen und weltlichen Herren gingen demzufolge daran Märkte als Umschlagplätze eines Warenverkehrs zu gründen und bestimmte Rechte zu verleihen (z. B. Münzrecht, Zollrecht, Bannrecht usw.). Die Bewohner solcher Märkte, die nach und nach Selbstverwaltung erhielten bzw. erstritten, hießen Bürger. In den Städten lebten demzufolge freie Bürger („Stadtluft macht frei!“), während das Land von in der Regel leibeigenen Bauern bewohnt wurde.
Die verheerende Zeit der Pest setzte dieser Entwicklung ein zwischenzeitliches Ende. Städte verödeten und eine bedeutende Zahl von ländlichen Siedlungen fiel wüst. Nach einer Zeit des Stillstands erstanden im Spätmittelalter die Städte nachhaltig in neuem Glanz (z. B. die bedeutenden Handelsstädte Nürnberg, Augsburg), während auf dem Land eine Verherrschaftung in dem Sinne einsetzte, dass am Ende dieser Entwicklung sich flächige Territorialstaaten herausbildeten.

Aussehen einer Stadt

Wie im Schülerbuch gezeigt lassen sich einige idealtypische Charakteristika der mittelalterlichen Stadt benennen. Augenfällig war die Ummauerung der Städte, heute in Städten wie Rothenburg, Dinkelsbühl, Nördlingen usw. noch zu sehen. Die Stadtmauer, auf der sich umlaufend ein Wehrgang befand und die von Türmen und Toren unterbrochen war, diente in erster Linie militärischen Zwecken. Des Nachts war der Zugang in die Stadt versperrt. Auf Waren, die in die Stadt transportiert wurden, wurde üblicherweise ein Zoll erhoben. Bauernware war an Markttagen von dieser Regelung meist ausgenommen.
Innerhalb einer Stadt waren die zentralen Blickfänge zum einen sakrale Bauten. Kirchen von zum Teil monumentaler Größe bezeugten das christlich durchdrungene Weltbild der mittelalterlichen Gesellschaft und den Reichtum und die Bedeutung einer Stadt gleichermaßen. Zum anderen wurde das Bild einer Stadt von ihrem Marktplatz und dem Rathaus geprägt. Die aufwändig gebauten Rathäuser bestanden meist aus zwei Einheiten. Meist befand sich in einem nicht ummauerten Erdgeschoss eine Markthalle, in der Waren verkauft wurden, und die Gerichtslaube. Im ersten Geschoss lag der ummauerte Ratssaal der „Stadtregierung“. Bekrönt waren die Rathäuser meist von verzierten Giebeln und einem Glockenturm.
Vor dem Rathaus lag der Marktplatz mit einem Brunnen. Auf ihm wurden die Wochen- und Jahrmärkte abgehalten. Daneben legten die Stadtväter weitere Plätze an, meist mit Brunnen für die Wasserbevorratung versehen, die anderen, oft Spezial-

märkten (z. B. Rossmarkt, Kornmarkt) Platz boten. Um die Plätze herum gruppierten sich die Bürgerhäuser, oft im Fachwerkstil erbaut und nach Größe und Ausstattung von Reichtum und Bedeutung seiner Bewohner zeugend.
Sollte soeben eine zu harmonische, gleichsam „romantische" Stadtansicht gezeichnet worden sein, mögen folgende Schlaglichter desillusionieren: Nur wenige Straßen und Plätze der mittelalterlichen Stadt waren gepflastert. Auf den bei Regen aufgeweichten Straßen lagen Unrat und Fäkalien, da ein zentrales Abwassersystem und/oder eine Müllabfuhr weitestgehend unbekannt waren. Ein kaum nachzuvollziehender Gestank lag demzufolge über den meisten Städten. Ungeziefer, Krankheiten, Epidemien und frühzeitiger Tod waren folglich ständige Begleiter mittelalterlichen Lebens. Die „normalen" Häuser waren in der Regel aus Holz gebaut und mit Stroh gedeckt und boten keinerlei Annehmlichkeit im heutigen Sinne. Wegen ihrer engen Bauweise herrschte stets Brandgefahr nicht nur für ein Haus, sondern sogleich für ganze Straßenzüge.

Bauern, Bürger, Handwerker, Händler

Die vorwiegend ländlichen Gegenden des Mittelalters wurden vornehmlich von Bauern bevölkert. Bis ins späte Mittelalter hinein lebten sie als Leibeigene (endgültig erst zu Beginn des 19. Jahrhunderts abgeschafft) eines weltlichen oder geistlichen Lehnsherrn. Teil der lehnsherrschaftlichen Bindung war die Gerichtsbarkeit, die in die höhere und niedere Gerichtsbarkeit aufgeteilt war. Die lehnsherrschaftliche Bindung, zunächst eine personale Bindung (Schutz und Schirm gegen Dienstleistungen), wurde im Lauf des Mittelalters mehr und mehr von einer geldlichen Verpflichtung abgelöst (meist Bede oder ähnlich genannt).
Neben der lehnsherrschaftlichen Bindung standen die Bauern in grundherrschaftlicher Verbindung zu ihrer Herrschaft. Ein Grundherr verlieh Land und erhielt dafür eine Abgabe. Zunächst wurden Abgaben und Steuern in naturaler Form (z. B. in Form von Tieren, Getreide, anderen Feldfrüchten usw.), später in Form von Geld geleistet. Bekannteste Abgaben sind die nach ihrem Fälligkeitstermin benannten Martinsgänse (auch Martinshühner) oder Weihnachtsgänse. Zuletzt hatten die Bauern den Zehnten (zehnter Teil ihrer jährlichen Produktion) an die Kirche zu leisten.
Auf Dorfebene organisierte die Herrschaft zumeist in zweierlei Weise. Zum einen verfügten die Dörfer, zumindest im Spätmittelalter, über einen Bauernmeister (= Bürgermeister), der quasi der „gewählte" Vertreter aus der Mitte des Ortes war. Er war es, der z. B. mit der Herrschaft über die Dorfordnung, die das tägliche Leben regelte (im Mittelalter wurden diese Ordnungen Weistümer genannt, da der Ort sich seine „Verfassung" weisen ließ), verhandelte, der über Recht und Ordnung wachte usw. Zum zweiten war in jedem Dorf (bzw. für eine Anzahl von Dörfern) ein Beamter der Dorfherrschaft (oder der Dorfherrschaften) angesiedelt (Amtmann, Schultheiß oder ähnlich genannt), der aus herrschaftlicher Warte für Ordnung sorgte, der Steuern und Abgaben eintrieb usw.
In der beschriebenen Konstellation lebten die Bauern mehr oder weniger bedrängt. Generell zu sagen, dass das Leben der Bauern unter herrschaftlichem Druck schier nicht lebenswert war, ist sicher ebenso verfehlt wie das Gegenteil zu behaupten. Untersuchungen in Franken, die von der These ausgingen, wirtschaftlicher Druck (gemessen an der Abgabenlast der Bauern) erzeuge sozialen Druck und erhöhe damit die Wahrscheinlichkeit, dass sich Bauern z. B. an Aufständen wie dem Bauernkrieg beteiligten, konnten eine zu bedrückende Situation der Bauern im Laufe des Spätmittelalters nicht bestätigen.

Neben den Bauern auf dem Land lebten in den Städten die bereits erwähnten Bürger. Bürger standen in keinem leibherrschaftlichen Verhältnis, getreu dem Grundsatz: „Stadtluft macht frei!" Bürger, die sich selbst verwalteten waren aber durch „heimliche" Standesunterschiede getrennt. Am einflussreichsten waren in den Städten die Bürger, die Handel trieben (vgl. Fugger, Welser in Augsburg, Tucher in Nürnberg usw.). Darunter rangierten die Handwerker, die sich zur Stärkung ihrer Position in Zünften organisierten. Auf unterster Ebene verdingten sich Knechte, Mägde und so genannte unehrliche Berufe (z. B. Henker, aber auch Müller). Die einzelnen sozialen Gruppen waren durch ihre Kleidung deutlich voneinander zu unterscheiden. Ein Beispiel für Ungerechtigkeit und Unterdrückung, auch in den Städten, war das Verhalten gegenüber den Juden.

Währungsverhältnisse, Maße, Preise

Leitwährung des Mittelalters war der florentinische Gulden (fl), eine Goldmünze, der als rheinischer Gulden weite Verbreitung fand. Regional sehr unterschiedlich zerfiel der Gulden in Pfund, Schilling, Pfennig, Heller, usw.
Im Schulbuch wurde eine in Franken übliche Umrechnung angenommen, nach der 1 Gulden 168 Pfennige oder 28 Schillinge betrug. Wie problematisch solche Umrechnungen sind, zeigt jedoch das fränkische Beispiel: An anderer Stelle wird der Gulden für 150 Pfennige (oder 300 Heller) gerechnet. Die unterschiedlichen Wechselkurse hatten nicht zuletzt in der Verschlechterung des Geldes im Laufe des Mittelalters ihre Ursache, da das Münzrecht, einst königliches Privileg, im Laufe des Mittelalters in immer größerem Stil vergeben wurde.

Ebenso undurchsichtig wie die Währungsverhältnisse sind die der Maße. Regional werden zum einen eine Vielzahl von Termini verwendet, zum anderen verbinden sich mit einer Maßangabe oft sehr unterschiedliche Mengen. Wieder seien für die Region Franken einige dieser Maße aufgeführt: Getreide wurde z. B. in Maltern verwogen (ca. 285 heutige Liter). Untereinheiten waren Viertel, Achtel oder Metzen. Wein wurde in Fudern (zwischen 898 bis 937 heutige Liter) gemessen, aufgeteilt in Eimer, Achtel und Maß (ca. 1,2 heutige Liter). Als Flächenmaße begegnen uns Joch und Morgen (ca. 0,2 heutige Hektar).
Aus der besagten Unsicherheit bezüglich der Währungs- und Maßverhältnisse ist es natürlich schwer, seriöse Preise für bestimmte Zeiten des Mittelalters anzugeben. Die Preise, die im Schulbuch erscheinen, gelten für die Zeit um 1500 n. Chr., ermittelt in Salbüchern und Abgabenverhältnissen der Zeit. Andere Preise seien zu den im Schulbuch stehenden noch erwähnt: ((fl) = Gulden, (d) = Pfennig)

1 Fuder Wein ≈	10	fl
1 Malter Getreide ≈	100	d
1 Huhn ≈	6	d
100 Eier ≈	20	d
1 Malter Käse ≈	1	fl
1 Hufeisen mit Nägeln ≈	12	d

5. Unterrichtsgestaltung

S. 56 Ein Markttag vor 500 Jahren

Die Unterrichtseinheit „Ein Markttag vor 500 Jahren“ kann mit dem Betrachten des Bildes im Schulbuch begonnen werden. Gemäß dem Arbeitsauftrag 1 beschreiben die Kinder das Aussehen der gezeigten fiktiven mittelalterlichen Stadt. Dabei werden die Stadtmauer mit ihren Toren vielleicht ebenso genannt wie die enge Bauweise der Häuser, die rund um einen Marktplatz angeordnet sind.
Ergänzend zum Schulbuchbild kann zur Vertiefung ein ähnliches Bild der Heimatstadt gezeigt werden, das die Unterschiede zwischen früher und heute ausweist.
In die Unterrichtseinheit kann aber auch mit einem Film oder Video eingestiegen werden (vgl. Literatur- und Medienhinweise). Ziel der ersten Unterrichtseinheit sollte sein, einen Eindruck über das Treiben in einer mittelalterlichen Stadt an einem Markttag zu vermitteln.
In der Erarbeitungsphase wird dann der Text gelesen, der von einem Bauern erzählt, der an diesem Markttag teilnimmt. Der Text wird erlesen und die zentralen Aussagen, die die Bildaussage ergänzen, geklärt (Bauern kommen in die Stadt, schlechte Wegeverhältnisse, Stadttore, Zollfreiheit, Aussehen und Bauweise der Häuser, Gestank in einer mittelalterlichen Stadt, Bauernstände auf dem Marktplatz). Die Aussagen des mittelalterlichen Markttages werden stets mit der heutigen Markttagsituation verglichen (Arbeitsauftrag 2). Erkenntnis des Vergleichs ist jeweils, dass zwischen Markttagen früher und heute Unterschiede bestehen (vgl. Wie kommen die Bauern in die Stadt?), dass es aber auch eine Reihe von Gemeinsamkeiten gibt (vgl. Marktsituation). Von der Tatsache, dass außer Bauern auch Handwerker und Händler Waren auf dem mittelalterlichen Markt feil boten, ist zunächst noch nicht die Rede (s. zweite Unterrichtseinheit, Schulbuch S. 57).
KV 27 Zur Vertiefung der Unterrichtseinheit kann die Kopiervorlage „In einer mittelalterlichen Stadt“ von den Kindern bearbeitet werden. In ihr färben sie die Dinge, die nicht in eine mittelalterliche Umgebung passen, ein. Zudem kann die Tabelle zu den Unterschieden von heutiger und mittelalterlicher Stadt ergänzt werden.
Eine sinnvolle Ausweitung erfährt das Thema der ersten Unterrichtseinheit, wenn die eigene Heimatstadt in die Überlegungen einbezogen wird (vgl. Arbeitsauftrag 3).

S. 57 Bauern und Handwerker

Ein Einstieg in die zweite Unterrichtseinheit „Bauern und Handwerker“ wird über den Weg einer Anknüpfung an die vorangegangene Unterrichtseinheit gefunden. Während auf heutigen Wochenmärkten ausschließlich Bauern ihre Waren verkaufen, boten auf den mittelalterlichen Märkten auch Handwerker ihre Waren feil. Es kann das Bild im Schulbuch betrachtet werden, das einen Büttner (Böttcher) und einen Schmied bei der Arbeit zeigt. Ein alternativer Einstieg erfolgt über einen Film oder ein Video (vgl. Literatur- und Medienhinweise).
In einem ersten Erarbeitungsschritt kann der Informationstext gelesen werden. Die Arbeitsaufträge führen durch die weitere Stunde. Neben Bauern, die Feldfrüchte verkauften (Arbeitsauftrag 1), waren Handwerker anwesend, die ihre Produkte an den Mann zu bringen versuchten. Im Schulbuchtext werden Hufschmiede, Seiler, Fassmacher, Laternenmacher, Wachsmacher und Färber genannt. Die Auswahl wurde deshalb getroffen, weil auf Grund der Berufsbezeichnungen die Kinder leicht erschließen können, welche Tätigkeiten sich hinter den Berufen verbargen und welche Waren sie verkauften (Arbeitsauftrag 2). Die Liste der Handwerker lässt sich aber noch um Berufe verlängern, die auch heute noch produzieren und verkaufen. Lohnend erscheint es in der Erarbeitungsphase mittels eines Films die Vergangenheit zu vergegenwärtigen. Wiederum wird das heutige Marktgeschehen mit dem mittelalterlichen verglichen (Arbeitsauftrag 3).

Dabei wird der Unterschied zwischen früher und heute deutlich. Es bleibt zu überlegen, wie es Handwerkern heutzutage gelingt, ihre Waren oder Dienstleistungen zu verkaufen. Am ehesten entspricht der Markt des Mittelalters den heute noch bekannten Messen.

KV 28

Als Zusammenfassung kann die Kopiervorlage „Handwerker im Mittelalter" bearbeitet werden. Sie beschäftigt sich mit den Handwerksberufsbildern und ihren Spuren in der Gegenwart (Handwerkernamen finden sich in heutigen Familiennamen, Straßen sind nach alten Handwerksberufen benannt). Zudem wird mit der Schülerbandseite erarbeitet, dass eine wesentliche Verkäufergruppe auf dem mittelalterlichen Markt die Bauern aus der Umgebung einer Stadt waren. Eine Ausweitung findet die Unterrichtseinheit mit der Besprechung der Zünfte. In ihnen organisierten sich die Handwerker. Die Zünfte schützten ihre Mitglieder vor unlauteren Wettbewerbern, legten Preise fest usw. An ihren Zeichen waren sie erkennbar. An Markttagen hatten die verkaufenden Handwerker ihr Zeichen auf dem Marktstand aufgesteckt. So konnten die Handwerker in einer analphabetisch geprägten Zeit leicht ausfindig gemacht werden (vgl. Arbeitsauftrag 4). Die Gestaltung eines eigenen Zunftzeichens (Querverbindung zu Kunsterziehung) oder der Blick in den eigenen Heimatort (vgl. Arbeitsauftrag 5) beschließen die Unterrichtsstunde.

S. 58 Händler und Märkte

Die schillerndsten Gestalten auf den mittelalterlichen Märkten waren die Händler von nah und fern. Sie handelten und verkauften nicht nur Waren, sondern waren in einem recht immobilen Zeitalter die Verbindung zur weiten Welt. Von ihnen war manche Nachricht zu hören, die den Ohren der Zuhörer ansonsten verborgen geblieben wären. Entsprechend umlagert waren die Marktstände dieser Personen. Eingestiegen werden kann in die Stunde mit einer Bildbetrachtung. Die Kinder benennen die beiden Verkäufer, Bäcker und Fernhändler (aus der Überschrift zu schließen). Augenfällig ist die Tatsache, dass sich um den Stand des Händlers sehr viele Personen drängen, am Stand des Bäckers aber nur eine Person steht, woraus sich die Frage stellt: Warum ist der Stand des Händlers so umlagert?

Alternativ kann auch an ein Video/einen Film mit ähnlicher Fragestellung angeknüpft werden. Wer sich viel Mühe machen möchte, kann aber auch ein kurzes Hörspiel aufnehmen, das einen Händler, der seine Waren anpreist, hören lässt.

Nachdem die Kinder vermutet haben, warum der Händler so begehrt ist, wird der Text gelesen. Zentrale Aussagen des Textes sind: Der Händler kam von weit her und wusste viel von der fernen Welt zu erzählen; der Händler bot seltene Waren an; der Händler hatte auf beschwerliche Art und Weise seine Waren in die Stadt gebracht. Die Textaussage wird durch den Kartenausschnitt unterstützt, der die Hafenstädte Genua und Venedig, die Alpen und Bayern zeigt. In der Erarbeitungsphase werden die Arbeitsaufträge 1 und 2 bearbeitet.

Der Ausweitung dient der Arbeitsauftrag 3 („Warum wurden viele Städte durch die Abhaltung von Märkten reich?"). Mögliche Antworten wären die folgenden: Vor allem Händler mussten Zölle zahlen, um auf den Märkten Waren verkaufen zu dürfen. Märkte lockten Menschen in die Städte, die entweder dort einkauften oder dort gar übernachteten. Auf diese Weise profitierten die Städte indirekt, indem diese Menschen Geld in der Stadt ließen, was wiederum dem Stadtsäckel über den Steuerweg zugute kam.

S. 59 Preise auf einem Markt im Mittelalter

Die letzte Unterrichtseinheit der Sequenz „Leben im Mittelalter" ist eine fächerübergreifende. Sowohl mathematische Elemente können hier eingebracht werden wie auch Momente des wirtschaftlichen Zusammenlebens von Menschen.

In das Thema kann mit der Betrachtung des mittleren Bildes (Preise) eingestiegen werden. Solch ein Preisplakat kann natürlich auch als großes Bild für die Tafel gestaltet werden.

Ziel sollte in jedem Fall die Erkenntnis sein, welche Waren auf dem Markt zu welchen Preisen verkauft wurden. Dabei entdecken die Kinder verschiedene Probleme. Zum einen werden die Preisbezeichnungen (fl, sh, d) auf Anhieb nicht verstanden. Zu diesem Zweck müssen die gängigen Geldmünzen kennen gelernt werden. Dies geschieht durch die Betrachtung der Münzen und Lesen des Textes oben auf der Schulbuchseite. Danach kann jedes Kind die Preistafel vorlesen. Ob die Waren nun teuer oder billig waren, lässt sich aber noch immer nicht sagen. Dazu müssen erst alle Preise in Relation zueinander gebracht werden (Arbeitsauftrag 1, Preise in Pfennige umwandeln). Sind alle Preise umgerechnet, kann eine Preisrangliste erstellt werden. Aus ihr geht hervor, dass Pfeffer teuer, Wein hingegen ein billiges Getränk war. Die mittelalterliche Preisliste kann anschließend in zweifacher Weise in andere Relationen gebracht werden: Zum einen kann sie in Beziehung gesetzt werden zum Jahresverdienst eines Nürnberger Malers (32 Gulden). Man könnte also fragen: „Wie viele Hühner hätte der Maler kaufen können?" Ein anderer Zugriff ist der Vergleich mit heute (Arbeitsauftrag 2). Die Kinder erstellen für die gleichen Waren eine heutige Preisrangliste. Anschließend wird verglichen.

Dies führt zur abschließenden Frage (Arbeitsauftrag 3) „Warum war Bauernware billig, Händlerware teuer?“, die sich mit dem Informationstext unter Einbeziehung dessen, was die Kinder aus den Vorstunden (vgl. S. 56 – 58) bereits wissen, etwa wie folgt beantworten lässt:

Beispiel: Feldfrüchte

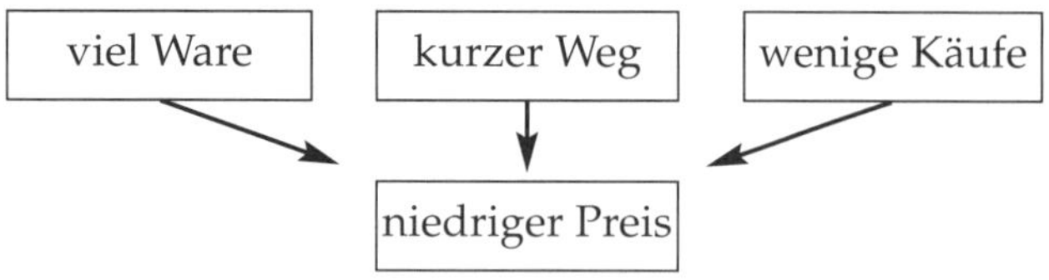

Beispiel: Gewürze

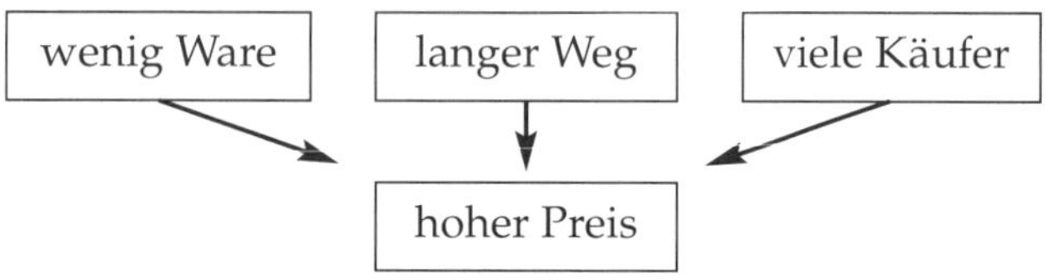

Für die Verifizierung des obigen Modells lohnt es sich, Karten anzusehen, auf denen Handelsrouten miteinander verglichen werden. Auch in einem Sandkasten kann dies eindrucksvoll gezeigt werden.

Zum Abschluss der mittelalterlichen Sequenz kann das Quiz von der Kopiervorlage „Mittelalter-Quiz“ bearbeitet werden. Damit können auf spielerische Weise Begriffe des Kapitels wiederholt und vertieft werden.

KV 29

6. Literatur- und Medienhinweise

Kinderbücher

Beyerlein, Gabriele: Gabriele Beyerlein erzählt vom Mittelalter. Oettinger, Hamburg 1992

Siegfried, Anita/Schneider, Jürg/Müller, Jörg: Auf der Gasse und hinter dem Ofen. Sauerländer, Aarau, Frankfurt a. M., Salzburg 1995

Stephan-Kühn, Freya: Viel Spaß im Mittelalter! Arena, Würzburg 1994

Fachliteratur

Zur mittelalterlichen Stadt ist eine nicht mehr zu überschauende Anzahl an fachwissenschaftlichen Publikationen erschienen. Verwiesen sei deshalb nur auf zwei Titel, die ihrerseits eine Fülle von Literatur aufzählen:

Borst, Arno: Lebensformen im Mittelalter. Ullstein, Frankfurt a. M., Berlin 1995

Schreiber, Waltraud (Hrsg.): Erste Begegnungen mit Geschichte: Grundlagen historischen Lernens, 2 Bände. ars una, Neuried 1990

Videos

Ein Markttag in der Stadt (14 min., 1993 – FWU 4210283)

Frauen in der spätmittelalterlichen Stadt (15 min, 1987 – FWU 4200884)

Haus und Straße in der mittelalterlichen Stadt (15 min, 1987 – FWU 4200883)

Sie bauten eine Kathedrale (28 min., 1997 – FWU 4202190)

1. Überblick über die Inhalte des Kapitels

Inhalte		Intentionen
S. 60	Odilo von Hohenstein	– vom Edelknaben zum Ritter – verschiedene Burganlagen
S. 61	Odilo will seine Burg umbauen	– Aufbau einer Burg – Funktionen der Teile einer Burg
S. 62	So lebt Odilo auf Burg Hohenstein	– vielfältige Aufgaben des Burgherrn kennen lernen
S. 63	So lebt Gisela von Hohenstein auf der Burg	– vielfältige Aufgaben der Burgherrin kennen lernen
S. 64/65	Wir planen ein Ritterprojekt	– ein Projekt durchführen mit den Schwerpunkten: verschiedene Burgen, Leben der Ritter, Kriegsführung im Mittelalter, Erziehung, Essen und Trinken, Schrift, „Ritterspiele" durchführen, Burgbesuch, verschiedene Bastelideen zum Thema, Ritteressen – Burgen in der Region erkunden

2. Weitere Möglichkeiten im Bausteine-Programm

Sprachbuch 4

Kapitel: Ritter

S. 70/71	Ritter
S. 72	Der Jagdfalke
S. 73	Besuch auf Burg Freienstein
S. 74	Redensarten aus der Ritterzeit
S. 75	Nachsilben -heit und -keit

Lesebuch 4

Kapitel: Abenteuer

S. 18	Auf Burg Schlotterberg

Kapitel: Ritter

S. 100	Heidelberger Liederhandschrift: Das Turnier
S. 101	Das große Turnier
S. 102	Im Schatten der Burg
S. 103	Wissenswertes über das Ritterleben
S. 104	Des Tannhausers Hofzucht
S. 105	Höfisches Leben – ein Festmahl
S. 106/107	Der Handschuh

Funkelsteine 4

Kapitel: Ritter

S. 30–33	Ein Burgfest
S. 34	Jonglieren
S. 35	Sumer is icumen in
S. 36	Der Ritter Giselher
S. 37	Das Burg-Spiel/Ein Hörspiel
S. 38–45	Ein Stegreifspiel: Jan und die geheimnisvolle Botschaft

Weitere fächerverbindende Möglichkeiten

Kunsterziehung: (Klassen-) Wappen entwerfen
Sporterziehung: „Ritterspiele" veranstalten
Werken/Textiles Gestalten: Schilde, Helme, Rüstungen herstellen

3. Vorüberlegungen

Kinder in der vierten Klasse sind meist sehr an der Ritterzeit interessiert. Abenteuerliche Erzählungen von Kämpfen faszinieren Kinder ebenso wie die Tatsache, dass Ritter scheinbar stets für gerechte Sachen kämpften. Für die Schule ist solch eine Ausgangssituation für historisches Lernen gut geeignet. Hinzu kommt, dass das Leben auf einer Burg eine überschaubare Einheit darstellt und in der Regel gute Anschauungsmöglichkeiten auch vor Ort zulässt. Insofern ist eine Identifikation der Kinder mit dem Thema meist ideal gegeben.

Ziel der Unterrichtseinheit ist, den Kindern Wissen und einen Einblick in früheres Leben zu vermitteln, was natürlich auch bedeutet, dass landläufige Vorurteile (Ritter taten nichts anderes als kämpfen; Burgfrauen waren meist nur Hausfrauen usw.) revidiert werden.

Gemäß der geltenden Lehre von der Entwicklung von Zeit- und Geschichtsverständnis beim Kind legt der Lehrplan für die bayerischen Grundschulen (2000) für die ersten beiden Jahrgangsstufen den Schwerpunkt auf die Dimension der Zeit (Tag, Jahreslauf, Kalender, Uhr) ehe im dritten und vierten Schuljahr diese Dimension um den historischen Aspekt Ortsgeschichte und Regionalgeschichte erweitert wird.

4. Sachinformationen

S. 60/61 Odilo von Hohenstein/Ritter Odilo will seine Burg umbauen

Adelige und Grundherren, die im frühen Mittelalter unsere Gegend bewohnten, bewohnten zunächst nur Häuser. Diese unterschieden sich von den übrigen Häusern darin, dass sie einen besonderen Schutz gewährten und gleichzeitig eine gewisse Machtstellung ausdrückten. In den Quellen erscheinen diese Häuser meist als Fronhof oder Herrenhof. Vom 10. Jahrhundert an begannen die Adeligen ihre Häuser unzugänglicher oder in optisch beherrschender Lage zu bauen. Für diese Anlagen wurde die Bezeichnung „Burg" adaptiert, die zunächst eigentlich nur ausdrückte, dass eine Siedlung eingezäunt, ihre Bewohner also geborgen waren. Die Bezeichnung „burc" ist älter als die uns bekannten Burgen, da sie ja für die Siedlungen galten, die wir heute als Stadt bezeichnen. Stadtbewohner hießen aus diesem Grund „Bürger".
Die ersten Burgen, d. h. geschützte Herrenhäuser in exponierter Lage, bestanden im Prinzip aus einem Holzhaus, einem künstlichen Graben und einem Ring aus Holzpfählen. Das Haus hatte meist zwei Zimmer, einen Wohn- und einen Schlafraum. Eine solche Anlage unterschied sich von einer früheren, innerhalb eines Dorfes, nur durch ihre besondere Lage.
In der Folge, etwa vom 11. Jahrhundert an, wurde das Haus aus Stein erbaut und oft zu einem Turm erhöht, dem so genannten Burg- oder Bergfried, der sowohl als Wohnung als auch als Festung in Notfällen dienen konnte. Er konnte Wände bis zu einer Dicke von sechs Metern haben. Der Eingang wurde so angelegt, dass er nur über ein Außentreppe erreichbar war, die im Gefahrenfall abgebaut oder eingezogen werden konnte.
Im 12. Jahrhundert, in der Zeit der Stauffer, der „klassischen" Ritterzeit also, bildete sich die typische Burgenform heraus. Diese bestand aus einem Bergfried, einem Palas und verschiedenen Wirtschaftsgebäuden. Solche Burgen waren in der Regel so befestigt, dass sie von wenigen Menschen gut verteidigt werden konnten. Da Kriegsmaschinen in früh- und hochmittelalterlicher Zeit noch kaum von Bedeutung waren, wurden im Kriegsfalle Burgen meist nur belagert in der Hoffnung, dass die Belagerten ihre Burg aufgeben. Dabei konnten die Burgen entweder in herausragender Lage errichtet (Höhenburgen) oder auch als Wasserburgen angelegt sein.
Im Laufe des Hochmittelalters wurden die Burgen mehr und mehr als zweiteilige Anlagen erbaut. In einer Vorburg, die ersten Schutz gegen Feinde bieten sollte, wurden nicht selten Wirtschaftsgebäude (Stallungen, Geräteschuppen, Speicher …) untergebracht. Oft war auch eine Kapelle untergebracht (zur im Schülerbuch dargestellten Burg und deren Teile vgl. Unterrichtsgestaltung/Thema: Burganlagen). Vor- und Hauptburg waren in der Regel durch ein Tor und/oder einen Graben voneinander getrennt. Die Befestigung der Burgen wurden mit der Zeit stetig verstärkt, durch Rundtürme, Zinnen, Wehrgänge oder Pechnasen. – Durch keine Pechnase

ist wohl jemals Pech geschüttet worden. Pech wäre für diesen Zweck viel zu kostbar gewesen. Vielmehr ist es wahrscheinlich, dass kochendes Wasser und/oder Fäkalien durch die Pechnasen geschüttet wurden. – Bei allen Burganlagen trat die Zweckmäßigkeit vor die Bequemlichkeit, sodass zu einem idealisierenden Bild des Ritterlebens wahrlich kein Anlass besteht.
Im 15. und 16. Jahrhundert zerfielen die meisten Burgen, weniger durch kriegerische Einflüsse als vielmehr durch Feuersbrünste oder ähnliche Unbilden. Die Burgen hatten ihre Bedeutung mehr und mehr verloren, der Ritterstand war in seiner Bedeutung zurückgegangen. Das einstmals feste Feudalverhältnis zwischen Rittern und Bauern, die um eine Burg herum siedelten und diese versorgten, löste sich auf. An die Stelle dieser Einheiten waren längst die sich ausbildenden Flächenstaaten getreten, deren Ursprung jedoch unter anderem in vielen Burgen lag. Mit dem Bedeutungsschwund der Burgen begann der Aufschwung der Städte, die spätestens seit dem Spätmittelalter einen unaufhaltsamen Bedeutungszugewinn erzielten. Nachfolgebauten der Burgen waren repräsentative Schlösser, die jedoch mit der Verteidigungsanlage früherer Jahre nichts mehr gemein hatten.

S. 62/63 So lebte Odilo auf Burg Hohenstein/So lebte Gisela von Hohenstein auf der Burg

Der Burgherr
Der Burgherr war Herr über seine „Herrschaft", über die zur Burg gehörenden Besitzungen, Felder, Mühlen, Dörfer, usw. Er war auf der einen Seite Dienstmann eines höheren Adeligen, von dem er die Burg zu Lehen hatte. In höchster Instanz war sein Lehnsherr der König. Der Burgherr verdankte seine Stellung seiner adeligen Herkunft und war zur Aufrechterhaltung der Herrschaft seines Vorgesetzten verpflichtet. Daneben war er zur Heerfolge im Kriegsfall aufgerufen. Sichtbare Zeichen seiner Herrschaft waren das Schwert und das Pferd, das ihm einen erhöhten Sitz verlieh und schließlich die gesamte Klasse zu „Rittern" machte.
Als Herrschaft hatte er andererseits Rechte und Privilegien. Zum Beispiel besaß er das Jagdrecht. Als Mitglied des zweiten Standes in der mittelalterlichen Gesellschaft kam ihm des Weiteren eine Schutzfunktion seiner Dienstmannen zu. In Friedenszeiten war die wichtigste Aufgabe der Burgherren die Verwaltung der Burg. Daneben versah er die Rechtspflege (meist niedere Gerichtsbarkeit).
Vom Ritter wurde ein besonderes Verhalten erwartet, das heute im Wort „Ritterlichkeit" anklingt. Gemeint war damit eine höfische Bildung und Ideale wie Furchtlosigkeit, Gerechtigkeitssinn, Treue …

Die Burgherrin
Die Burgherrin auf der anderen Seite spielte, wie generell die Frauen im Mittelalter, eine untergeordnete Rolle. Dies entsprach dem durch die Kirche transportierten Frauenbild. Dieser Zustand entsprach freilich nicht durchgängig der Lebenspraxis, die den Frauen oft eine besondere Rolle zuspielte. Erinnert sei an Frauen wie Jeanne d'Arc, Mathilde von Tuscien oder auf geistlicher Seite Hildegard von Bingen. Im Laufe des Mittelalters wirkte sich die feinere Bildung der adeligen Frauen mehr und mehr auf die von Männern dominierte Welt aus. Der Aufstieg der Frau im Mittelalter bezog sich freilich nur auf adelige und geistliche Frauen (vgl. bei Arno Borst).
Die Burgherrin kümmerte sich nicht nur um die Erziehung der Kinder und den Haushalt der Burg. Sie führte in der Regel auch die Bücher, weil ihr Mann, der Burgherr, meist Analphabet war. Daneben verstand sich die Burgherrin meist als die einzige in der Heilkunst Bewanderte. Schließlich vertrat die Burgherrin den Burgherrn in den hoheitlichen Aufgaben, wenn dieser in Kriegsdiensten abwesend oder gar im Kampf gefallen war.
Die Burgherrin war zuletzt Kern des kulturellen Zentrums einer Burg. Sie beherrschte Musikinstrumente, schätzte Literatur und hielt Kontakt zu den gebildeten Rittern ihres Standes und zu fahrenden Sängern, die ihr wiederum Minnelieder widmeten.

Die Kinder
Für die Erziehung der Kinder war hauptsächlich die Burgherrin zuständig. Sie unterrichtete die Kinder im Lesen und Spielen von Musikinstrumenten, sofern nicht ein Burgkaplan diese Rolle übernahm. Während die Buben weniger in der Kunst des Lesens unterwiesen wurden, zu Gunsten der körperlichen Ertüchtigung, war diese für die Mädchen ein zentraler Inhalt der Erziehung und Bildung. Die Kinder verblieben fast immer im Bereich der Burg. Sie wuchsen mit den Erwachsenen auf. Sie hatten keine eigenen Zimmer. Meistens schliefen alle Kinder in einem Raum in einem Bett. Als Kinderspiele sind bekannt: Murmelspiele, eine Art Federball, Ballwurf, Blinde Kuh und verschiedene Nachahmungsspiele (z. B. Steckenpferdspiele).
Mädchen blieben auf der Burg, bis sie verheiratet waren. Die Buben wurden dagegen im Alter von etwa sieben Jahren in die Obhut einer verwandten oder bekannten Ritterfamilie als Pagen gegeben. Im Alter von etwa 14 Jahren wurden sie dann Knappen. Hatte der Knappe das 21. Lebensjahr erreicht, wurde er im Fest der Schwertleihe zum Ritter geschlagen. Für die noch minderjährigen Buben und Mädchen wurden zum Teil sehr früh (noch im Kleinkindalter) Eheverträge geschlossen. Verehelichungen von 14- oder 15-jährigen Mädchen waren keine Seltenheit.

Mahlzeiten und Tischsitten

Die Alltagskost im frühen und hohen Mittelalter war einfach, meist auf der Basis von Hirse oder Hafer. Daneben gab es vor allem Kost aus dem Burggarten, also Obst und Gemüse. Weiterhin wurde Milch verwertet und manchmal Fleisch. Fleisch aus der Jagd war allein der Herrschaft vorbehalten, die über das einschlägige Recht verfügte. Gerade die Mahlzeiten der Adeligen wurden jedoch vor allem im Spätmittelalter immer erlesener.

Getrunken wurden vor allem Bier und Wein. Nachdem Weinanbau bis nach Skandinavien hin bezeugt ist, kann es als sicher gelten, dass der Wein für heutige Geschmacksverhältnisse als kaum trinkbar gehalten werden kann. Deshalb wurde er mit Zucker und Gewürzen erheblich gesüßt.

Größere Mahlzeiten wurden im Rittersaal des Palas serviert. Dazu wurden Tische aufgestellt, auf die größere Holzplatten gelegt wurden. Nach jeder Mahlzeit wurde die Tafel „aufgehoben", d. h. wieder weggetragen. Die heute kolportierten Fress- und Saufgelage fanden sicherlich statt, waren aber eher selten und höchstens auf den Burgen des Hochadels zu finden.

Esskultur im heutigen Sinne dürfte im Frühmittelalter noch nicht sehr verbreitet gewesen sein. Das belegen zumindest die „Tischzuchten", die aus der Zeit des Hochmittelalters bekannt sind. Feineres Essen dürfte damit mehr und mehr zum höfischen Statussymbol geworden sein. Gegessen wurde hauptsächlich aus Gemeinschaftsschüsseln. Bekannte Esswerkzeuge waren Löffel und Messer. Die Essgeräte waren vorwiegend aus Holz, was erklärt, dass sie sich kaum in die heutige Zeit hinein erhalten haben.

Kleidung

Die Männer trugen in frühmittelalterlicher Zeit knöchellange, eng anliegende Hosen. Darüber wurde ein Untergewand (Leibrock) und ein Oberkleid angezogen. Ab etwa dem 13. Jahrhundert trug man kurze Leinwandhosen (Schamrock) und Beinlinge, überlange Strümpfe. Im Spätmittelalter wurde der Rock über der Hose sehr kurz und die Beinlinge nach oben verlängert. Je nach Witterung wurde darüber ein Mantel oder Umhang, der durch Riemen gehalten wurde, angelegt.

Die Kleidung der Frauen ähnelte im Frühmittelalter der der Männer. Frauen trugen ein Untergewand, das im Gegensatz zu den Männern aber bodenlang war und darüber ein Obergewand, das ebenfalls bis zum Boden reichte. Darüber legte man einen Mantel oder Umhang an. Im Hoch- und Spätmittelalter wurde dann das Oberteil körperbetonter geschnitten, das Unterteil dagegen erweitert.

Als Kopfschmuck trugen verheiratete Frauen stets eine Kopfbedeckung, die das Haar vollständig bedeckte. Im Moment der Verheiratung kamen Frauen also „unter die Haube". Unverheiratete Frauen (und auch Männer) dagegen trugen ihr Haar offen, lediglich von einem Haarreif oder Stirnband gehalten. Als Schuhe besaßen Männer und Frauen Sandalen oder Bundschuhe. Im Spätmittelalter setzte sich schließlich der Schnabelschuh durch.

Rüstung und Waffen

Die Entwicklung der Rüstung ging vom Kettenhemd aus, einem gepolsterten, mit Metallringen besetzten Lederhemd. Hinzu kam ein Plattenpanzer, dessen einzelne Metallplatten mit Scharnieren verbunden waren oder einander überlappten. Den Kopf schützte ein Topfhelm mit Sehschlitzen, manchmal mit einer Helmzier versehen. Später wurde daraus ein Helm mit aufklappbarem Visier. Als Waffen verwendete der Ritter die Armbrust, Dolche, Schwerter und Lanzen. Seit etwa 1400 kamen auch Feuerwaffen in Gebrauch. War der Ritter nicht im Krieg, was eher den Normalfall darstellte, war beständige Übung im Umgang mit dem Kriegsgerät vonnöten. Dazu wurden Turniere veranstaltet, bei denen die Ritter entweder einzeln (Tjost) oder in Gruppen (Buhurt) gegeneinander kämpften.

Die Untertanen

Leibeigene waren unfrei und lebten zunächst in unmittelbarer Nähe der Burg. Halbfreie lebten auf einem Hof der Herrschaft als Pächter. Sie leisteten den Frondienst. Frondienste wurden entweder etliche Tage oder bis zu mehreren Wochen im Jahr erbracht. Daneben waren verschiedene Abgaben zu leisten. Dazu wurden bestimmte Tage festgesetzt. Obwohl die Pflichten der Leibeigenen und Halbfreien oft bedrückend waren, bot die Burg dennoch einen Schutz.

Die Abgaben der Bauern aus der Wald- und Landwirtschaft und die Einkünfte aus Zöllen und anderen Rechten stellten das Einkommen der Burgherrschaften dar.

5. Unterrichtsgestaltung

S. 60/65 Ritter

Es ist im Sinne des Lehrplans 2000 für die bayerischen Grundschulen, wenn eine Lehrkraft den Mut fasst, ein Thema projektorientiert anzugehen. Für die Unterrichtssequenz „Ritter" bietet sich ein solches Unterfangen ganz besonders an, weil es mit dem Interesse der Kinder rechnen kann, weil die Kinder eine große Anzahl von Sachbüchern selbst einbringen können, weil sich das Thema schulmäßig strukturieren lässt, weil über das Medium Internet eine Vielzahl von Informationen verfügbar gemacht werden kann usw. Aus diesen Gründen wird im Folgenden beschrieben, wie ein „Projekt Ritter" durchgeführt werden kann.

Wem dieses Verfahren nicht zusagt, der kann selbstverständlich in Form eines gebundenen Unterrichts das Thema wie folgt angehen:
Am Beispiel des Ritters Odilo von Hohenstein wird im Buch ein exemplarisches Leben vorgestellt. Anhand der Texte, Bilder und Fragen kann die Vita eines Ritters aufgebaut werden. Dabei wird zunächst die Kindheit und das Jugendalter des Ritters als Knappe und Page bespiegelt (S. 60). Dann geht es um die Fragen der Lage und Ausstattung einer Burg (S. 60, 61; vgl. auch Kopiervorlage 30), ehe vom Leben des Burgherrn und der Burgherrin die Rede ist (S. 62, 63). Schließlich werden einige Vorschläge gemacht, wie sich das Ritterthema ausweiten lässt (S. 64, 65). Ausweitungen bieten auch die Kopiervorlagen 31 und 32.

Zurück aber zum „Projekt Ritter", das durchaus auch in die Kategorie „Unser eigenes Thema" eingeordnet werden kann.

Festlegung der Inhalte
Es hat sich bewährt, dass nach Festlegung der Thematik die Schüler beginnen Fragen zum Thema zu sammeln. Dies kann sowohl im Unterricht (in Einzel-, Partner- oder Gruppenarbeit) als auch zu Hause erfolgen. Zweckmäßig ist es, wenn die Kinder je eine Frage mit dicken Filzstiften auf eine vorbereitete Fragekarte schreiben. Sind die Fragen formuliert, werden sie an der Tafel aufgehängt. Um sicher zu stellen, dass alle Schüler von den Fragen Kenntnis genommen haben, werden sie vorgelesen. In dieser Phase werden Fragen, die doppelt oder mehrfach formuliert wurden, übereinander oder wieder abgehängt. Fragen, die missverständlich sind, werden korrigiert.
Nun kann daran gegangen werden, für Einzelfragen Oberbegriffe festzulegen. So werden z. B. die Fragen „Welche Waffen verwendeten die Ritter?" und „Hatten die Ritter Kriegsmaschinen?" unter dem Oberbegriff „Krieg" zusammengefasst.
An der Tafel sind nach dieser Zuordnung etliche Oberbegriffe aufgeführt, denen viele Einzelfragen zugeordnet sind. Die Oberbegriffe sind die Einzelthemen, die von den Kindern in Gruppen- oder Partnerarbeit während der Projektarbeit bearbeitet werden.

Die Projektphase – Einstieg
Wenn die Einzelthemen sich herauskristallisiert haben, finden sich Kinder zu Paaren oder Gruppen zusammen, die an dem entsprechenden Thema arbeiten werden. Zunächst ist es aber notwendig Informationsmaterial zu sammeln. Dazu bringen Lehrkraft und Kinder Bücher, Hefte, Modelle, Filme, CD-Roms usw. mit, die später Verwendung finden könnten. Sind Informationen verfügbar, beginnt die eigentliche Projektphase der Erarbeitung.
Jede Gruppe wird mit einem (mehreren) Tonpapierkarton(s) ausgestattet, auf dem das Einzelthema steht und der (die) beschrieben, bemalt oder beklebt wird (werden). Sobald eine Frage bearbeitet ist, wird die Fragekarte von der Tafel abgenommen, sodass der Arbeitsfortschritt deutlich wird. Die Lehrkraft unterstützt die Kinder während der Arbeit und moderiert Reflexionsphasen, die am Ende jeder Arbeitssitzung durchgeführt werden (z. B.: Was haben wir heute geschafft? Welche Informationen fehlen noch? usw.).

Die Projektphase – Erarbeitung
Dringlichste Aufgabe der Lehrkraft ist, den organisatorischen Rahmen zu schaffen, den Kindern beratend zur Seite zu stehen und Materialien zur Verfügung zu stellen. Anhand von verschiedenen Oberbegriffen sollen im Folgenden Möglichkeiten zur Umsetzung des Themas dargestellt werden:

Thema: Burganlagen
Bei diesem Thema geht es um die Fragen, wo Burgen angelegt wurden und wie sie aussahen. Entsprechend der Buchseite (S. 60) kleben die Kinder Bilder verschiedener Burgen auf ihren Tonpapierkarton (vgl. Kopiervorlage 30). Dazu schreiben sie, an welchen Stellen Burgen gebaut wurden (Höhenburgen, Wasserburgen). Dazu ist es möglich Frage 2 (S. 60) schriftlich zu beantworten, die die Lage von Burgen begründet (Schutz, schwere Erreichbarkeit usw.). Auch die Frage, wer eine Burg baute, ist lohnend, wenn zum Beispiel die Möglichkeit besteht, das im Literaturverzeichnis beschriebene Video anzusehen („Sie bauten eine Burg").
Weiterhin könnte das Thema das Aussehen einer Burg umfassen. Hierzu kann der Informationstext (S. 61) gelesen werden. Als Ergebnis wird festgehalten: Die Burganlage (vgl. auch Kopiervorlage 30) besteht aus Ringmauer (Nr. 1; Schutz), zwei Burgtoren (Nr. 2; Schutz) und zwei Zugbrücken für die äußere und innere Burg (Nr. 3; Schutz), dem Zwinger (Nr. 4; Feinde werden gefangen gehalten), Vorratsräumen (Nr. 5; Versorgung), Burggarten (Nr. 6; Versorgung), Ziehbrunnen (Nr. 7; Wasserversorgung), Herrenhaus/Palas (Nr. 8; Wohnanlage des Burgherrn, Rittersaal), Kemenate (Nr. 9; Frauengemächer) und Bergfried (Nr. 10; Aussichtsturm, letzter Rückzugsort im Falle der Stürmung der Burg).

Thema: Wappen
Jeder Ritter führte ein Wappen. Diesem Fragenkom-

plex wendet sich eine weitere Gruppe zu. Im Schulbuch wird dieser Frage nur insofern gedacht, als ein Vorschlag zur Herstellung eines Schildes gemacht wird (S. 65). Die Arbeitsgruppe kann den Fragen nachgehen, welche Wappen ein Ritter „im Schilde führte", wie Wappen hergestellt wurden und kann schließlich ein eigenes (Klassen-) Wappen anfertigen und beschriften.

Thema: Rüstung
Im Schulbuch wird der Ritter Odilo in seiner Rüstung dargestellt (S. 62, rechts unten). Die Kinder dieser Arbeitsgruppe stellen zusammen, aus welchen Teilen eine Rüstung bestand (Helm, Kettenhemd usw.). Sie beschreiben, welchen Zweck die Rüstung hatte, welche Nachteile aber das Tragen einer Rüstung auch mit sich brachte. Z. B. konnte ein Ritter in voller Rüstung nicht alleine auf sein Pferd steigen. Des Weiteren ist daran zu denken die Frage zu klären, wie Rüstungen hergestellt wurden.

Krieg und Waffen
Besonders Buben interessieren sich für dieses Thema. Zum einen klären sie, mit welchen Waffen Ritter in den Kampf zogen (Armbrust, Schwert, Lanze, Axt, Morgenstern usw.), eventuell, warum Kriege geführt wurden. Sie spüren aber auch der Frage nach, wie sich Ritter auf kriegerische Auseinandersetzungen vorbereiteten (Turniere).

Thema: Erziehung
Dem Thema Erziehung sind zwei Buchseiten gewidmet (S. 60, S. 63). Im ersten Text wird erzählt, wie aus dem Knaben Odilo über die Stationen „Edelknabe" und „Knappe" der Ritter Odilo wird. Im zweiten Text wird berichtet, wer auf der Burg für die Erziehung der Kinder zuständig ist. Die Arbeitsgruppe „Erziehung" spürt also die Etappen der Erziehung auf, beschäftigt sich eventuell mit der Frage Mädchen-, Jungenerziehung und kann durchaus versuchen Schriftzeichen der Zeit (z. B. römische Zahlen) zu schreiben.

Thema: Leben auf der Burg
Inhalt dieses Themenkomplexes sind die Schulbuchseiten 62 und 63. Die Kinder lesen die Texte und ordnen den Bildern die Tätigkeiten von Burgherr und Burgherrin zu. Wichtige genannte Aufgaben des Burgherrn sind dabei die Verwaltung der Herrschaft, seine Richtertätigkeit und seine Aufgabe als Krieger. Die Burgherrin erscheint als Haushälterin, Erzieherin, „Ärztin" und Verwalterin für den Fall, dass der Burgherr abwesend ist.

Versorgung auf der Burg
Dieser Themenkomplex betrifft Essen und Trinken. So wird z. B. erarbeitet, wer für die Zubereitung von Speis und Trank zuständig war, welche Speisen und Getränke auf den Tisch kamen, wie ein Mahl verlief (Schüsseln, Löffel, Gabeln, evtl. Spielleute usw.). Auf der anderen Seite kann geklärt werden, woher die Nahrungsmittel stammten (von den Bauern der Umgegend, aus der eigenen Jagd usw.).

Neben den erwähnten Themen sind weitere denkbar, je an inhaltlichen, machbaren und zeitlichen Vorstellungen der Lehrkraft und an den Interessen der Kinder orientiert. Nach Abschluss der Projektarbeit werden die Arbeitsergebnisse der einzelnen Arbeitsgruppen vorgestellt und präsentiert (an einer Wandtafel o. Ä.).
Lohnend ist es, wenn das Projekt ausgeweitet werden kann. Im Schulbuch sind Ideen versammelt, die zur Nachahmung anregen können. Neben der Ausstellung der Arbeitsergebnisse können in der Turnhalle ohne großen Aufwand Ritterspiele veranstaltet werden (S. 64). Es kann aber auch eine Ausweitung des Themas in dem Sinne erfolgen, dass vor, während oder im Anschluss an die Projektarbeit ein Burgbesuch stattfindet. Viele Einrichtungen sind mit ihren museumspädagogischen Diensten auf Besuche von Schulklassen bestens vorbereitet (z. B. Mainfränkisches Museum in Würzburg). Zum Thema kann aber auch in vielfältiger Weise gemalt, gebastelt und gewerkt werden (die gemachten Vorschläge stammen von Sven Schroff, s. Literaturverzeichnis.). Zu denken wäre an die Fertigung verschiedener Kopfbedeckungen, Schilde oder Wappen. Die hergestellten Requisiten sind dann für ein Ritterspiel oder ein Ritterfest zu verwenden (vgl. Funkelsteine 4).

Ein Topfhelm kann hergestellt werden, wenn von einem runden Waschmittelkarton der Henkel entfernt wird, Schlitze für die Augen und eventuell Atemlöcher eingeschnitten werden. Anschließend wird der Helm mit Silberpapier beklebt, bemalt oder mit Farbe besprüht. Zuletzt kann der Helm mit Federn o. Ä. (Helmzier) geschmückt werden. Um ein angenehmes Tragen zu gewährleisten, wird in den Helm ein Handtuch eingelegt. Ein Kinnriemen trägt ebenfalls zur Stabilisierung bei. Andere Helme und deren Machart sind im Schulbuch (S. 65) dargestellt.

Mit Pappkartons (etwa 45 cm x 40 cm) können Brust- und Rückenpanzer hergestellt werden. Je nach Größe des Kindes werden Aussparungen für Hals und Arme ausgeschnitten. Mit einem Körner werden die Außenseiten von Rücken- und Brustpanzer durchbohrt. Anschließend werden die beiden Teile mit einer Schnur zusammengebunden. Um die rechte Form zu erzielen, werden Brust- und Rückenpanzer angefeuchtet, dann angezogen und trocknen dann am Körper. In einem letzten Schritt werden die Panzer eingefärbt.

Ein Rittermantel wird aus einem alten (Lein-) Tuch (etwa ein Meter lang, 50 cm Schulterbreite) hergestellt. Das Tuch wird in der Hälfte zusammengelegt und am Knick in der Mitte eingeschnitten, sodass der Kopf eines Kindes hindurch gesteckt werden kann. Zuletzt wird ein Wappenzeichen aufgemalt. Der Mantel wird mit einem Gürtel um die Taille geschnürt.

Ein Schild wird entweder aus Sperrholz ausgesägt (Maße: 100 cm x 40 cm) oder aus Pappe (mehrere Schichten verwenden) ausgeschnitten. Im unteren Bereich wird der Schild rundlich zugespitzt. Auch Rundschilde sind jedoch selbstverständlich möglich. Mädchenkleidung kann ebenso wie der oben beschriebene Mantel aus alten Tüchern hergestellt werden. Die Kleider sollten jedoch bodenlang sein. Auf hoch gesteckten Haaren wird entweder ein Haarreif oder Stirnreif getragen oder eine Haube oder Spitzhut (mit Schleier).

Wer eine Burg basteln lassen möchte, dem sei ein Blick ins Internet anempfohlen. Dort können zahlreiche Vorlagen heruntergeladen werden. Schließlich bieten sich virtuelle Burgbesuche (vgl. verschiedene CD-ROMs u. Ä.) und ein Ritteressen an.
Zwei einfache Rezepte aus dem Mittelalter (wenig verändert) seien erwähnt:

„Hasenörelin"
40 g Hefe in 250 ml lauwarmer Milch mit einem Teelöffel Zucker auflösen. 500 g Mehl in eine Backschüssel geben und in der Mitte eine Vertiefung eindrücken. Die Hefemilch dazugeben. Nach und nach unter Kneten etwa 70 g erwärmte Butter, zwei Eier, Salz und 80 g Zucker dazugeben. Der Teig wird so lange durchgeknetet, bis er sich von der Schüssel löst. Anschließend lässt man den Teig an einem warmen Ort etwa 20 bis 30 Minuten gehen, sodass er fast das doppelte Volumen erreicht hat. Dann wird der Teig ausgerollt. Anschließend werden Rauten von etwa 10 cm Größe geschnitten, die noch einmal gehen. Nach ca. 10 Minuten können die „Hasenörelin" in heißem Backfett schwimmend von beiden Seiten goldbraun ausgebacken und dann mit Zucker bestreut werden.

Fladen (für 6 Personen)
150 g Weizenvollkornmehl, *30 g Weizenmehl,* *¼ Päckchen Trockenhefe,* *1 Esslöffel Öl,* *½ Teelöffel Salz,* *100 ml Wasser*
werden zu einem Teig verarbeitet. Nachdem der Teig etwa 15 Minuten ruhte und ging, werden etwa 50 g schwere Stücke zu Fladen geformt und mit würzenden Zutaten bestreut (Schmalz, Rosmarin, Thymian, Knoblauch, Käse, Pfeffer, Rauchfleisch …). Nach weiteren 15 bis 20 Minuten Ruhe werden die Fladen bei 190 °C etwa 15 bis 20 Minuten gebacken.

KV 31

Mit der Kopiervorlage „Verschiedene Burgen" vertiefen die Kinder den Aufbau von Burgen, in dem sie eine Burg mit ihren Bestandteilen beschriften, und lernen verschiedene Burgtypen (Höhen und Wasserburg) kennen.

KV 30

Die Kinder erhalten mit der Kopiervorlage „So zogen die Ritter in den Kampf" textliche und illustrative Informationen über die Ritter und die Entwicklung ihrer Ausrüstung für den Kampf. Die Entwicklung der Rüstung ging dabei vom Kettenhemd, einem gepolsterten, mit Metallringen besetzten Lederhemd, zum Plattenpanzer, dessen Metallplatten mit Scharnieren verbunden waren oder einander überlappten. Den Kopf schützte ein Topfhelm mit Sehschlitzen, später wurde daraus ein Helm mit aufklappbarem Visier. Die Kinder sollen den Text lesen, die Bezeichnungen für die Rüstungen und ihrer Bestandteile herausfinden und in die Zeichnung richtig eintragen.

Die Schülerbuchseiten 64/65 regen zur Durchführung eines Ritter-Projektes an. In diesem Zusammenhang kann man auch ein Burgfest veranstalten. Jedes Kind bekommt einen Ritternamen und steckt sich ein selbst gemaltes Wappen an. Bei der Vorbereitung informieren sich die Kinder, was man gegebenenfalls kochen kann und welche Spiele sich eignen. Als Spiel könnte zum Beispiel ein „Kampfspiel" veranstaltet werden, bei dem sich zwei Kinder auf einem Balken – ohne Bodenkontakt – gegenübersitzen und sich mit Kissen bekämpfen.

KV 32

Bei diesem Fest, aber auch zum Abschluss der Unterrichtseinheit überhaupt, kann das Würfelspiel „Der Burgschatz" (Kopiervorlage 32) gespielt werden. Das Spiel kann helfen, ein Verständnis für Ausgaben und Einnahmen des Ritters anzubahnen.

6. Literatur- und Medienhinweise

Kinderbücher

Eine beinahe unübersehbare Fülle von Kinderliteratur ist zum Thema erschienen. Einige gut lesbare Titel seien vorgestellt:

Clare, John D.: Ritter: ihr Leben zur Zeit des Mittelalters Tessloff, Nürnberg 1991

MacDonald, Fiona: Eine Burg im Mittelalter. Tessloff, Nürnberg 1991

Stephan-Kühn, Freya: Viel Spaß im Mittelalter! Arena, Würzburg, 1994

Stephan-Kühn, Freya/Keller, Michael: Ritter, Burgen und Turniere. Otto Maier Verlag, Ravensburg 1993

Fachliteratur

Auch die Fachliteratur hat sich in vielfältigster Weise mit dem Thema auseinander gesetzt. Nachfolgend seien nur zwei Titel von grundlegender Bedeutung genannt:

Borst, Arno: Lebensformen im Mittelalter. Ullstein, Frankfurt a. M., Berlin 1995

Schreiber, Waltraud (Hrsg.): Erste Begegnungen mit Geschichte: Grundlagen historischen Lernens, 2 Bände. ars una, Neuried 1990

Schroff, Sven: Ritter und Burgen. Weingarten 1992 (unveröffentlichte Examensarbeit der PH Weingarten)

Dias

Die Burg – Wohnbau und Verteidigungsanlage: Entstehung und Weiterentwicklung (1 sw und 17 f, 1972 – FWU 1002248, nicht mehr im aktuellen Lieferbestand)

Videos

Sie bauten eine Burg (32 min., 1997 – FWU 4202191)

1. Überblick über die Inhalte des Kapitels

Inhalte		Intentionen
		Erkunden der Umwelt – In eigenen Versuchen sammeln die Kinder exemplarisch Erfahrungen von einem Herstellungsprozess. Sie beobachten den Ablauf bei der industriellen Produktion einer Ware und vergleichen den Aufwand. **Ausgangsstoffe und -materialien** – Rohstoffe zum (Zwischen-)Produkt verarbeiten
S. 66	Vom Steinsalz zum Speisesalz	– Vom Steinsalz zum Speisesalz
S. 67	So wird Zucker in der Fabrik hergestellt	– So kann Zucker selbst hergestellt werden
S. 68	Butter selbst gemacht	– Butter selbst herstellen
S. 69	Stärke	– Stärke aus Kartoffeln selbst herstellen
S. 70	Sonnenblumenöl/ Rapsöl	– Sich über Sonnenblumenöl und Rapsöl informieren – Sonnenblumenkerne und Rapssamen untersuchen – Überlegen, wie früher Öl aus Sonnenblumenkernen gepresst wurde
S. 71	Ölpressung aus Sonnenblumenkernen oder Rapssamen	– Sich über die technische Ölpressung aus Sonnenblumenkernen oder Rapssamen informieren – Versuche zur Ölpressung
S. 72/73	Feste Stoffe/Flüssige Stoffe	– Feste und flüssige Stoffe und ihre Eigenschaften kennen lernen und untersuchen – Teilchenmodell

2. Weitere Möglichkeiten im BAUSTEINE-Programm

Lesebuch 4

Kapitel: Wasser
S. 121 Das Salz im Meer

Weitere fächerverbindende Möglichkeiten

Deutsch: Arbeitsanleitungen/Versuchsbeschreibungen scheiben

3. Vorüberlegungen

Salz, Zucker, Butter, Stärke und Öl
Über eigene Versuche und genaue Beobachtungen sammeln die Kinder Erfahrungen bei Herstellungsprozessen von Salz, Zucker, Butter, Stärke oder Öl. Je nach Möglichkeiten sollten die Kinder mindestens einen der nachfolgenden Versuche selbst durchführen sowie den Ablauf bei der industriellen Produktion einer Ware genau beobachten und den Aufwand vergleichen. Sinnvoll ist es die Versuche vorher selbst auszuprobieren, da sich oft nicht berechenbare Schwierigkeiten einstellen können. Anhand je eines Versuches mit festem Stoff wie Salz, Zucker, Stärke, Butter und flüssigem Stoff wie Öl können bei den Kindern erste Einblicke in das Teilchenmodell angebahnt werden.
Die Kinder haben zu diesem naturwissenschaftlich-technischen Komplex unterschiedliche Zugänge, z. B. Berücksichtigung chemischer, physikalischer, biologischer … Aspekte. Sachliche Zusammenhänge werden v. a. durch Versuche offen gelegt, z. B. Her-

stellung von Salz, Zucker, Butter, Stärke, Öl, Trennverfahren, Wasserlöslichkeit von Stoffen … Die Ausführungen bei den Sachinformationen tragen der Forderung des Lehrplans nach der Mehrperspektivität Rechnung.

Feste Stoffe – Flüssige Stoffe – Teilchenmodell
Bereits im Jahr 450 v. Chr. erkennen die griechischen Naturphilosophen Demokrit/Leukipp, dass Stoffe aus kleinsten, unteilbaren Teilchen (den Atomen) bestehen und im selben Jahr untermauert dies Aristoteles, indem er sagt, dass Stoffe aus einem Kontinuum bestehen, das man beliebig oft teilen kann. Deissenberger, H. schreibt in „Grundkurs Chemie" (Lehrerhandbuch), S.12 ff.: „Kaum ein zweiter Zusammenhang des Anfangsunterrichts ist geeigneter, den Kindern einen Einblick in die Eigenart naturwissenschaftlicher Denkwege zu geben, als die Entwicklung der Atom- und Molekültheorie bis hin zur Bestimmung der „Atomgewichte" im 19. Jahrhundert."… „Die knapp bemessene Unterrichtszeit zwingt aber zu einem Verzicht auf Ausführlichkeit."
Im Heimat- und Sachunterricht der Grundschule sollen die Kinder über die Teilchenstruktur der Materie eine Modellvorstellung von der Realität bekommen (Teilchenmodell, Teilchenbewegung). Das Teilchenmodell dient also der Anbahnung für Erklärung von Aggregatzuständen sowie von Lösungs- und Diffusionsvorgängen (Anordnung und Bewegung der Teilchen im festen, flüssigen und gasförmigen Aggregatzustand).
Im Heimat- und Sachunterricht der Grundschule erarbeiten Kinder vielfältige naturwissenschaftliche Sachverhalte. Sie führen Versuche durch und beobachten Phänomene, wie z. B. die Verdunstung des Wassers, das Auflösen von Zucker usw.. In den meisten Fällen geben sich Lehrende und Lernende mit der Beschreibung der Phänomene zufrieden.
Viele makroskopisch wahrnehmbare Phänomene, wie Verdunstungs-, Diffusions- und Lösungsvorgänge lassen sich mit dem einfachen Teilchenmodell interpretieren. In Anlehnung an die Diskussion der 1970er Jahre (Teilchenkonzept von Spreckelsen) scheint die Arbeit mit dem Teilchenmodell auch bei Kindern der Primarstufe erfolgreich zu sein.
Die Veränderungen der Kontinuumvorstellung zum naturwissenschaftlichen Diskontinuumkonzept kann sich nur in Langzeitprozessen vollziehen. Das bedeutet, dass es vorteilhaft ist, ein einfaches Teilchenmodell schon im Grundschulunterricht zu erarbeiten.

4. Sachinformationen

S. 66 Vom Steinsalz zum Speisesalz

Was ist Salz?
Salz ist ein natürliches Produkt. Unter Salz ist im allgemeinen Sprachgebrauch Natriumchlorid (NaCl) zu verstehen. Es besteht aus Natrium und Chlor. Kochsalz ist die reinste Form dieses Salzes.

Verschiedene Salzarten
– **Siedesalz** wird aus Sole (Wasser mit einem höchstmöglichen Salzgehalt von 26,5 %) durch Verdampfung gewonnen. Das getrocknete Salz ist Speisesalz von höchster Reinheit.
– **Meersalz** entstammt, wie der Name schon sagt, dem Meer. Das salzhaltige Wasser wird in natürliche oder künstliche Becken geleitet und verdunstet dort durch die hohe Sonneneinstrahlung. Meerwasser ist ständig den Umwelteinflüssen ausgesetzt. Aus diesem Grund muss das Meersalz gründlich gereinigt werden.
– **Steinsalz** wird bergmännisch aus dem Gestein abgebaut. Es muss zur Weiterverarbeitung gebrochen und gereinigt werden. Steinsalz wird in der Regel nicht als Speisesalz verwendet, da es neben Salz noch Verunreinigungen aus Kalk und Ton enthält.

Die Entstehung von Salzlagerstätten
Vor Millionen von Jahren war die Erde von einem Urmeer bedeckt. Wie auch die heutigen Meere war das Urmeer sehr salzhaltig. Die Erdoberfläche war noch in starker Bewegung. Der schwedische Geologe Carl Ochsenius erklärte die Entstehung der Salzlagerstätten in seiner 1877 veröffentlichten „Barrentheorie" so:
In der Nähe der Küste hob sich eine Barre (Erderhebung) oder der Meeresboden senkte sich ab (Untiefe). Dabei wurde ein Meeresbecken vom Meer abgetrennt. In dieses Becken konnte nicht mehr so viel Wasser nachfließen, das Wasser aus dem Becken verdunstet. So stieg die Konzentration der im Becken gelösten Salze durch die Verdunstung an, die verschiedenen Salze kristallisierten aus und setzten sich – je nach Löslichkeit – am Boden ab, zuerst Karbonate (Kalk), dann schwefelsaures Gestein (Gips und Anhydrit), zuletzt Stein- und Kalisalz. Die ausgetrocknete Fläche wurde nun durch herangewehten Staub überlagert. Die Salzlagerstätten lagen ab jetzt unter der Erdoberfläche verborgen. In Jahrmillionen wuchsen zum Teil bis zu 800 m dicke Salzschichten, die sich bis heute erhalten haben.

Solegewinnung
In Bad Reichenhall wurde durch die Auffaltung der Alpen das Salz unter mächtigen Gesteinsschichten

begraben. Seit Jahrtausenden ist hier das Niederschlagswasser zu den unterirdischen Salzvorkommen gesickert und hat das Salz aus dem Gestein gelöst. Diese Salzlösung mit einem höchstmöglichen Salzgehalt von 26,5 % hat sich als natürliche Alpenquellsole ohne künstliches Eingreifen des Menschen im Hohlraum des Bad Reichenhaller Beckens gesammelt. Pro Jahr werden in der Saline Bad Reichenhall etwa 300 000 m^3 natürliche Alpenquellsole gefördert und zu Salzen von höchster Reinheit und Qualität verarbeitet.
Zur Gewinnung herkömmlicher Sole durch bergmännische Tätigkeit wird unterirdisch Süßwasser in den Salzstock des Salzbergwerkes Berchtesgaden geleitet. So wird das fest gebundene Salz aus dem Gebirgsverband gelöst, in eine konzentrierte Salzlösung überführt (Sole) und als gesättigte Sole zu Tage gefördert. Gesättigte Sole enthält etwa 312 g Natriumchlorid pro Liter.

Siedesalzerzeugung
Die Sole wird in Verdampfungsanlagen bis zum Sieden erhitzt. Der Wasseranteil verdampft und die Salzkonzentration nimmt zu. Die Lösung ist schließlich mit Salzen übersättigt. Die Salze kristallisieren und sinken nach unten. Der so entstandene Siedebrei wird abgezogen, weiter entwässert und getrocknet.

Meersalzerzeugung
An den Küsten z. B. des Mittelmeeres wird Speisesalz durch Verdunstung von Meerwasser in flachen Becken („Salzgärten") gewonnen. Die Energie zur Verdundstung des Wassers liefert hier die Sonne.

S. 67 So wird Zucker in der Fabrik hergestellt/So könnt ihr Zucker selbst herstellen

Was ist Zucker?
Unter Zucker ist im allgemeinen Sprachgebrauch die mit dem wissenschaftlichen Namen Saccharose ($C_{12}H_{22}O_{11}$) bezeichnete Zuckerart zu verstehen. Saccharose tritt als Bestandteil vieler Pflanzen auf, insbesondere der Zuckerrübe und des Zuckerrohrs.

Die Zuckergewinnung
Rohstoff für Zucker – die Zuckerrübe
Die Rübe bildet mit Hilfe des Sonnenlichts, aus dem Wasser des Bodens und dem Kohlendioxid der Luft den Zucker. Sie speichert etwa 15–20 % ihres eigenen Gewichts an Zucker.
Die Aussaat der Zuckerrübe erfolgt im März/April. Damit die Rübe in 180 Tagen bis zur Ernte einen möglichst hohen Zuckergehalt erreicht, muss der Landwirt die Vorlieben und die Eigenheiten der Pflanze genau kennen. Sie braucht nicht nur einen gut und tief gelockerten Boden, sondern vor allem auch ihren „Freiraum", um optimal gedeihen zu können. 30 cm zwischen zwei Zuckerrüben ist der optimale Abstand, damit die dicke Speicherwurzel und die großen Blätter im Endstadium der Wachstumsphase genügend Platz haben und ein Höchstmaß an Licht und Luft bekommen.
70 000 bis 80 000 Rüben auf einem Hektar haben sich als optimal erwiesen. Pro Hektar lassen sich dann 40 bis 50 Tonnen Rüben ernten. Daraus gewinnt man im Durchschnitt 6 bis 8 Tonnen reinen Zucker.

Saftgewinnung
Nach der Ernte ab September werden die Rüben zur Zuckerfabrik gebracht, wo die Zuckergewinnung beginnt. Mit einem starken Wasserstrahl werden die Rüben von den Fahrzeugen abgespritzt und über Schwemmrinnen in die Fabrik transportiert. In der Rübenwaschanlage befreit man sie vom restlichen Schmutz. Die Rüben gelangen dann in die Schneidmaschine, in der sie zu schmalen Schnitzeln oder in dünne Scheiben zerkleinert werden. Die Schnitzel oder Scheiben führt man nun den Entzuckerungsanlagen zu. Im Brühtrog werden die Schnitzel auf 70 °C erwärmt. Die so vorbereiteten Schnitzel gelangen nun in die Extraktionstürme, in denen den Schnitzel mit heißem Wasser der Zucker weit gehend entzogen wird. Dabei werden Schnitzel und Wasser im Gegenstrom aneinander vorbeigeführt. Der im Zellsaft gelöste Zucker geht durch die Zellwände der Rübenschnitzel in das Wasser über. Der so gewonnene Rohsaft verlässt mit etwa 12–14 % Zuckergehalt die Anlage. Er enthält neben Zucker auch noch verschiedene organische und nichtorganische Bestandteile, so genannte Nichtzuckerstoffe (z. B. sehr wertvolle Aminosäuren, die in der Nahrungsmittel- und pharmazeutischen Industrie benötigt werden und einen nicht unerheblichen Anteil am Gewinn der Zuckerproduktion ausmachen). Sie stören die spätere Kristallisation des Zuckers und müssen deshalb aus dem Saft entfernt werden. Die entzuckerten Schnitzel finden entweder nass oder getrocknet in der Landwirtschaft als Viehfutter Verwendung.

Saftreinigung
Zur Saftreinigung, also der Trennung von Zucker und Nichtzuckerstoffen, werden Kalk und Kohlensäure benötigt. Mit diesen natürlichen Stoffen, die später wieder völlig aus dem Saft ausgeschieden werden, lassen sich die unerwünschten Bestandteile des Rohsaftes sauber vom Zucker trennen. Nach zweimaligem Abfiltern bleibt ein klarer, hellgelber Dünnsaft zurück.

Safteindickung
Dieser Dünnsaft enthält 12–14 % Zucker. Ihm wird in mehreren hintereinander geschalteten Prozessen durch Verdampfen das Wasser entzogen. Der Dünnsaft dickt ein. Der die Verdampfer verlassende Dicksaft hat jetzt einen Zuckergehalt von 65–70%.

Kristallisation
In der Kochstation wird das Eindampfen so lange fortgesetzt, bis ein bestimmtes Verhältnis von Zucker und Wasser erreicht ist (Übersättigungsgrad) und sich schlagartig unzählige kleine Kristalle bilden. Man nennt das „Kochen auf Korn". Oft wird fein gemahlener Puderzucker zugegeben, um die Kristallisation anzuregen. Unter gleichzeitiger Dicksaftzugabe und Wasserverdampfung wird dann die Kristallisation so lange fortgesetzt, bis die gewünschte Größe der Einzelkristalle und eine entsprechende Menge erreicht sind. Dann wird der Prozess abgebrochen und die Kochmasse in Maischen abgelassen. Hier hält ein langsam drehendes Schneckenrührwerk die Masse dauernd in Bewegung, um ein Absetzen der Zuckerkristalle zu verhindern. Sie kühlt sich ab, dabei ändert sich die Übersättigung, wodurch die Zuckerkristalle weiter wachsen. Schließlich erhält man ein Gemisch, die so genannte Füllmasse, die zu ca. 45 % aus Kristallen besteht. Der Rest ist zähflüssiger Sirup.
Aus den Maischen fließt die Füllmasse schließlich in Zentrifugen. In ihnen werden die Kristalle vom Sirup getrennt. Durch die Fliehkraft läuft der den Zuckerkristallen anhaftende Sirup durch den Siebmantel der Zentrifugentrommel ab.
Durch Abbrausen mit Wasser und Wasserdampf in der Zentrifuge werden die Zuckerkristalle von dem restlichen anhaftenden Sirupfilm befreit. Dabei erhält man unmittelbar „Weißzucker". Aus dem ablaufenden Sirup wird in zwei Arbeitsgängen weiterer Zucker kristallisiert, der wegen seiner gelblichbraunen Farbe als Rohzucker bezeichnet wird. Der bei der letzten Kristallisation ablaufende Sirup ist die Melasse.
Um den im Haushalt gebräuchlichen Raffinade-Zucker – einen Zucker bester Qualität – zu erzeugen, muss der Rohzucker noch einmal aufgelöst werden. Man erhält nun eine sehr klare Zuckerlösung, die zu hochwertiger Füllmasse eingedickt und anschließend wieder in Zentrifugen geschleudert wird.
Jetzt erst ist der gesamte Zucker schneeweiß, von einwandfreier Qualität und kann zu den verschiedensten Sorten verarbeitet werden, wie z. B. Puderzucker, Hagelzucker, Zuckerhut, Würfelzucker, Einmachraffinade, Gelierzucker …

S. 68 Butter selbst gemacht

Was ist Butter?
Butter ist eine durch Phasenumkehr aus Rahm gewonnene Wasser-in-Öl-Emulsion – Milch zum Beispiel ist eine Öl-in-Wasser-Emulsion. Die Phasenumkehr erfolgt durch die Einwirkung von mechanischer Energie in Form von schütteln oder schlagen. Laut Gesetz besteht Butter aus mindestens 82 % Milchfett, höchstens 16 % Wasser und bis zu 2 % fettfreier Trockenmasse (Eiweiße, Milchzucker und Salzen). Unterschiede bei der Butter ergeben sich aus ihrer geografischen Herkunft (z. B. Hochgebirgsbutter), der Fütterung der Kühe und ist auch von der Jahreszeit abhängig.

Butterherstellung
Für 1 kg Butter benötigt man den Rahm von etwa 21–25 Litern Rohmilch. Traditionellerweise – wie etwa bei der ausschließlich aus unpasteurisierter Milch hergestellten Landbutter – wird der Rahm, der sich bei der Rohmilch oben absetzt, abgeschöpft. Für die Süßrahmbuttererzeugung wird der Rahm nur kühlgestellt, damit sich Fettkristalle bilden können, während bei der Sauerrahmerzeugung Milchsäurebakterien zugesetzt werden, die, bei richtiger Temperaturführung, im Rahm Milchsäure sowie Aromastoffe bilden. Die weitere Verarbeitung ist für beide Butterarten gleich:
Durch mechanische Bearbeitung z. B. im Butterfass wird durch Schlagen und Stoßen Rahm in seine Bestandteile Butterkorn und Buttermilch getrennt. Jetzt wird gewaschen und nochmals geknetet, bis eine homogene Masse entsteht. Süßrahmbutter schmeckt daher immer ein wenig nach dem milden, milchig-süßen Aroma von Schlagsahne, während Sauerrahmbutter mit Hilfe der Milchsäurebakterien ein mild-säuerliches Aroma entwickelt.

S. 69 Stärke

Was ist Stärke?
Stärke ist ein meist weißglänzendes bis leicht gelbliches Pulver, das aus mikroskopisch kleinen Körnern besteht. Sie ist geruchlos, hat wenig bzw. gar keinen Eigengeschmack. In kaltem Wasser ist sie unlöslich, quillt aber bei Temperaturen von 60 bis 80 °C unter Aufnahme großer Wassermengen auf: Die Stärkekörner platzen, verlieren ihre Form und verkleistern (hohe Bindefähigkeit). Die Lösung verdickt sich beim Abkühlen.

Stärkenachweis
Mit Jod gibt Stärke eine blaue bis violette Färbung. Diese Reaktion dient als Nachweis von Stärke in Lebensmitteln.

Natürliche Stärke
Natürliche Stärke ist ein Stoffgemisch zweier Vielfachzucker: Amylose und Amylopektin. Amylose kann man sich als kettenförmiges Molekül vorstellen, in dem 300–1200 Glucosemoleküle schraubenförmig miteinander verknüpft sind (für Fachleute: 1,4 verknüpft). Im Amylopektin verzweigen sich die Amyloseketten alle ca. 25 Glukose-Bausteinen (für Fachleute: 1,6 verknüpft).
Stärke ist die wichtigste Kohlenhydratquelle für die menschliche Ernährung. Je nach Pflanzenart liegt sie als freie Stärkekörner (z. B. Kartoffel) oder dann eingebettet in einer Proteinmatrix (Getreide) vor. Die Stärke ist in den Pflanzen nicht direkt transportierbar, sondern muss dazu immer in Maltose bzw. Glucose umgewandelt werden.

Vorkommen
Stärke ist bei Pflanzen ein weit verbreitetes Reservekohlenhydrat in Knollen, Wurzeln, Früchten, Samen und Mark der Pflanzen (z. B. in Kartoffeln oder Getreidesamen). Stärke ist in vielen Lebensmitteln „versteckt", sie ist in Brot und Backwaren, Teigwaren (Nudeln), Reis-, Getreide- (Müsli) oder Kartoffelprodukten enthalten.

Stärkegewinnung
Zur technischen Gewinnung von Stärke dienen bei uns vor allem Mais, Kartoffeln, und Weizen. Für die industrielle Gewinnung werden zunächst die Rohstoffe zerkleinert, danach die Stärke mit Wasser ausgewaschen und getrocknet. Ihre Farbe ist meist weiß, zuweilen auch leicht grau oder gelblich.
So werden die Kartoffeln zerrieben, damit die Zellwände aufreißen, und die Stärkekörner herausgewaschen. Die Abtrennung der Eiweißstoffe erfolgt durch Aufschlämmen, wobei die schwereren Stärkekörner zu Boden sinken. Die groben Zellbestandteile trennt man mit einem Sieb ab, dabei setzen sich die Stärkekörner in einer milchigen Suspension ab. Sie werden bei max. 30 °C getrocknet und ergeben beim Zermahlen ein feines Mehl.
Zur Gewinnung von löslicher Stärke wird das gewonnene Stärkemehl bei 90 °C zu einem Stärkekleister aufgequollen. Man filtriert den Stärkekleister und scheidet das Filtrat mit Alkohol ab. Während das Amylopektin für das Aufquellen verantwortlich ist, erhält man als lösliche Stärke vor allem Amylose.

Wichtige Stärke-Erzeugnisse
– **Puddingpulver** besteht aus Stärke oder modifizierter Stärke und geschmacksgebenden Zutaten wie Kakao, Vanille, Obsterzeugnisse, Essenzen.
– **Soßen- und Suppenpulver** enthalten Stärke bzw. modifizierte Stärke als Verdickungsmittel (teilweise auch Gelierstoffe) sowie geschmacksgebende Zutaten. Sie sind Grundlage für die Zubereitung von süßen und sämigen warmen oder kalten Soßen mit Milch oder auch Wasser bzw. für salzige Suppen und Kaltschalen.
– **Sago** ist ein reines Stärkeerzeugnis in gekörnter Form. „Echter" Sago wird aus dem stärkereichen Mark verschiedener Pflanzen gewonnen, den besten liefert die Sagopalme, die in Indonesien und Neuguinea beheimatet ist. Die aus Mark gewonnene Stärke wird als steifer Teig durch ein Sieb in heiße Metallpfannen gedrückt, wo sie zu winzigen Körnern verkleistert. In heißer Flüssigkeit quillt Sago zur dreifachen Größe auf und wird glasig. Deutscher Sago wird aus Kartoffelmehl hergestellt und ist lange nicht so gut wie der „echte".

Industrielle Nutzung von Stärke
Die Papier- und Pappeindustrie ist der Hauptabnehmer von Stärke im Non-Food-Bereich.
Darüber hinaus fertigt man aus Stärke Klebstoffe und Waschhilfsstoffe sowie einen Grundstoff zur Polyurethanherstellung. Abbaubare Kunststoffe aus Stärke für Verpackungen und Einweggeschirr sind bereits auf dem Markt.

Stärke als nachwachsender Rohstoff
Derzeit werden in Deutschland etwa 112 000 ha Ackerfläche für den industriellen Stärkebedarf genutzt. Der Bedarf kann in Deutschland durch Stärkekartoffeln, Körnermais und Weizen aus heimischem Anbau gedeckt werden. Stärkekartoffeln liefern 40 % der benötigten Menge, Weizen 20 % und Mais 40 %.

S. 70 Sonnenblumenöl/Rapsöl

Zahlreiche Pflanzen liefern uns Pflanzenöle. So der heimische Raps und die Sonnenblume.

Die Sonnenblume – Lieferant für Sonnenblumenöl
Die Sonnenblume (lat. Helianthus annuus) zählt zur Familie der Korbblütler und ist eine nahe Verwandte der Topinambur (Erdbirne, Rosskartoffel, Pferdekartoffel, Erd(arti)schocke). Sie ist ein Jahrgewächs, eine Ölpflanze aus der Gattung der Kompositen. Es ist eine Pflanze mit breiten Blättern, deren Blütenstand gelbgoldene selbstfruchtbare Blumen hervorbringt. Die Sonnenblumen wenden sich stets der Sonne zu und folgen durch Drehung ihrem Lauf. Wenn die Sonnenblume verblüht ist, enthält ihr Blütenkorb oft bis zu 2000 Samenkerne. Sie sind je nach Art schwarz, dunkelbraun, graubraun, beige und auch gestreift. 55 verschiedene Arten der Sonnenblume hat man bisher gezählt.
Geerntet werden Sonnenblumenkerne erst, wenn das leuchtende Gelb der Blütenblätter verschwunden ist und die Pflanzen im Herbst natürlich ge-

trocknet sind. Jetzt sind die Kerne reich an Öl (44 %) und an Geschmacks- und gesunden Inhaltsstoffen.

Die Sonnenblume wurde im 16. Jahrhundert von den Spaniern nach Europa gebracht. Die Sonnenblume wird hauptsächlich für seine Körner angebaut, mit denen essbares Öl gewonnen wird. Ursprünglich kommt die Sonnenblume aus Nordamerika und wurde dort schon vor 3 bis 4 Jahrtausenden zur Ölgewinnung genutzt. Die Indianer Mexikos nannten die Sonnenblume eine „gesegnete Pflanze".
Besonders günstige klimatische Voraussetzungen fanden die Sonnenblumen in Russland. Ein russischer Bauer namens Bokarew soll als erster in Europa den verhältnismäßig hohen Fettgehalt der reifen Sonnenblumenkerne und deren Bedeutung erkannt haben. Wenige Zeit später war sein Heimatdorf Alexowka bereits von weiten Sonnenblumenfeldern umgeben.
Der Anbau von Sonnenblumen, die zu Sonnenblumenöl weiterverarbeitet werden, nimmt in Europa und auch in Osteuropa (Ungarn und Ukraine) ebenfalls stark zu. Die Sonnenblume ist sehr anspruchsvoll, denn sie benötigt leicht erwärmbare, gut strukturierte Löß-, Lößlehm- und sandige Lehmböden wegen der hohen Wasserspeicherkapazität.

Der Raps – Lieferant für Rapsöl
Raps (Brassica napus L.) ist die ertragreichste Ölpflanze unter den Kreuzblütlern (Cruciferae) bzw. Kohlgewächsen (Brassicaceen).
Das Entstehungsgebiet des Rapses liegt im Mittelmeerraum, wo es als Kreuzung zwischen Wildformen des Rübsens (Brassica campestris) und des Gemüsekohls (Brassica oleracea) hervorgegangen ist.
Zur Ölgewinnung wurden ab dem 12. Jahrhundert Samen und Schoten der Wildform eingesammelt und gepresst. Erst im 16. Jahrhundert wurde Raps, ausgehend von Holland, als Feldfrucht angebaut. Im 17. Jahrhundert wurde Raps in ganz Europa zur Gewinnung von Öl für Öllampen, als Grundstoff für Schmiermittel und für die Seifenherstellung angebaut. Auch heute ist der Raps wieder als nachwachsender Energieträger im Gespräch. Dieser Raps unterscheidet sich elementar vom Raps, der für die Herstellung von Speiseölen verwendet wird.
Heutzutage gehören die leuchtend gelben Rapsfelder in vielen Gegenden zum gewohnten Bild. Die im Frühjahr von Ende April bis Anfang Juni blühenden Felder stammen vom Winterraps, die bei uns am meisten angebaute Rapsform. Winterraps wird im August des Vorjahres gesät und erfüllt als Bodendecker im vegetationsarmen Winter eine wichtige Funktion. Außerdem bindet er mit seiner Biomasse Nährstoffe und verhindert so vor allem die Stickstoffauswaschung ins Grundwasser. Besonders die Wintertypen bilden eine kräftige Pfahlwurzel aus (bis zu 120 cm). In der Jugendphase kommt es durch Entwicklung eines dichten Faserwurzel-Netzes zu einer intensiven Durchwurzelung des Bodens. Die daraus resultierende Bodenlockerung und -durchlüftung ist ein weiterer wichtiger Aspekt, der den Raps zu einer in der Fruchtfolge interessanten Pflanze macht.
Im Frühjahr schießen die Stängel des Winterrapses verhältnismäßig schnell in die Höhe. Das Aufblühen der langen, lockeren, aufrecht angeordneten, traubigen Blüten erfolgt von unten nach oben. Wie bei allen Kreuzblütlern sind die Blüten- und Kelchblätter vierzählig und über Kreuz angeordnet. Am Blütenboden befinden sich vier Nektarien. Der ganze Blütenbau ist auf Fremdbestäubung durch Insekten, meist Hummeln oder Bienen, eingerichtet. Allerdings kommen auch Windbestäubung und bei ungünstiger Witterung in erheblichem Maße auch Selbstbefruchtung vor.
Nach dem Abblühen entwickeln sich die Früchte, 5 bis 10 cm lange Schoten mit zwei Klappen und einer Mittelwand. Pro Schote zählt man ca. 15–18 kleine, etwa millimetergroße, kugelige Samen. Die Samengröße und das Samengewicht ist je nach Zuchtform stark variabel und liegt zwischen 4 und 6 g je 1000 Körner. In den europäischen Ländern mit kühl-feuchter Witterung liefert der Winterraps die höchsten Erträge. Der Sommerraps, der im März oder April ausgesät wird, ist etwas weniger ertragreich als die Winterformen. Man findet ihn vor allem in nördlichen und kontinentalen Klimazonen mit kürzeren Vegetationszeiten. Winter- und Sommerraps haben unterschiedliche, genetisch festgelegte Kältebedürfnisse (Vernalisation).

S. 71 Ölpressung aus Sonnenblumenkernen oder Rapssamen

Speiseöle
Als Rohstoff zur Speiseölgewinnung dienen Samen von Getreide (z. B. Mais- und Weizenkeimöl), Hülsenfrüchte (Soja- und Erdnussöl), Kreuzblütler (Rapsöl), Beeren (Traubenkernöl) und vor allem natürlich die klassischen Ölsaaten (Sesam-, Sonnenblumenkern-, Lein- und Kürbiskernöl). Unter den Ölfrüchten besonders hervorzuheben sind Oliven und Palmfrüchte. Hier sollen nur Sonnenblumen- und Rapsöl näher betrachtet werden.

Allgemeines
Für die Gewinnung von pflanzlichen Ölen und Fetten gibt es verschiedene Möglichkeiten. Im Fall der Sonnenblume wird die Rohware zerkleinert, gedämpft oder geröstet. Dann wird die Rohware gepresst, um anschließend das Öl gewinnen zu kön-

nen. Die meisten pflanzlichen Fette und Öle werden einer Reinigung (Raffination) unterzogen, um unerwünschte Farbstoffe, Verschmutzungen, Trüb- und Schleimstoffe, Wachse … zu entfernen.

Sonnenblumenöl
Sonnenblumenöl hat einen fruchtigen, nussartigen Geschmack und eine goldgelbe Farbe und ist reich an ungesättigten Fettsäuren wie Linolsäure (70–80 %). Öl aus gerösteten Kernen kann etwas dunkler sein. Es ist das bekannteste Pflanzenöl und wird sehr gern für Salate und Rohkost verwendet. Als kaltgepresstes Öl sollte man es nicht zum Kochen verwenden, da dadurch wertvolle Vitamine verloren gehen können.
Das im Supermarkt erhältliche Sonnenblumenöl ist zwar zum Braten und Erhitzen geeignet, ist aber oft ein raffiniertes Öl von minderer Qualität. Es enthält weniger Vitamine und ungesättigte Fettsäuren.
Sonnenblumenöl enthält erstaunlich viel Vitamin E und – nur bei kaltgepresstem Sonnenblumenöl – Beta-Carotin und andere Farbstoffe. Sonnenblumenöl enthält zudem ausgesprochen hohe Anteile an essenziellen, (hoch-) ungesättigten Fettsäuren und reichlich Lecithin (bis zu einem Prozent).

Verwendung des Sonnenblumenöls im Nahrungsbereich
Sonnenblumenöl eignet sich als Speiseöl vorzüglich für Salate. Hier kommt die ganz eigene, „nussige" Note der kaltgepressten Sorten am besten zur Geltung. Kaltgepresstes Sonnenblumenöl sollte nicht erhitzt werden. Das reine (raffinierte) Sonnenblumenöl oder als Mischung mit anderen pflanzlichen Ölen kennen wir als Speise-, Tafel- oder Backöl. Dieses Sonnenblumenöl kann man sehr gut erhitzen und wird deshalb sehr gerne zum Backen und Braten verwendet. Darüber hinaus dient es (mit Wasserstoff hydriert) als Grundlage für die Margarineproduktion. Große Bedeutung hat auch die Diätmargarine.

Rapsöl
Mit einem Anteil von fast 9 % an der gesamten deutschen Ackerfläche zählt Raps nicht nur zu den bedeutendsten Kulturpflanzen, sondern ist zugleich auch die wichtigste Ölpflanze Deutschlands. Mit insgesamt über 4,2 Millionen Tonnen Rapssaat, die jährlich verarbeitet werden, liegt Deutschland in der Europäischen Union sogar auf Platz 1 der Raps erzeugenden Länder. Da die Ölausbeute aus den Rapssamen sehr hoch ist (100 Rapsblüten an einer Pflanze mit jeweils etwa 20 Samenkörnern, die einen Ölgehalt von über 40 % entwickeln), werden zur Herstellung von 1 Liter Rapsöl nur ca. 7 qm Rapsanbaufläche benötigt. Alles in allem macht Rapsöl ca. 63 % des gesamten im Inland produzierten Speisöls aus. Der überwiegende Teil hiervon ist im Handel zumeist noch als undeklariertes „Pflanzenöl" zu finden, aber der Anteil von deklariertem und somit auch für den Verbraucher als solches eindeutig erkennbarem „Rapsöl" steigt stetig. Doch die herausragende Stellung von Raps und Rapsöl beschränkt sich nicht ausschließlich auf Anbaufläche und Erntemenge, denn auch seine ernährungsphysiologische Hochwertigkeit sowie seine zahlreichen Einsatzmöglichkeiten in der kalten und warmen Küche sprechen für sich. So ist die gelbe Pracht auf dem Rapsfeld nur der Vorbote für den Genuss eines der gesündesten und vielseitigsten Speiseöle.

S. 72/73 Feste Stoffe/Flüssige Stoffe

Teilchenmodell
Das Teilchenmodell beschreibt den Aufbau der Stoffe aus kleinsten Teilchen. Mit der Vorstellung von den kleinsten Teilchen der Materie lassen sich Vorgänge wie das Lösen, die Diffusion* und die Osmose* anschaulich erklären. In den Naturwissenschaften spricht man bei derartigen Vorstellungen allgemein von einem Modell, das in etwa so zu erklären ist:
- Materie besteht aus kleinsten Teilchen. Der Raum zwischen den Teilchen ist absolut leer.
- Die Teilchen verschiedener Stoffe unterscheiden sich in ihrer Größe.
- Zwischen den Teilchen wirken Anziehungskräfte.
- Die Teilchen sind ständig in Bewegung (Brown'sche Bewegung*).
- Mit steigender Temperatur bewegen sich die Teilchen heftiger.
- In Feststoffen haben die Teilchen eine bestimmte Anordnung; sie sind dicht gepackt und schwingen um ihre Plätze.
- In Flüssigkeiten bewegen sie sich ungeordnet, berühren sich aber gegenseitig.
- Bei Gasen sind die Anziehungskräften überwunden. Die Teilchen bewegen sich sehr schnell und stoßen wie Billardkugeln zusammen. Die Abstände zwischen den Teilchen sind sehr groß.

Diffusion: auf der Teilchenbewegung beruhende selbstständige Durchmischung gasförmiger und gelöster Stoffe (Verteilung im Raum).

Osmose: ist eine Diffusion durch eine Membran. Die Membran ist semipermeabel, lässt also nicht alle Teilchen passieren. (Z. B. Salat in Salatsoße (die enthält Zucker und Salz): Das Wasser stömt aus den Pflanzenzellen zum Zucker/Salz, denn nur Wassermoleküle können die Zellmembran durchdringen – der Salat wird welk. Dies ist der Grund, warum man die Soße immer erst kurz vor dem Verzehr über den Salat geben sollte!)

Brown'sche Bewegung
Die in Festkörpern, Flüssigkeiten und Gasen dauernd herrschende Bewegung nennt man Brown'sche Bewegung. Der englische Botaniker R. Brown (1773–1858) hat die Erscheinung beobachtet, dass sich kleine schwebende Teilchen in Flüssigkeiten und Gasen in dauernder zickzackförmiger Bewegung befinden. Diese Bewegung ist darauf zurückzuführen, dass die Atome oder Moleküle der Flüssigkeiten und Gase selbst unregelmäßige Bewegungen ausführen und dabei von allen Seiten mit anderen Teilchen zusammenstoßen. Erhöht man die Temperatur der Flüssigkeiten oder Gase, so nimmt die Geschwindigkeit der Atome und Moleküle zu.

Ein Modell gibt immer nur Teile der Wirklichkeit wieder.
Beispiel: Ein Kunststoffmodell eines Autos kann in Bezug auf die Farbe, die Form und den getreuen Maßstab das wirkliche Auto äußerlich vortrefflich darstellen. Man kann dieses Modell benutzen, um zu zeigen, wie ein bestimmtes Auto aussieht. Trotzdem ist es nur ein Modell, die Karosserie ist nicht aus Blech, das Modell besitzt keinen Motor, keine Bremsen ... Das Modell gibt somit nur Teile der Wirklichkeit wieder, in diesem Fall Farbe, Form und Fahrzeugtyp.
Auch für die Materie kann man ein Modell erstellen. Dieses Modell gibt eine vereinfachte Darstellung vom Aufbau der Stoffe wieder. Trotzdem genügt dieses Modell, um eine ganze Serie von Eigenschaften der Stoffe auf eine einfache, logische Art und Weise zu erklären. Man kann das Teilchenmodell für Feststoffe, Flüssigkeiten und Gase anwenden, und die Eigenschaften dieser Stoffe erklären:

Die Aggregatzustände der Stoffe
Der Vollständigkeit halber werden alle drei Zustandsformen fest – flüssig – gasförmig beschrieben.

Fester Zustand

Beispiel: Salzbrocken	**Teilchenmodell**
Eigenschaft: – schwer verformbar – schwer zerteilbar – schwer komprimierbar – fest (s)	Beschreibung: – die Teilchen nehmen feste Plätze ein – die Teilchen liegen sehr dicht aneinander – es bestehen starke Anziehungskräfte zwischen den Teilchen – die Teilchen bewegen sich geringfügig

Flüssiger Zustand

Beispiel: Öl	**Teilchenmodell**
Eigenschaft: – leicht verformbar – leicht teilbar – schwer komprimierbar – flüssig (l)	Beschreibung: – die Teilchen nehmen keine festen Plätze ein, sie sind gegeneinander beweglich – die Teilchen liegen dicht aneinander, die Abstände der Teilchen sind größer als in einem Feststoff – die Anziehungskräfte zwischen den Teilchen sind kleiner als in einem Feststoff

Gasförmiger Zustand

Beispiel: gefüllter Luftballon	**Teilchenmodell**
Eigenschaft: – nimmt allen zur Verfügung stehenden Raum ein – leicht komprimierbar – gasförmig (g)	Beschreibung: – die Teilchen sind frei beweglich, sie bewegen sich mit großer Geschwindigkeit – die Abstände der Teilchen sind sehr groß – die Anziehungskräfte zwischen den Teilchen sind gering

Erklärungen der Stoffeigenschaften
Mit Hilfe des Teilchenmodells kann man viele Eigenschaften der Stoffe erklären.

Fester Zustand
Das Teilchenmodell zeigt uns, dass die Teilchen feste Plätze einnehmen und, dass zwischen den Teilchen große Anziehungskräfte bestehen. Zerkleinert man einen Salzbrocken, so muss man diese Anziehungskräfte überwinden, die Teilchen lassen sich nur schwer verschieben.
Einen Feststoff kann man praktisch nicht zusammendrücken. Im Teilchenmodell sind die Teilchen sehr dicht aneinander angeordnet, ein Zusammendrücken ist deshalb kaum möglich.
Sobald die Temperatur sich über dem absoluten Nullpunkt befindet, bewegen die Teilchen sich geringfügig auf dem festem Platz, den sie im Feststoff einnehmen.

Flüssiger Zustand
Auch die Eigenschaften von Flüssigkeiten kann man mit Hilfe des Teilchenmodells erklären. Flüssigkeiten sind sehr leicht trennbar, man kann sie zum Beispiel durch Umgießen in mehrere Portionen aufteilen.
Das Teilchenmodell zeigt uns, dass die Teilchen keine festen Plätze einnehmen und, dass sie gegeneinander beweglich sind. Dies erklärt auch, warum

Flüssigkeiten die Form eines Gefäßes annehmen. Die relativ schwachen Anziehungskräfte zwischen den Teilchen erlauben ein freies Bewegen innerhalb des Volumens, den die Flüssigkeit einnimmt.
Will man jedoch eine Flüssigkeit komprimieren, so stellt man sehr rasch fest, dass dies sehr schwierig ist. Auch hier gibt das Teilchenmodell eine einfache Erklärung. Wie aus dem Modell ersichtlich, sind auch in Flüssigkeiten die Teilchen relativ dicht aneinander angeordnet. Die Abstände zwischen den Teilchen sind nur geringfügig größer als in einem Feststoff. Ein Zusammendrücken ist deshalb kaum möglich.
In Flüssigkeiten sind Teilchen in ständiger Bewegung.

Gasförmiger Zustand
Im Gegensatz zu Feststoffen und Flüssigkeiten können Gase sehr leicht komprimiert werden. Schaut man sich das Teilchenmodell von Gasen an, so bemerkt man, dass die Abstände zwischen den Teilchen sehr groß sind. Deshalb ist es auch leicht ein Gas zusammenzudrücken, man verkleinert dabei nur die Abstände zwischen den Teilchen.
Die Gasteilchen bewegen sich chaotisch und sehr schnell, deshalb nehmen Gase jeden Raum ein, den man ihnen zur Verfügung stellt.

5. Unterrichtsgestaltung

S. 66 Vom Steinsalz zum Speisesalz

Die Seite thematisiert wie Steinsalz entstanden ist, wie es abgebaut und zu Speisesalz weiterverarbeitet wird. Die für die Kinder komplexe Entstehungsgeschichte wird anschaulich illustrativ dargestellt. Die Weiterverarbeitung zum Speisesalz kann von den Kindern mit einem Versuch handelnd nachvollzogen werden. Sie haben dabei die Aufgabe, aus rohem Steinsalz durch Auflösen in Wasser, Filtrieren und Eindampfen der Lösung Speisesalz herzustellen. Die Kinder sollten bei diesem Versuch unbedingt eine Versuchsbeschreibung machen: Was haben wir gemacht? – Was ist geschehen?

KV 33 Die Kopiervorlage „Die Entstehung von Salz“ kann als Vertiefung der Schülerbuchseite eingesetzt werden.

S. 67 So wird Zucker in der Fabrik hergestellt/So könnt ihr Zucker selbst herstellen

So wird Zucker in der Fabrik hergestellt
Der Text oben auf der Seite kann zum Gesprächsanlass für die industrielle Zuckergewinnung genommen werden. Besser ist es, den industriellen Vorgang vor Ort, zumindest aber im Film bzw. sonstigem Multimedia-Bereich zu beobachten und zu beschreiben.

KV 34 Die Kopiervorlage „Zuckerherstellung“ kann die Beschreibung des industriellen Prozesses unterstützen.

So könnt ihr selbst Zucker herstellen
Der beschriebene Versuch kann von den Kindern selbst durchgeführt werden und sollte möglichst bald nach der Rübenernte im Herbst erfolgen, da frische Rüben leichter zu zerkleinern sind. Es reicht bereits eine geringe Rübenschnitzelmenge, um alle Stufen der Zuckerrübenherstellung (Zuckerrübe zerkleinern – Saftgewinnung – Saftreinigung – Safteindickung – Kristallisation) zu durchlaufen und um den Vorgang genau beobachten und beschreiben zu können.
Achtung: Beim Eindicken des Zuckerrübensaftes muss ständig gerührt werden, da der Zuckerrübensaft sehr leicht anbrennt.
Die eigene Zuckerherstellung kann mit der industriellen verglichen werden bzw. die Kinder können Rückschlüsse auf die industrielle Herstellung des Zuckers ziehen, da auch bei der eigenen Zuckerherstellung alle Stufen durchlaufen werden.

S. 68 Butter selbst gemacht

Butter kann relativ leicht hergestellt werden. Wer schon einmal Sahne zu lange geschlagen hat, erhält statt der luftigen Sahnemasse kleine Butterklümpchen. Querverbindungen zu Deutsch sind leicht möglich:
- Schreiben einer Arbeitsanleitung
- Vorgangsbeschreibung
- Formulieren genauer Beobachtungen

Bedeutung der Sprichwörter, die der Quiesel auf seinem Schild zeigt:
- „Alles in Butter!“ bedeutet, dass alles in Ordnung ist.
- „Ich lasse mich nicht unterbuttern!“ bedeutet, dass man sich nicht unterkriegen lässt.

KV 35 Die Schülerbuchseite fordert die Kinder dazu auf, selbst Butter herzustellen, die Kopiervorlage „Butter selbst gemacht“ dient der Dokumentation derselben.

S. 69 Stärke

MATERIAL Kartoffelschäler, Kartoffel-Reibe aus der Küche, Leinen (z. B. Geschirrtuch, besser Leinen-Säckchen), Glasschüssel, Kartoffeln

Die Kartoffeln werden geschält und zu einem Brei zerrieben, der in der Glasschüssel mit Leitungswasser unter Rühren aufgeschlämmt wird. Die Masse wird durch ein Leinentuch (besser: Leinen-Säckchen) gepresst. Der Rückstand im Tuch wird zur Erhöhung der Ausbeute noch zweimal in etwas Leitungswasser aufgeschlämmt und wie eben beschrieben behandelt. Danach wird er beiseite gestellt. Diese ausgedrückte feste Kartoffelmasse kann z. B. später durch Zugabe von etwas Salz und Ei (alternativ: etwas Kartoffelwasser) zu einem dicken Brei verrührt und im heißen Fett in der Pfanne als Kartoffelpuffer ausgebacken werden.
Die Stärkesuspension trennt sich in der Schüssel innerhalb weniger Minuten. Der überstehende Kartoffelpresssaft wird vorsichtig abgegossen. Die am Glasboden zurückbleibende Stärke wird noch einmal mit etwas Wasser gewaschen. Nach dem Absetzen der Stärke wird erneut abgegossen.
Sichtbar setzt sich nach und nach in der Schüssel die Kartoffelstärke ab. Die Kinder kosten sie. Sie äußern ihre Empfindungen (z. B. geschmacksneutral/süß, Zergehen auf der Zunge). Die Stärke wird als Hauptbestandteil und Sattmacher der Kartoffel benannt. Die Stärke kann getrocknet oder noch feucht weiterverarbeitet werden, wie z. B. in den Rezepten im Schülerbuch angegeben.

S. 70/71

Sonnenblumenöl/Rapsöl/ Ölpressung aus Sonnenblumenkernen oder Rapssamen

Die Kinder sollen Sonnenblumen auf dem Feld betrachten oder Blütenkörbe mit in die Schule bringen. Nun können sie Vermutungen anstellen: Über die Anzahl der Sonnenblumenkörner, ihre Verwendung (Text über Sonnenblumenöl) und über die Art der Ölgewinnung (Arbeitsauftrag 2). Wenn Rapsfelder in unmittelbarer Umgebung sind sollte ebenso verfahren werden.
Dass Sonnenblumenkerne (Rapssamen) Öl enthalten, ist nach Öffnen und Quetschen der Körner bzw. der Samen leicht auf Löschpapier zu sehen, weil sich Fettflecken bilden.

KV 36

Die Kopiervorlage „Die Herstellung von Öl" beschreibt mit einem Lückentext die Herstellung von Öl, die Kinder sollen den Text ergänzen. Die Kopiervorlage kann zur Vertiefung und als Test eingesetzt werden.

S. 72/73

Feste Stoffe/Flüssige Stoffe

Ausgehend von den festen und flüssigen Stoffen lässt sich das Teilchenmodell entwickeln. Dabei sind folgende Ziele zu verfolgen:
- Anleiten bzw. Erklären: Materie besteht aus sehr kleinen (diskreten) Teilchen
- Experimente und Lernsituationen organisieren, die erste Einblicke in die naturwissenschaftliche Arbeitsweise ermöglichen (insbesondere Bilden von Hypothesen)
- Zeigen (in Form von Diskussionen und Überlegungen): Wie lassen sich Alltagsbeobachtungen mit dem Teilchenmodell verstehen / einheitlich ordnen?
- Erarbeiten der grundlegenden Eigenschaften der Aggregatzustände

Versuch: Teilchenmodell für feste Stoffe
Tätigkeit:
- Die Kinder sollen die Form und das Aussehen eines Salzbrockens oder grobe Salz- oder Kochsalzkristalle genau beschreiben (Lupe!),
- Salzbrocken oder grobe Salz- oder Kochsalzkristalle so weit wie möglich zerschlagen,
- kleine Salzteilchen unter der Lupe betrachten.

Erkenntnis:
- Salz hat in jeder vorkommenden Größe eine für Salz typische Kristallform.
- Damit der Salzbrocken bzw. das grobe Salzkörnchen nicht auseinander fällt, müssen zwischen den Teilchen Anziehungskräfte wirken,
- sie müssen aber ein wenig beweglich sein, sonst könnte Salz nicht zerkleinert werden.
- Auch bei den kleinsten Teilchen bleibt die typische Kristallform des Salzes erhalten.

Wir denken uns folgendes Modell:
Die Teilchen sind regelmäßig angeordnet, sie berühren sich, sie ziehen einander an – d. h. es wirken starke Kräfte – sie schwingen leicht auf ihren Plätzen, ohne diese verlassen zu können.

Versuch: Teilchenmodell für flüssige Stoffe
Tätigkeit:
- Die Kinder gießen Öl (Flüssigkeit) in unterschiedlich geformte Gefäße.
- Ein kleineres Glas wird in ein größeres Glas mit Flüssigkeit getaucht.
- Öl wird auf einen Teller gegossen.

Erkenntnis:
- Öl (Flüssigkeit) passt sich jeder beliebigen Form an.
- Flüssigkeit im größeren Glas steigt, lässt sich verdrängen.
- Flüssigkeit breitet sich aus, läuft auseinander.

Wir denken uns folgendes Modell:
Die Teilchen sind unregelmäßig angeordnet, zwischen ihnen sind geringe Abstände, es wirken schwache Kräfte, die Teilchen können ihre Plätze wechseln.

Versuch: Teilchenmodell für gasförmige Stoffe
Tätigkeit:
- Die Kinder blasen einen Luftballon auf.
- Sie stellen das Gewicht fest.
- Sie drücken den Luftballon ein.
- Sie lassen Luft wieder ausströmen.

Erkenntnis:
- Die einströmende Luft dehnt den Luftballon aus und füllt den zur Verfügung stehenden Raum ein.
- Der aufgeblasene Luftballon ist leicht.
- Er kann eingedrückt werden (ist komprimierbar).
- Der Luftballon fällt sichtlich in sich zusammen wenn man das Ventil loslässt (mehr Raum steht zur Verfügung).

Wir denken uns folgendes Modell:
Die Teilchen sind frei beweglich, sie bewegen sich mit großer Geschwindigkeit. Die Abstände der Teilchen sind sehr groß. Die Anziehungskräfte zwischen den Teilchen sind gering.

6. Literatur- und Medienhinweise

Fachliteratur

Deissenberger, H.: Grundkurs Chemie (Lehrerhandbuch). C.C. Buchners Verlag, Bamberg 1997

Informationsbroschüren

- Salzbergwerk Berchtesgaden, Bergwerkstraße 83, 83471 Berchtesgarden:
  Salz aus Bayern
- CMA Centrale Marketinggesellschaft der deutschen Agrarwirtschaft, Koblenzer Str. 148, 53177 Bonn:
  Unser Zucker
  Lebensmittel Zucker Genuss in der Dikussion – Zucker in der Ernährung gesundheitlich bewertet
  Zucker ist mehr als süß – Allerlei Wissenswertes über ein Grundnahrungsmittel

Videos

Löwenzahn: Peter sucht das weiße Gold (30 min., 1994/1996 – FWU 4231150)
Salz – Entstehung, Gewinnung, Verwendung (6 Kurzfilme, 30 min., 2002 – FWU 4202774)

Internet

www.salzwelt.de
www.bad-reichenhaller.de
www.kartoffel.de
www.staerke.de
www.micrecol.de
www.teilchenmodell.de
www.chemie.de
www.physik.de

1. Überblick über die Inhalte des Kapitels

Inhalte		Intentionen
S. 74	Wertstoffkreislauf einer Weißblechdose	– Kreislauf einer gebrauchten Weißblechdose zu einer neuen im Überblick kennen lernen – einzelne Schritte des Weißblechrecyclings beschreiben – beteiligte Personen und Firmen benennen – andere Wertstoffkreisläufe erkunden – Werkstoffe als Wertstoffe erkennen – Vorteile des Recyclings von Wertstoffen – Nachteile des Recyclings von Wertstoffen
S. 75	Ökobilanz einer Weißblechdose	– Begriff „Ökobilanz" kennen und verstehen – Faktoren der Ökobilanz am Beispiel der Weißblechdose benennen und erklären – Vermutungen über eine Ökobilanz anstellen
S. 76	Zinn gießen	– Kennen lernen des Werkstoffs Zinn – Verwendung von Zinn im täglichen Leben – Vorgang des Zinngießens kennen lernen am Beispiel einer Medaille
S. 77	Vorsichtsmaßnahmen beim Zinngießen	– Vorsichtsmaßnahmen beim Zinngießen kennen – Vorsichtsmaßnahmen begründen – Aufwand und Ergebnis beim Zinngießen kennen, beurteilen und vergleichen

2. Weitere Möglichkeiten im Bausteine-Programm

Sprachbuch 4

Kapitel: Müll mit Wert?

S. 64/65 Müll mit Wert?
S. 66 Umweltberatung
S. 67 Arbeit an der Müllkartei
S. 68 Müllprobleme

Lesebuch 4

Kapitel: Wert- und Werkstoffe

S. 93 Aus Glas
S. 94 Glas als Verpackungsmaterial
S. 96 Goldrausch in den Alpen
S. 97 Warum der Bleistift heute Tonstift heißen müsste
S. 98 Ein Haus ganz aus Papier und Pappe!
S. 99 Marmoriertes Papier

3. Vorüberlegungen

„Die Schüler [der vierten Klasse] erfahren anhand eines ausgewählten Beispiels eines Stoffkreislaufs, mit welchem Aufwand Herstellung, Umlauf und Entsorgung einer Ware verbunden sind. In eigenen Versuchen sammeln die Schüler Erfahrungen von einem Herstellungsprozess. Sie beobachten den Ablauf bei der industriellen Produktion einer Ware und vergleichen den Aufwand. Die Schüler erfahren der Wert von Abfällen als Rohstoffe für neue Produkte (…)" (LP HSU 2000, Jahrgangsstufe 4, Vorbemerkung S. 265).
Die Lehrplanaussage, die konkretisiert wird im Auswahlthema 4.7.1 (Ausgangsstoffe und -materialien; Material/Werkstoffe verarbeiten), soll im Schulbuch in zweierlei Weise umgesetzt werden. Zum einen wird der Wertstoffkreislauf einer Weißblechdose beschrieben. Die gewonnenen Erkenntnisse der Lebenswirklichkeit können anschließend in eigenen Versuchen, wenn Zinn geschmolzen und gegossen wird, übertragen werden.

4. Sachinformationen

S. 74/75 Wertstoffkreislauf einer Weißblechdose

Verteilung, Konsum und Entsorgung einer Weißblechdose – Ökobilanz
Vielerlei Lebensmittel finden in Weißblechdosen heutzutage ihren Weg in den Handel (z. B. verschiedene Gemüsesorten). Wenn wir über Wertstoffkreisläufe im Sinne des Lehrplans diskutieren, interessieren stets zwei Komponenten, der Kreislauf selbst und die daraus resultierende Ökobilanz. In der folgenden Darstellung sollen diese beiden Komponenten deshalb nebeneinander gestellt werden.

Wie in jedem Wertstoffkreislauf, in dem Werkstoffe insofern zu Wertstoffen werden, als sie recycelt werden, finden wir auch beim Wertstoffkreislauf einer Weißblechdose drei Module: Verteilung (Konservenherstellung und Lebensmittelgeschäft) – Konsum (Einkauf und Verbrauch des Doseninhalts) – Entsorgung (Sammelstelle für Altblech, Schrottverwertung, Stahlwerk, Gewinnung von Eisen und Zinn zur Wiederverwertung).
Jeder Wertstoffkreislauf ist aber nicht nur unter einem technischen, sondern auch einem wirtschaftlichen und ökologischen Gesichtspunkt zu betrachten. Aus diesem Grund werden Ökobilanzen erstellt, die ein Umweltprotokoll eines Produktes, eines Herstellungs- und Verfahrensprozesses darstellen. Bei Ökobilanzen wird der gesamte Lebensweg eines Produktes betrachtet, also von der Herstellung über die Nutzung bis zur Entsorgung.

> Alle im Folgenden gemachte Aussagen zu Ökobilanzen beziehen sich auf 100 Weißblechdosen, die etwa 6,1 kg Weißblechabfall ergeben. Das entspricht etwa der Menge, die ein Durchschnittshaushalt (zwei bis drei Personen) pro Jahr konsumiert. Mit der Maßeinheit 1 MJ, mit der der Energieaufwand beziffert und vergleichbar wird, lassen sich 3 Liter Wasser von 20 auf 100 Grad Celsius erhitzen.

Verteilung
Zunächst wird ein Produkt, das in eine Weißblechdose gepackt ist, vom Konservenhersteller zur Verteilerzentrale eines Lebensmittelverteilers geliefert und von dort an die einzelnen Filialen geliefert. Die durchschnittliche Distanz, die eine Dose vom Lager des Herstellers in das Regal eines Einzelhändlers zurücklegt, beträgt etwa 200 km, von denen 150 km auf die Schiene und 50 km auf die Straße entfallen.
Neben den entstehenden Abgasen, die den Treibhauseffekt verstärken, fallen durch den Treibstoffverbrauch/Stromverbrauch 0,9 MJ pro 100 Dosen an.

Konsum
Damit eine Dose konsumiert werden kann, muss sie natürlich zuerst eingekauft werden. Wichtig für unsere Ökobilanz ist dabei die Einkaufsdistanz und das Verkehrsmittel, mit dem der Einkauf verrichtet wird. Beim Einkauf mit dem Auto (10 km Distanz, 10 l Treibstoff für 100 km) sind neben den Abgasbelastungen 4,8 MJ in Rechnung zu stellen. Der Einkäufer zu Fuß (mit dem Fahrrad) verbraucht logischerweise 0 MJ.

Entsorgung
Nach dem Konsum wird die leere Dose entsorgt. Entweder wird die Dose in den Restmüll gegeben und der Verbrennung o. Ä. zugeführt oder sie wird mit anderen metallischen Gegenständen separat gesammelt. Wird die Dose dem Restmüll zugeführt und entsorgt (z. B. in der Müllverbrennungsanlage), ist der Treibstoffverbrauch des Müllautos neben dessen Schadstoffausstoßes zu berücksichtigen (bei 30 l je 100 km): 0,8 MJ pro 100 Dosen.
Während der Verbrennung geraten nur unbedeutende Schadstoffmengen in die Luft. Dennoch erfordert die Verbrennung einen ungefähren Energieaufwand von 4,8 MJ je 100 Dosen.
Weißblechdosen eignen sich vorzüglich für Recycling, da sowohl das Eisen wie auch das Zinn wieder für hochwertige Produkte verwendet werden können. Im Sammelprozess fallen zunächst Energieanteile des Konsumenten an. Angenommen, der nächste Sammelcontainer steht 10 km vom Verbraucherhaushalt entfernt und bei der Fahrt wird das Auto zu 10 % ausgelastet, sind 2,4 MJ zu veranschlagen (nicht berücksichtigt ist natürlich wieder der Abgasausstoß).
Sind die Container gefüllt, werden sie von LKWs abgeholt und in eine Schrottverwertungsanlage o. Ä. gefahren, wo die Dosen gereinigt, entzinnt, zerkleinert und verpresst werden. Hierbei fällt ein Energiebedarf von 0,9 MJ für 100 Dosen für den Transport an, 6,4 MJ für die Bearbeitungsprozesse in der Schrottverwertung.
Nach Entzinnung, Zerkleinerung und Verpressung werden die übrig gebliebenen „Schwarzblechpakete" in Stahlwerke transportiert, dort eingeschmolzen und wieder verwendet. Die Frage inwieweit Weißblechrecycling für ein Stahlwerk lohnend ist, mag durch nachfolgende Tabelle unterstrichen werden (Werte für 100 Weißblechdosen):

Umwelt-einwirkung	Weißblech aus neuem Stahl	Weißblech aus Recyclingstahl
Rohstoffverbrauch		
Eisenerz (kg)	15,6	0
Zinnerz (g)	715	0
Weißblechschrott (kg)	0,8	8,5
Kalk (kg)	1,85	0,06
Wasser (l)	106,5	83,5
Abfälle		
Schlacke (kg)	2,5	0,3
Staub (kg)	0,4	0,1
Abraum (kg)	721,5	0
Luftschadstoffe		
Kohlendioxid (kg)	19,2	8,2
Stickoxide (g)	29,7	18,9
Energieaufwand		
Verfahrensenergie (MJ)	212,6	126,3
Transportenergie (MJ)	19,9	5,6

Die Ergebnisse weisen zweifelsfrei die Vorteile des Recyclings gegenüber der Neuproduktion aus, wenngleich nicht vergessen werden darf, dass Ökobilanzen, die zwischen Mehrweggebinden und Weißblechdosen angestellt werden, eindeutig zu Gunsten der Mehrweggebinde ausfallen. Hauptnachteile, auch der recycelten Weißblechdose, sind die höhere Inanspruchnahme von Ressourcen, der Treibhauseffekt und die Versauerung.

S. 76/77 Zinn gießen

Am Beispiel des Werkstoffes Zinn kann Kindern praktikabel gezeigt werden, wie aus anderen Werkstoffen industriell Produkte gefertigt werden. Während in Stahlwerken mit nicht in der Schule nachvollziehbaren Verfahrensweisen und Energiebedarf (vgl. z. B. 1600 °C Schmelztemperatur) produziert wird, kann mit relativ geringen Temperaturen (Schmelzpunkt: 231 °C) Rohzinn in Formen gegossen werden.
Zinn ist ein mäßig hartes und ungiftiges Metall, das sich zum Gießen gut eignet, wenn es mit anderen Materialien, zum Beispiel Kupfer oder Silber, gemischt wird. Grundsätzlich sollte das Zinngießen stets als Demonstration durch die Lehrkraft vonstatten gehen (vgl. Sicherheitsvorschriften!).
Die besten Ergebnisse beim Gießen lassen sich mit leicht legiertem Reinzinn erzielen, das im Handel erhältlich ist. Zierzinn ist auf Grund seines Bleigehalts eher ungeeignet, wenn Gebrauchsgegenstände hergestellt werden sollen, da der Abrieb giftig ist. Im Falle der Verwendung von Zinn mit Bleianteilen sollte das gefertigte Stück zum Schluss stets lackiert werden.
Bevor gegossen wird, stellt man eine zweiseitige Gießform aus Ton her, die zum Gießen passend schließen muss. Anschließend wird die Gießform mit Talkum eingepudert, sodass nach dem Gießvorgang das erstarrte Metall aus der Form gelöst werden kann.
Sind die Vorarbeiten geleistet, wird das Zinn geschmolzen. Am besten eignet sich ein eigens dafür zu erwerbender Gießtiegel. Es eignen sich aber auch Brenner, die die benötigte Temperatur erzeugen können, und eine Gießkelle. Nachdem das Zinn geschmolzen ist, wird es in die Form gegossen, die mit Schraubzwingen zusammengehalten wird. Wichtig ist das zügige Eingießen, sodass sich alle Hohlräume in der Form füllen können, ohne vorzeitig zu erstarren. Nach ca. 8 bis 10 Minuten wird der Gießling mit einer Zange vorsichtig aus der Form genommen. Nun kann eine Nachbearbeitung stattfinden, in dem der Gießling mit Stahlwolle poliert wird oder eine Lackierung erfährt.

5. Unterrichtsgestaltung

S. 74 Kreislauf einer Weißblechdose

Die Unterrichtseinheit kann mit der Präsentation einiger Weißblechdosen begonnen werden. Diese können von der Lehrkraft oder den Kindern mitgebracht werden. Daraufhin wird überlegt, was die Dosen beinhalten, wo sie gekauft wurden, welche anderen Verpackungsformen die Kinder noch kennen usw. Die Frage nach dem Wertstoffkreislauf kann dann mit einem Bilderkreislauf initiiert werden, der an die Tafel gehängt wird.
Daraufhin vermuten die Kinder, was mit der Dose geschieht. Zur Informationsentnahme kann jetzt das Buch herangezogen werden, in dem der Wertstoffkreislauf einer Weißblechdose dargestellt ist. Für die wesentlichen Schritte des Kreislaufs werden die Bilder betrachtet und besprochen (Arbeitsauftrag 1):
- Sammlung im Container
- Abholung der Containerinhalte
- Schrottverwertung: Verpressung
- Stahlwerk: Schmelzung der Schrottpakete
- Gießen von Brammen
- Herstellung von Stahlbändern durch Pressen
- Herausschneiden von Dosen

KV 37 Die Erarbeitung der wesentlichen Schritte des Wertstoffkreislaufs einer Weißblechdose kann mit dem Einsatz der Kopiervorlage „Wertstoffkreislauf einer Weißblechdose" gesichert werden.
Der Ausweitung des Themas dienen die Arbeitsaufträge 2, in dem Personen und Firmen benannt werden, die an diesem Wertstoffkreislauf beteiligt sind, und 3, der die Anregung gibt, sich über andere Wertstoffkreisläufe zu informieren.
Um die erste Unterrichtseinheit zusammenzufassen und die nächsten vorzubereiten, können Unter-

richtsgänge zu verschiedenen Wertstoffsammelstellen vor Ort oder zu einem Wertstoffhof sehr lohnend sein.

S. 75 Ökobilanz einer Weißblechdose

Sind die verschiedenen Wiederverwertungsschritte von Weißblechdosen bekannt, beschäftigt sich die Klasse mit der Ökobilanz von Weißblechdosen. Zunächst werden die Bilder und Texte im Buch betrachtet und gelesen unter der Fragestellung, wo Menschen, Maschinen und Verkehrsmittel am Recycling einer Dose beteiligt sind (Arbeitsaufträge 1 und 2). Daraufhin wird überlegt, welche Energien beim Recycling einer Dose benötigt werden (Arbeitsauftrag 3). Nachdem über das Lesen des Informationstextes der Begriff „Ökobilanz" geklärt ist, können Vermutungen darüber angestellt werden, wie der Vergleich zwischen einer neu hergestellten und einer recycelten Dose ausfällt.

KV 38 Dazu kann auch Kopiervorlage „Ökobilanz einer Weißblechdose" herangezogen werden, wo die Vermutungen (Schadstoffbelastungen, Rohstoffverbrauch, Energiebedarf …) in Zahlen konkretisiert sind.

Einen Abschluss findet die Unterrichtseinheit, indem Alternativen zur Weißblechdose überlegt werden können (z. B. Mehrweggebinde).

S. 76/77 Zinn gießen

Wir steigen in das Thema mit der Präsentation eines Zinngießsets ein, wie es in der Silvesternacht in vielen Familien Verwendung findet. In einem ungelenkten Gespräch erzählen die Kinder von Bräuchen in dieser Nacht, aber auch vom Vorgang des Zinngießens. Anhand des Sets können bereits die wesentlichen Schritte, die später zum Gießen einer Medaille gegangen werden, vorentlastet werden: Über eine Kerzenflamme wird die Gießkelle gehalten, in der sich eine zinnene Figur befindet. Ist das Zinn geschmolzen, wird es in ein Gefäß mit kaltem Wasser geschüttet, sodass eine neue Figur entsteht. Die Figur wird interpretiert und die Bedeutung im beiliegenden Büchlein nachgelesen. Wem sich nicht die Möglichkeit der originalen Begegnung eröffnet, der kann den Text im Buch lesen lassen und die Arbeitsaufträge 1 und 2 bearbeiten. Auf beide Weisen ist jedenfalls das Ziel der nächsten Stunden vorgegeben: Wir gießen eine Medaille aus Zinn.

Zunächst werden die Bilder im Buch betrachtet und besprochen. Welche Materialien brauchen wir? Wie wird die Medaille hergestellt? In Zusammenarbeit mit der Fachlehrkraft wird anschließend die Gießform gemäß der Anweisung im Buch hergestellt. Es ist aber auch denkbar, dass in einer Demonstration durch die Lehrkraft das Verfahren abgekürzt wird. Ratsam bei der Herstellung der tönernen Gießform ist auf alle Fälle, dass eine deutliche Form aus dem Ton herausgearbeitet wird. Ist die Tonform ausgehärtet und gebrannt (Alternative: Silikonkautschuk, der im Fachhandel erhältlich ist), kann der Gießvorgang begonnen werden (vgl. Sachinformationen: Zinn gießen). Bevor gegossen wird, wird mit den Kindern genauestens besprochen, welche Vorsichtsmaßnahmen ergriffen werden müssen (vgl. Schülerbuch S. 77). Die Vorsichtsmaßnahmen werden zudem begründet, um die Sinnhaftigkeit zu klären. Ist die Medaille gegossen und aus der Form genommen, wird sie nachbearbeitet (z. B. mit Stahlwolle).

Einen Abschluss findet die Unterrichtseinheit, in dem der Vorgang des Zinngießens verglichen wird mit der Herstellung einer Weißblechdose. Welche Arbeitsschritte sind gleich? Wo haben wir Unterschiede festgestellt? Auf diese Weise kann es gelingen, den Aufwand beim Gießen einer Zinnmedaille mit dem Aufwand bei der Herstellung einer neuen oder recycelten Weißblechdose zu vergleichen (Arbeitsauftrag 2).

In jedem Fall wird die Erkenntnis stehen, dass eine Menge Energie (Heizenergie beim Brennen des Tons, beim Erhitzen des Zinns, Arbeitsleistung) und eine Menge an Zeit (zur Herstellung des Produkts) aufgewendet werden muss, sodass die Intention der gesamten Unterrichtssequenz, Sensibilisierung für Produktionsabläufe mit neuen/mit recycelten Werkstoffen, erreicht werden sollte.

6. Literatur- und Medienhinweise

Fachliteratur

Diverse Informationsschriften des Ministeriums für Umwelt, Naturschutz und Reaktorsicherheit, Alexanderplatz 6, 10178 Berlin, zum Thema Ökobilanzen

Experimentiermaterial

Arbeitsmaterialien können im Fachhandel eingekauft werden, aber auch über verschiedene Online-Shops.

1. Überblick über die Inhalte des Kapitels

Inhalte		Intentionen
S. 78	Betriebe in unserer Region	– Kennen lernen von landwirtschaftlichen, Industrie-, Handwerks- und Dienstleistungsbetrieben – Beschreiben, was verschiedene Betriebe, was verschiedene Berufe tun – Bildkarte „Betriebe in unserer Umgebung" anfertigen
S. 79	Wir erkunden einen Betrieb	– Basisnotwendigkeiten eines Betriebes: Beschaffung, Herstellung (Produktion), Verkauf (Absatz) – eigene Betriebserkundung vorbereiten und durchführen
S. 80	Wie wird aus Äpfeln Saft	– Herstellung von Apfelsaft beschreiben – Begriff der Arbeitsteilung als ein wesentliches Moment industrieller Produktion erklären – Kontrollen für die Saftherstellung (Labors usw.) kennen lernen und erklären
S. 81	Wie wird der Saft verpackt und gelagert?	– weitere Arbeitsschritte bis zur Auslieferung der Saftflaschen benennen und erklären (Flaschen, Kästen, Etiketten) – Energiebedarf bei der Saftproduktion überlegen – Preiskalkulation für die Apfelsaftproduktion erklären
S. 82	Von der Kelterei zum Kunden	– Frachtwege beschreiben – Vor- und Nachteile verschiedener Transportmittel überlegen – sinnvolle Auswege aus einem möglichen Verkehrsinfarkt überlegen
S. 83	Mehrwegflasche oder Einwegflasche?	– Vergleich von Einweg- und Mehrwegflaschen (Vor- und Nachteile) – eigene Meinung zum Thema bilden
S. 84	Unsere eigene Schülerfirma	– Projekt Schülerfirma: Thema formulieren, Arbeitsabläufe klären, Arbeitsteilung überlegen, Absatz organisieren
S. 85	Wir kalkulieren Preise	– Projekt Schülerfirma: Preiskalkulation anstellen

2. Weitere Möglichkeiten im Bausteine-Programm

Sprachbuch 4

Kapitel: Kartoffel
S. 76/77 Kartoffel
S. 80 Auf dem Kartoffelfeld
S. 81 Rechtschreibstrategien

Lesebuch 4

Kapitel: Wert- und Werkstoffe
S. 95 Ein Handwerk mit Puste: Glasblasen

Weitere fächerverbindende Möglichkeiten

Deutsch: Werbetexte für die Schülerfirma verfassen, Einladungstexte erstellen
Kunsterziehung: Etiketten für die eigene Saftmarke, Glückwunschkarten/Umschläge gestalten
Mathematik: Preise bzw. Gewinn/Verlust der Schülerfirma kalkulieren
Werken/Textiles Gestalten: Verkaufsstand bauen und dekorieren

3. Vorüberlegungen

Im Lehrplan 2000 erscheint im Lernfeld „Arbeit und Freizeit“ das Thema „Kreislauf eines industriell gefertigten Produktes“ (4.7.2). „Die Schüler beobachten den Ablauf bei der industriellen Produktion einer Ware und vergleichen den Aufwand“ (Vorbemerkung zu 4.7, S. 265). Im Einzelnen beschäftigt sich das Lehrplanthema mit einem Industrieprodukt von der Herstellung bis zum Endprodukt, mit der Verpackung und Lagerung, mit den Transportwegen und schließlich mit der Entsorgung dieses Produkts.

Im Wesentlichen erscheint dieses Thema auf Grund der gewachsenen Bedeutung der Wirtschaft im täglichen Leben im Vergleich zum 1982er Lehrplan in runderneuertem Gewand. Lediglich einige Anklänge an den alten Bereich „Warenherstellung und Dienstleistung“ sind zu konstatieren.

Im Schulbuch wurde folgendes Vorgehen gewählt: Nachdem der Begriff „Betrieb“ – fassbar gemacht in Betriebe der so genannten Urproduktion, Handwerks- und Industriebetriebe und Dienstleistungsunternehmen – geklärt ist, wird ein Betrieb des Nahbereichs ausgewählt, der industriell produziert. Diesem soll möglichst ein Besuch abgestattet werden. Im Buch wurde ein Apfelsaftproduzent gewählt, weil dieser gleichermaßen für Kinder nachvollziehbar wie exemplarisch produziert, verpackt, lagert und ausliefert. Beschlossen wird das Kapitel mit den Seiten Mehrwegflasche oder Einwegflasche (S. 75; vgl. auch im Schulbuch S. 55) und den projektorientierten Seiten Schülerfirma.

4. Sachinformationen

S. 78-85

Täglich nutzt jeder Angebote verschiedenster Betriebe, Grund genug, sich mit ihnen auseinander zu setzen. Grob gesprochen werden Betriebe in drei Kategorien unterteilt: Betriebe der so genannten Urproduktion (primärer Sektor), Betriebe der Weiterverarbeitung (Handwerk und Industrie; sekundärer Sektor) und Betriebe, die Dienstleistungen anbieten (tertiärer Sektor). Anhand der Bruttowertschöpfung lässt sich folgende Verteilung der einzelnen Sektoren für Deutschland konstatieren (Quelle: Statistische Bundesamt, 2001):

Bruttowertschöpfung nach Wirtschaftsbereichen	**In Mrd. EUR**
Land und Forstwirtschaft, Fischerei	23,51
Produzierendes Gewerbe (ohne Bau)	470,08
Baugewerbe	91,63
Handel, Gastgewerbe und Verkehr	359,82
Finanzierung, Vermietung	572,32
Öffentliche und private Dienstleister	411,77
Alle Wirtschaftsbereiche	1929,13

Diese Wirtschaftsleistung erbrachten 2001 in Deutschland etwa 40,5 Mio. Erwerbstätige. Davon entfielen auf den Bereich Land- und Forstwirtschaft und Fischerei etwa 943 000 Erwerbstätige, im produzierenden Gewerbe waren etwa 11,9 Mio. Erwerbstätige registriert, im Dienstleistungssektor „Handel, Gastgewerbe und Verkehr“ etwa 8,5 Mio. Beschäftigte und im Dienstleistungssektor „sonstige Dienstleistungen“ etwa 15,4 Mio. Beschäftigte. Die Anzahl der Beschäftigten erwirtschaftete im Jahr 2001 ein Bruttoinlandsprodukt von etwa 1980 Mrd. Euro.

Betrachten wir die einzelnen Betriebe noch etwas genauer:

Landwirtschaftliche Betriebe

Sie sind aufzuteilen in Betriebe, die entweder ihren Schwerpunkt in der Bodennutzung (z. B. Getreideanbau, Hopfen, Wein, Waldbau, Plantagenwirtschaft) oder in der Tierhaltung (z. B. Milcherzeuger, Rindermast, Eierproduktion, Junghühnermast, Schweinemast) haben. Weiter spezifizieren ließen sich die Betriebe nach der Art und Weise ihres Produzierens, d. h. spezialisierte Betriebe, gemischte Betriebe, ökologische Betriebe, Vollerwerbsbetriebe, Zuerwerbsbetriebe, Nebenerwerbsbetriebe. Größtes Problem der landwirtschaftlichen Betriebe ist der dramatische Schwund der Betriebe und der damit zusammenhängenden Probleme. Von einst 267 000 Betrieben (1980) existierten knapp 20 Jahre später in Bayern noch etwa 180 000 Betriebe. Das Höfesterben illustriert ein weiterer Vergleich: Ernährte 1960 ein bayerischer Betrieb etwa 28 Menschen, so sind es heute knapp 80 Menschen.

Handwerksbetriebe

Die Betriebe des Handwerks zählen zum sekundären, zum verarbeitenden Bereich. Das Handwerk erzeugt in erster Linie Güter, wozu auch Bauleistungen, Installationen und Zulieferaufträge für die Industrie gerechnet werden. Dazu erbringt das Handwerk Dienstleistungen (Wartung, Reparatur) und Handelsleistungen.

Industriebetriebe

Die Industrie stellt den größten und stärksten Teil des produzierenden Gewerbes dar. Mit Industrie werden fabrikmäßige Betriebe bezeichnet, in denen in arbeitsteiligen Verfahren Rohstoffe oder Halbfabrikate verarbeitet werden. Eingeteilt werden Industriebetrieb in die der Grundstoffindustrie (z. B. Stahlerzeugung), Verbrauchsgüterindustrie (z. B. Kleidung), Investitionsgüterindustrie (z. B. Maschinenbau) und Nahrungs- und Genussmittelindustrie (z. B. Milchprodukte). Industriebetriebe arbeiten in Fließfertigung, Fließbandfertigung, Reihenfertigung oder Werkstattfertigung. Dazu kommen die Gruppenarbeit und die so genannte Inselfertigung.

Dienstleistungsbetriebe
Eine große Zahl von Bedürfnissen wird nicht durch Sachgüter befriedigt, sondern durch Dienste, die Menschen leisten. Solche Dienstleistungen sind z. B. bei Banken, Versicherungen, Handel, Gaststätten, Beherbergungsbetrieben, Transport, in Verwaltung, Lehre, Krankenhaus und bei der Polizei angesiedelt. Der Dienstleistungssektor war in den vergangenen Jahren der Sektor mit den größten Zuwachsraten und den meisten neu geschaffenen Arbeitsplätzen. Dieser Trend wird sich in Zukunft verstärkt fortsetzen.

Allen Betrieben gleich ist ein mehr oder weniger gleiches Ablaufschema des Wirtschaftens. In allen Betrieben geht es dabei um die Bereiche Beschaffung (Einkauf), Produktion und Absatz (Verkauf). Wenn Kinder Betriebserkundungen durchführen, werden diese Bereiche immer im Mittelpunkt des Interesses stehen.

Betriebserkundung Saftkelterei
In diesem Schema vollzieht sich auch die Betriebserkundung, die im Schulbuch vorgeschlagen wird. Für sie wurde ein Familienbetrieb ausgewählt, der Fruchtsäfte produziert. Seit 1952 produziert die Süßmosterei im Landkreis Schweinfurt. Die Saftherstellung in besagtem Betrieb begann im Lohnmostverfahren, wobei jedermann sein eigenes Obst anliefern konnte. Mittlerweile ist der Betrieb ein mittelständisches Unternehmen, das vor allem einen Nahraum mit seinen Erzeugnissen beliefert. Die Produktion von Apfelsaft wird zwar etwas verkürzt, jedoch so dargestellt, dass sich an dieser Stelle weitere Anmerkungen zur Produktion erübrigen.

Einweg- und Mehrwegflaschen
Ein stetes Problem für alle Betriebe der Getränkeindustrie ist die Entscheidung für oder gegen die Ein- oder Mehrwegverpackung. Seit der Verpackungsverordnung von 1991 galt eine Mehrwegquote, die bei 72 % lag. Nachdem der Mehrweganteil kontinuierlich sank, beschloss das Bundeskabinett am 20. März 2002, eine Pfandpflicht auf ökologisch nachteilige Verpackungen einzufordern.
Diese trat am 1. Januar 2003 für kohlensäurehaltige Erfrischungsgetränke, Bier und Mineralwasser in Einwegflaschen, Einwegdosen sowie Einweg-Kunststoffflaschen (PET) in Kraft. Für Gebinde bis 1,5 l Inhalt sind seitdem 25 Cent, für Gebinde mit mehr als 1,5 l Inhalt 50 Cent Pfand zu bezahlen.
Im Zeitraum von Mai 2000 bis April 2001 wurden in Deutschland rund 33,7 Mrd. Liter Getränke konsumiert. Der Anteil der Getränke in Mehrweggebinden lag dabei bei rund 21,5 Mrd. Litern, der der Einweggebinden bei etwa 12,2 Mrd. Liter. Obwohl in der beschriebenen Zeit Einwegverpackungen nur etwa ⅓ der verkauften Getränkemenge beinhaltete, erzeugte sie etwa 75 % der Verpackungen. 1998 entfielen in Deutschland 1,8 Mio. Tonnen auf Einweg-, dagegen nur 630 000 Tonnen auf Mehrwegverpackungen.
An einem Beispiel mag die mögliche Überlegenheit der Mehrflasche gegenüber der Einwegflasche verdeutlicht werden. Durchschnittlich verbrauchte ein Deutscher im Jahr 2000 etwa 150 l Bier. Das entspricht 300 Einwegflaschen (0,5 l) oder 500 Dosen (0,33 l), aber nur 6 Mehrwegflaschen, wenn diese etwa 50-mal im Umlauf ist. Der Umlaufquote entspricht auch eine weitere Modellrechnung: Mehrwegflaschen sind ab einem Umlauf von 25 Einwegverpackungen gegenüber im Vorteil in den Herstellungskosten. Diese betragen dann bei etwa 50 Umläufen: 1,7 Cent (Mehrwegflasche 0,5 l), 9,3 Cent (Einwegflasche 0,5l) oder 11,3 Cent (Dose 0,33l).
Hauptziel der Verordnung ist die Stabilisierung des Mehrweganteils, da Einweg- und Mehrwegverpackung jetzt für den Handel und für den Kunden identisch erscheinen. Durch das Erheben eines Pfandes auf Einweggebinde kann davon ausgegangen werden, dass weniger Rohstoffverluste auftreten als bisher, da auch die Einwegverpackungen vollständiger in den Wertstoffkreislauf zurückgegeben werden. Das Pfand auf Einwegverpackungen dämmt zudem das Problem des Littering ein. 2002 fand sich statistisch auf Deutschlands Straße alle acht Meter eine Einwegverpackung. Bei allen Vorteilen der Mehrwegverpackung sei ein Nachteil nicht verschwiegen: Es kostet Geld und verbraucht Ressourcen, Mehrweggebinde zu reinigen, um sie hygienisch einwandfrei wieder verwenden zu können.

5. Unterrichtsgestaltung

S. 78 Betriebe in unserer Region

Das Thema „Betriebe“ eignet sich hervorragend dafür, einen projektorientierten Unterricht zu wagen. Ein Einstieg in unser Thema kann über die Betrachtung der Bilder erfolgen. Es sind verschiedene Betriebe versammelt, die in jeder Region arbeiten. In einem ersten Schritt kann begonnen werden, Berufe und Betriebe zu identifizieren und deren Tätigkeiten zu klären (vgl. Arbeitsauftrag 1).

Abgebildete Dienstleistungsbetriebe: Versicherung, Arztpraxis, Stadtwerke
Abgebildete Handwerksbetriebe: Gärtnerei, Schneiderei, Bäckerei, Kfz-Werkstatt, Bauunternehmen, Frisör
Abgebildete Industriebetriebe: Kugellagerfabrik, Safthersteller, Schneiderei
Abgebildete landwirtschaftliche Betriebe: Winzerbetrieb, bäuerlicher Betrieb

Sind Betriebe und Berufe erkannt, können die Betriebe geordnet werden. Ordnungskriterium kann die Aufteilung in landwirtschaftliche Betriebe, Handwerks- und Industriebetriebe (aber: Betriebsgröße und Differenzierung hinsichtlich der Arbeitsteilung bilden das Kriterium der Unterscheidung – siehe der abgebildete Schneiderbetrieb) und Dienstleistungsbetriebe sein (vgl. Arbeitsauftrag 2).
In einem letzten Schritt können die Betriebe einer Region zugeordnet werden. So finden sich landwirtschaftliche Betriebe und Handwerksbetriebe z. B. eher in Dörfern, Industriebetriebe und Dienstleistungsunternehmen eher in Städten. Hierfür werden Erklärungen versucht, etwa in dem Sinne: Massengüter der Industrien brauchen optimale Verkehrsanbindung.
Auf alle Fälle ist die Herstellung einer eigenen Wirtschaftskarte für die Region lohnend, auf der ausgewählte Betriebe versammelt sind und die dem Unterrichtsgegenstand Bodenhaftung verleihen (Arbeitsauftrag 3). In der Gestaltung kann analog der Darstellung im Schulbuch verfahren werden: Auf einem Tonkarton wird ein Kartenausschnitt der Region geklebt. Um ihn herum werden Abbildungen von Betrieben befestigt. Zum Schluss werden Betriebe und Orte auf der Karte mit Wollfäden verbunden, sodass die Beziehung Wirtschaftsraum – Betrieb aufgezeigt werden kann. Diese Wirtschaftkarten können entweder in Gruppenarbeit oder aber auch in einer Gemeinschaftsarbeit der Klasse erstellt werden.

Wer sich vom Schulbuch befreien möchte, kann den Kindern auch die Hausaufgabe geben, Bilder, Prospekte, Anzeigen u. Ä. von Betrieben aus seiner Region zu sammeln. Mit den mitgebrachten Anschauungsobjekten wird dann analog dem oben Beschriebenen vorgegangen.

S. 79 Wir erkunden einen Betrieb

Ist der Wirtschaftsraum der Region grob überrissen, kann eines der Kernstücke der Unterrichtssequenz angegangen werden: Die Betriebserkundung. Im Schülerbuch wird exemplarisch mit einem Betrieb, der Fruchtsäfte produziert, gearbeitet. Dieser Betrieb bietet den Vorteil, dass er relativ leicht nachvollziehbare Arbeitsabläufe aufweist, dass er aber schon arbeitsteilig arbeitet, dass er mit einer überschaubaren Anzahl von Mitarbeitern produziert und dass er schließlich als Beispiel für viele andere Betriebe herhalten kann. Wer keinen adäquaten Betrieb in seiner Region findet, kann mit dem Schulbuch alle vom Lehrplan geforderten Inhalte erarbeiten. Wer hingegen einen Betrieb in seiner Region erkunden kann, dem sei dies sehr empfohlen. Die Inhalte des Schulbuchs können dann zur Ausweitung, zur Vertiefung oder zum Transfer nutzbringend verwendet werden.
Bevor ein Betrieb erkundet wird, sollte mit den Kindern ein Fragenkatalog erarbeitet werden. Dies erfolgt über eine Kartenabfrage. Jedes Kind schreibt eine Frage auf eine Karte. Anschließend werden alle Karten an der Tafel gesammelt. Doppelt gestellte Fragen werden aussortiert oder übereinander gehängt. Dann werden die Karten nach bestimmten Kriterien sortiert. Im Falle unserer Betriebserkundung wären vier Bereiche denkbar:
- Fragen zur Beschaffung,
- Fragen zur Herstellung des Produkts,
- Fragen zum Verkauf des Produkts,
- andere Fragen.

Es sollte natürlich geklärt werden, was sich hinter den Begriffen Beschaffung, Herstellung und Verkauf verbirgt (vgl. auch Arbeitsaufträge 1, 2). Günstigerweise erfolgt dann eine Gruppenaufteilung, in der sich jeweils eine bestimmte Zahl von Kindern jeweils einen Fragenkomplex vornimmt und ihn in Durchführung und Nachbereitung der Betriebserkundung bearbeitet.

KV 39

Wer eine etwas enger gefasste Fragensammlung zu einer Betriebserkundung vorzieht, der kann auf die Kopiervorlage „Interview-Bogen zur Betriebserkundung" zurückgreifen. Bei dem Interview zur Betriebserkundung können sich die Kinder an die Fragen der Kopiervorlage halten, können sie aber selbstverständlich durch weitere Fragen, etwa nach dem sozialen Leistungen oder der ökologischen Verträglichkeit des Betriebes oder den Gründen für die Standortwahl ergänzen.

S. 80 Wie wird aus Äpfeln Saft?

Die Schulbuchseite zeigt wesentliche Produktionsschritte von der Frucht zum Saft. Wer keine eigene Erkundung durchführen kann, beginnt mit der Be-

trachtung der Bilder. Auf ihnen ist zu sehen, wie Äpfel in die Kelterei gebracht werden (Bild 1). Dabei ist an zwei Möglichkeiten zu denken: Zum einen kauft eine Saftkelterei Äpfel von Bauern ein, zum anderen bringen Privatpersonen Früchte, die sie keltern lassen können. Bei Möglichkeit 2 wird dem Kunden nach Abschluss des Keltervorgangs der Saft zu reduzierten Preisen verkauft. Anschließend werden die Früchte sortiert und gewaschen (Bild 2). Bild 3 zeigt den eigentlichen Keltervorgang, in dem die Äpfel zu Maische zerdrückt werden. Nachdem die Maische gepresst und geschleudert wurde, ist ein trüber Apfelsaft entstanden (Bild 4). Der trübe Apfelsaft wird anschließend meist gefiltert und pasteurisiert (Bild 5). In einem letzten Schritt wird der Saft in Flaschen abgefüllt (Bild 6).
Die Kinder beschreiben den Vorgang der Saftherstellung (Arbeitsauftrag 1).

KV 40 Zur Sicherung kann die Kopiervorlage „Wie wird aus Äpfeln Saft?“ eingesetzt werden. Die Kopiervorlage bildet nochmals die im Schülerbuch abgebildeten Produktionsschritte bei der Apfelsaftherstellung ab. Die Kinder sollen die Bilder in die richtige Reihenfolge bringen und mit eigenen Worten die Arbeitsschritte bei der Herstellung beschreiben.
Der abschließende Arbeitsauftrag 2 regt zu weiterführenden Überlegungen an; gerade bei der Lebensmittelproduktion muss sehr genau darauf geachtet und kontrolliert werden, dass sowohl bei den Rohstoffen, aber erst Recht beim fertigen Produkt keinerlei Verunreinigungen, Rückstände von evtl. Spritzmitteln o. Ä. vorhanden sind.

S. 81 Wie wird der Saft verpackt und gelagert?

Auf dieser Seite wird das Thema der Saftproduktion weitergeführt. Insofern lohnt sich zu Stundenbeginn die Wiederholung dessen, was in der Vorstunde erarbeitet wurde. Dann wird den Kindern eine Flasche Apfelsaft (ohne Etikett!) präsentiert. Die etikettenlose Flasche kann in Beziehung mit einem Getränkemarkt gestellt werden, sodass sich die Frage stellt, welche Arbeitsschritte zwischen Befüllung der Flaschen und dem Verkauf im Getränkemarkt noch zu vollziehen sind.
Zur Klärung dieser Frage können die Bilder im Schulbuch betrachtet und der Arbeitsauftrag 1 bearbeitet werden. Zu benennen sind: gebrauchte Flaschen werden gewaschen – Leergut und Kästen werden gelagert und bereit gestellt – Saft wird abgefüllt – Etiketten werden angebracht – Flaschen werden in Kästen gesetzt. Der Ausweitung und Vertiefung dient Arbeitsauftrag 2 (Vorschlag: Die Kinder überlegen in einer Hausaufgabe, welche Rohstoffe benötigt und wo Energie benötigt wird.).

Eine zentrale Aufgabe eines jeden Betriebs ist die Kalkulation der Produktpreise. Die Kalkulation gibt dem Betrieb Auskunft darüber, welchen Verkaufspreis ein Produkt mindestens am Markt erzielen muss, um die Kosten zu decken [= Selbstkostenpreis]. Damit rentabel gearbeitet werden kann, wird der Selbstkostenpreis um einen Gewinnaufschlag erhöht.
Zu diesem Zweck wird der Informationstext gelesen. Aus ihm geht hervor, dass nicht nur die gekauften Früchte, sondern auch die Kosten für Flaschen, Kästen, Etiketten, Lagerung und Arbeitskosten und eine Gewinnspanne des Unternehmers den Preis für das Produkt Saftflasche bestimmen. Zunächst begnügen wir uns mit dieser etwas oberflächlichen Information, da sie später (vgl. Schulbuch S. 85) noch detaillierter an einem einfachen Beispiel behandelt wird.
Eine Vorstellung des Aufwands können die Kinder jedoch durch eigenes praktisches Tun erfahren: Dazu waschen sie benutze Flaschen, befüllen diese mit Wasser, versehen die Flaschen mit selbst kreierten Etiketten und setzen sie in Kästen. Die geleistete Arbeit kann in Relation zum zeitlichen Aufwand gesetzt werden (Stoppuhr!).

S. 82 Von der Kelterei zum Kunden

Der letzte Mosaikstein in der Sequenz der betrieblichen Produktion ist die Auslieferung der Waren. Ausgehend von der Betrachtung der Bilder werden die üblichen Verkehrsmittel, mit denen gewerblicher und privater Warentransport abgewickelt werden, gezeigt. Die Bilder lassen verschiedene Möglichkeiten des Warentransports erscheinen. Der komplexeste ist der, dass aus der Saftkelterei die Produkte zum Bahnhof verbracht werden. Mit dem Zug werden die Saftflaschen zu einem Zielbahnhof befördert. Am Zielbahnhof wird die Saftlieferung per LKW zum Großmarkt gebracht, der wiederum an kleine Märkte verteilt. Schließlich holt der Kunde mit seinem PKW die Ware nach Hause.
Das Szenarium kann aber auch modifiziert werden in der Form, dass der Getränkeproduzent den Getränkemarkt direkt beliefert, dass auf einen Bahntransport gänzlich verzichtet wird usw. Interessant wäre in diesem Zusammenhang, dass die Kinder erkunden, auf welche Weise Getränke in „ihren“ Getränkemarkt kommen.
Zur Vertiefung der Bildaussage wird der Informationstext gelesen. Er beschäftigt sich mit dem Problem eines drohenden Verkehrsinfarktes. Die Kinder überlegen in Arbeitsauftrag 2 Vorteile (schnelle Verfügbarkeit von Waren an allen Orten, Bequemlichkeit) und Nachteile (Überlastung von Verkehrswegen, Belastung der Umwelt, Notwendigkeit eines ungebremsten Warenaustausches quer durch die

EU [Stichwörter: Allgäuer Milch in Hamburg gegen ostfriesische Milch im Allgäu]) des modernen Warentransports.
Ergänzend dazu überlegen die Kinder Arbeitsauftrag 3 und könnten ein Plakat herstellen, das darüber Auskunft gibt, woher welche Lebensmittel kommen. (Die Herkunft von Lebensmitteln kann leicht durch einen Blick in den Kühl- oder Vorratsschrank selbst herausgefunden werden.)
Mögliche Lösungen, Umwelt und Straßen sinnvoll zu entlasten, könnten sein: verstärktes Einkaufen von Produkten aus der Region, Verlagerung von Warentransporten von der Straße auf die Schiene … (nicht: Abschaffung des LKW-Verkehrs!).

S. 83 Mehrwegflasche oder Einwegflasche?

Die Unterrichtssequenz „Betriebe“ wird beschlossen, indem am Beispiel der Saftkelterei Einwegflasche und Mehrwegflasche miteinander verglichen werden. Als Einstieg in diese Unterrichtsstunde wäre ein stummer Impuls, Präsentation einer Einwegflasche und einer Mehrwegflasche, möglich. Nach einer Vermutungsphase und/oder ungelenkten Aussprache werden in arbeitsteiliger Gruppenarbeit die beiden Informationstexte gelesen. Die Ergebnisse der Gruppenarbeit können in die Kopiervorlage 41 eingetragen werden (Arbeitsauftrag 1). Die Aussagen des Informationstextes werden durch die Aussagen der Menschen (S. 83 unten) ergänzt, die von einem Reporter befragt werden. Die Aussagen werden im Unterrichtsgespräch ausgewertet und können ebenfalls in die Kopiervorlage 41 geschrieben werden.
Arbeitsauftrag 2 kann für eine Klasse Anstoß sein, selbst eine Befragung bei Verwandten, Bekannten oder auf der Straße durchzuführen und damit einen Beitrag leisten, dass sich Kinder eine Meinung zu der Frage bilden: Einwegflasche oder Mehrwegflasche? (Arbeitsauftrag 3)

KV 41 Die Kopiervorlage „Einweg- oder Mehrwegflaschen?“ bietet die im Schülerbuch abgedruckten Texte zur Einweg- und Mehrwegflasche nochmals an. Die Kinder sollen die wichtigsten Angaben unterstreichen und stichwortartig richtig in die Abbildungen von einer Einweg- bzw. Mehrwegflasche eintragen.

S. 84/85 Unsere eigene Schülerfirma/ Wir kalkulieren Preise

Waren die Kinder bisher Erkundende, Betrachtende und Beschreibende, so besteht zum Abschluss der Unterrichtssequenz „Betriebe“ die Möglichkeit, das Gelernte selbst zu erproben. Eine „Schülerfirma“ stellt eine gute Möglichkeit des praktischen Lernens dar. Die Schülerfirma kann in „Unser eigenes Thema“ ebenfalls sinnvoll eingebaut werden.
Eine Schülerfirma stellt ein Projekt dar, das sich über einen längeren Zeitraum hinweg erstreckt. Dabei werden Schlüsselqualifikationen eingeübt (Teamfähigkeit …), die im „normalen“ Unterricht häufig weniger zum Tragen kommen und es werden Fächer miteinander verbunden, die häufig nebeneinander stehen (in unserem Beispiel: HSU, Deutsch, Kunsterziehung, WTG, Mathematik).

Folgende Projektphasen könnten ein Projekt gliedern, wie es im Schulbuch anhand der Herstellung von Glückwunschkarten demonstriert wird.

1. Projektinitiative: Die Klasse entscheidet sich für eine Arbeitsaufgabe (Produktion von Glückwunschkarten).
2. Zielsetzung: Die Kinder formulieren Ziele (z. B.: Wir wollen Glückwunschkarten am Schulfest verkaufen. Wir wollen vom Gewinn ein Fest veranstalten …) und überlegen zusammen mit der Lehrkraft einen Zeitplan.
3. Durchführung: Das Projekt wird von Klasse in arbeitsteiliger Weise angegangen. Eine Schülergruppe kümmert sich zum Beispiel um die Beschaffung der notwendigen Materialien, eine weitere Gruppe stellt Karten her, eine dritte Gruppe schreibt Einladungen und kalkuliert Preise, eine vierte Gruppe bereitet den Verkauf vor, indem sie einen Stand aufbaut, ihn dekoriert usw.
4. Präsentation: Sind alle notwendigen Arbeiten durchgeführt, können die Glückwunschkarten anlässlich eines Schulfests verkauft werden.
5. Überprüfung: Während der gesamten Projektphase werden die einzelnen Handlungsschritte einer fortwährenden Überprüfung unterzogen. D. h., die Kinder betrachten ihr Tun, reflektieren darüber, bringen Verbesserungsvorschläge ein usw.
6. Abschluss: Ist das Projekt abgeschlossen, in unserem Fall heißt das, sind die Glückwunschkarten verkauft, wird mit dem Gewinn ein Fest gefeiert o. Ä.

Quasi als eine Handlungsanweisung kann mit den Inhalten auf S. 84 umgegangen werden. Die Kinder betrachten die Bilder, lesen die Texte und überlegen Antworten auf die Arbeitsaufträge 1, 2, 3 und 4.

Im Fächerverbund mit Mathematik wird die Kalkulation von Preisen noch einmal speziell thematisiert (S. 85). Anhand einer „Sachaufgabe“ wird der Bedarf an herzustellenden Glückwunschkarten ermittelt. Darauf baut die restliche Kalkulation auf (Arbeitsaufträge 1, 2):

8 Klassen mit insgesamt 185 Schüler bringen im Durchschnitt 2 Personen zum Schulfest mit.

Rechnung: 185 + 185 = 370 Besucher (exkl. Schüler der Schule)
Annahme: 1/10 der Besucher kaufen eine Karte
Rechnung: 370 : 10 = 37

Ausgaben	
37 Umschläge x 0,20 € =	7,40 €
37 Doppelkarten x 0,50 € =	18,50 €
Farben (z. B. Marmorierfarben):	10,00 €
Gesamtsumme:	35,90 €

Einnahmen	
37 Umschläge mit Karten x 1,50 € =	5,50 €
Spenden:	10,00 €
Gesamtsumme:	65,50 €

Einnahmen – Ausgaben = Gewinn
65,50 € – 35, 90 € = 29,60 €

Arbeitsaufgabe 3 ermittelt, bei wie vielen verkauften Glückwunschkarten kein Gewinn mehr erzielt werden würde:
Rechnung: 35,90 € – 10,00 € (Spenden) = 25,90 €
25,90 € : 1,50 € = 17 Karten (gerundet)

Antwort: 17 und weniger verkaufte Karten erzeugen einen Verlust für die Klasse.

Zuletzt wird noch die Frage thematisiert, die den Einsatz des Gewinns betrifft (Arbeitsauftrag 4; Gewinnausschüttung contra Investition). Hierzu wird der Informationstext gelesen und das Bild betrachtet.

6. Literatur- und Medienhinweise

Fach- und Kinderliteratur
Materialien der Wirtschafts- und Umweltministerien von Bund und Ländern. Diese vertreiben z. T. für die eigene Information und für den Unterricht sehr lohnenden und darüber hinaus kostenfreie Informationsmaterialien zu fast allen Wirtschafts- und Umweltthemen. Darüber hinaus werden Spiele u. Ä., Links und weitere nützliche Adressen angeboten. Die Adressen sind im Internet erhältlich (siehe unten).

Filme (16 mm)
In einem großen Betrieb (20 min., 1978 – FWU 3202931)*
In einer Brotfabrik (15 min., 1969 – FWU 3202127)*
Wie Bleistifte gemacht werden (16 min., 1983 – FWU 3203496)*

Videos
Beim Bäcker (16 min., 1966/1996 – FWU 4202097)
Brot backen (16 min., 1997 – FWU 4210397)

Online-Medium
Brotbacken heute (14 min., 1997/2001 – FWU 5500031)

Internet
www.bmu.de (Bundesministerium für Umwelt, Naturschutz und Reaktorsicherheit)
www.bmwi.de (Bundesministerium für Wirtschaft und Arbeit)
www.stmwvt.bayern.de (Wirtschaftsministerium in Bayern)
www.umweltministerium.bayern.de (Umweltministerium in Bayern)

* leider nicht mehr im aktuellen Lieferbestand

Lebensraum Wasser

1. Überblick über die Inhalte des Kapitels

Inhalte		Intentionen
S. 86	Krötenwanderungen	– Erdkröten und andere Lurche kennen und unterscheiden – Erkennen, dass Erdkröten als Amphibien im Laufe ihrer Entwicklung in zwei Bereichen (Wasser und Land) leben – Krötenwanderung als instinktgesteuertes, biologisch sinnvolles Verhalten erkennen – Die Gefahren für Erdkröten aus verändertem Lebensraum erkennen – Bereitschaft zum Tierschutz wecken – Maßnahmen zum Schutz von Erdkröten kennen und bewerten können
S. 87	Die Entwicklung der Erdkröte	– Die verschiedenen Entwicklungsstadien einer Erdkröte kennen lernen
S. 88	Wir erkunden ein Gewässer	– Bei einem Gewässer (Bach) mit Hilfe der Karte Quelle, Verlauf und Einmündung feststellen können – Das Gewässer (Bach) aufsuchen und Beobachtungen beschreiben können – Messungen zu Breite, Tiefe, Fließgeschwindigkeit usw. anstellen können
S. 89	Untersuchung der Wasserqualität	– Die Wasserqualität des Baches (Sicht-, Geruchs- und evtl. Geschmacksproben) feststellen können – Kleinlebewesen hinsichtlich Bestimmung und Hinweis auf die Wasserqualität untersuchen
S. 90/91	Tiere und Pflanzen am Bach	– Typische Pflanzen und Tiere kennen – Unbekannte Pflanzen und Tiere entdecken – Anpassungen an das Wasserleben verstehen und in Experimenten nachvollziehen können – Der Bach als Lebensgemeinschaft von Tieren und Pflanzen – Interesse für das Leben im und am Bach gewinnen

2. Weitere Möglichkeiten im Bausteine-Programm

Sprachbuch 4

Kapitel: Die Umweltbande

S. 82/83 Die Umweltbande
S. 84 Der Lutterbach auf dem Prüfstand
S. 85 Müll im Lutterbach
S. 86 Ein naturnaher Schulhof

Lesebuch 4

Kapitel: Wasser

S. 116 Lebensraum Wasseroberfläche
S. 117 Seerosen aus Papier
S. 120 Das Brot im Meer

Weitere fächerverbindende Möglichkeiten

Mathematik: Berechnung von Fließgeschwindigkeiten, Durchschnittsberechnungen
Musikerziehung: Lieder vom Bach singen/hören

3. Vorüberlegungen

Diese Einheit soll dazu beitragen, Verhaltensweisen von Tieren, hier von Erdkröten, kennen zu lernen und in ihrem biologischen Sinn zu verstehen und damit einen primären anthropomorphisierenden Sympathie-Antipatie-Reflex überwinden helfen, um Tiere in ihrem Eigenwert wahrzunehmen. Wenn es dabei gelingt die „Ekelschranke" zu überwinden und dafür Neugier und Fürsorge zu setzen, hat die Einheit wichtige Ziele eines verantwortlichen Umweltbewusstseins erreicht.
Durch gezieltes Beobachten, Bestimmen von unbekannten Pflanzen und Tieren, Erkunden eines Biotops, Untersuchen und Experimentieren, sollen die Kinder reichere und tiefere Einsichten in die ökologischen Zusammenhänge eines Lebensraumes gewinnen. Es empfiehlt sich, ein Gewässer (Bach) zu verschiedenen Jahreszeiten, insbesondere im Frühjahr und Herbst aufzusuchen um die jahreszeitlichen Veränderungen in der Tier- und Pflanzenwelt, in der Wasserführung und der Fließgeschwindigkeit bewusst wahrzunehmen und deuten zu lernen.

4. Sachinformationen

S. 86/87 Krötenwanderungen/ Die Entwicklung der Erdkröte

Die Erdkröten gehören zur Klasse der Amphibien (griech. Doppellebige) oder Lurche. Bis heute sind die Lurche Zwischenwesen, die im Laufe ihrer Entwicklung teils an Land, teils im Wasser leben. Lurche sind wechselwarme Tiere mit nackter, meist feuchter Haut, die sich gut zur Hautatmung eignet. Erwachsene Lurche sind Lungenatmer, ihre Larven leben im Wasser und atmen mit Kiemen. Die meisten Lurche machen im Laufe ihrer Entwicklung eine Verwandlung (Metamorphose) vom Ei über die Larve (Kaulquappe) bis zum fertigen Tier (Imago) durch.

Die Entwicklung der Erdkröte
Die Erdkröten machen, wie die meisten Lurche, in ihrer Entwicklung eine Verwandlung (Metamorphose) durch. Aus den Eiern entwickeln sich im Wasser zunächst fischähnliche Larven (die Kaulquappen) und diese verwandeln sich in die fertigen Kröten, die das Wasser verlassen.
Im zeitigen Frühjahr, von Anfang März bis Ende April, wandern die geschlechtsreifen Erdkröten in den ersten wärmeren und regnerischen Nächten in Scharen zu ihren Laichgewässern. Die Männchen wandern voraus, bleiben unterwegs stehen und warten hochaufgerichtet auf die nachfolgenden Weibchen. Diese sind meist sehr dick, denn in ihrem Körper haben sich in den Eierstöcken mehrere Tausend Eier gebildet. Hat ein Männchen, auch mit Hilfe seines Rufes, ein Krötenweibchen gefunden, klettert es auf seinen Rücken und lässt sich Huckepack zum Laichgewässer tragen.
Am Teich oder Tümpel angekommen, laicht das Weibchen im Wasser ab. Dabei presst es zwei 3 bis 5 Meter lange Eischnüre ins Wasser, die bis zu 7000 schwarze Eier enthalten können. Das Männchen auf dem Rücken besamt die Eier sogleich, indem es aus seiner Hinterleibsöffnung eine milchige Spermaflüssigkeit über die Eier fließen lässt. Sobald die Eier befruchtet sind, bildet sich eine gallertige Schutzhülle um sie. Das Krötenweibchen schlingt die Laichschnüre mit den Eiern um Wasserpflanzen im Uferbereich, möglichst an einer flachen Stelle, wo sich das Wasser schnell erwärmt. Nach dem Ablaichen kehren die Kröten in ihre Sommerquartiere zurück. Erdkröten wandern zu den Gewässern in denen sie selbst aufgewachsen sind und kehren auch in dieselben Sommergebiete zurück. Wie sie sich auf ihren Wanderungen orientieren ist noch nicht geklärt.
Aus den befruchteten Eiern entwickeln sich innerhalb von 4 bis 6 Tagen, je nach Wassertemperatur, winzige, fischähnliche Kaulquappen. Sie atmen mit dünnhäutigen Kiemen, die zunächst frei im Wasser hängen (Außenkiemen) und später von einer Hautfalte überwachsen werden. Ein Ruderschwanz mit Flossensaum dient der Fortbewegung. Als Pflanzenfresser haben sie einen langen, aufgerollten Darm. Kaulquappen sind eine begehrte Nahrung für zahlreiche räuberische Insektenlarven und für Fische. Gegen Ende der Larvenzeit, nach etwa zwei Monaten bilden sich bei den Kaulquappen zuerst die Hinterbeine und dann die Vorderbeine aus, der Ruderschwanz bildet sich zurück. Die fertige Kröte, die im Anfangsstadium nur 1 cm groß ist, atmet jetzt durch Lungen und ernährt sich von Fleischnahrung: Fliegenlarven, Wasserflöhe, kleinen Schnecken u. Ä. Entsprechend verkürzt sich auch der Darm bei der Kröte.
Im Sommer wandern die Jungtiere, teilweise wieder scharenweise (Froschregen) in die bis zu 2 km entfernten Sommerquartiere. Sie werden erst nach 4 Jahren geschlechtsreif und kehren dann zu ihrem Laichgewässer zurück. Zum Überwintern ziehen sich die Erdkröten in Erdhöhlen unter Steinen oder in selbst gegrabene Löcher zurück, wo sie den Winter in Kältestarre verbringen.

S. 88 Wir erkunden ein Gewässer

Als Bach wird ein Fließgewässer von der Quelle bis zu einer Breite von 5 Metern bezeichnet. Ab einer Breite von über 5 Metern spricht man von einem Fluss und ein ganz großer Fluss wird Strom genannt.

Obwohl ein Bach von der Quelle bis zur Mündung in der Regel ein und denselben Namen trägt, gliedert er sich doch in verschiedene Abschnitte: Auf die Quelleregion folgt der Oberlauf, darauf der Mittellauf und schließlich der Unterlauf des Baches. In der folgenden Tabelle sind die unterschiedlichen Abschnitte eines Baches idealtypisch zusammengefasst:

	Quelle/Oberlauf	Mittellauf	Unterlauf
Gefälle	stark: schnelle Strömung	mäßig: mittlere Strömungsgeschwindigkeit	langsamer: träger Verlauf
Wassertemperatur	selten über 10 °C geringe Sommer-, Winterunterschiede	im Sommer teilweise über 15 °C	im Sommer bei 20 °C
Wasserqualität	klares, sauerstoffreiches nährstoffarmes Wasser	teilweise trübe, nährstoffreich	trübe, geringer Sauerstoffgehalt
Bachgrund	felsig steinig, wenig Bewuchs	Geröll-, Kies-, Sandablagerungen, flutende Wasserpflanzen	Sand schlammiger Untergrund, krautiger Bewuchs
Bachverlauf	steil, wenig Windungen, stark eingeschnitten, steile Ufer	windungsreicher, Wechsel zwischen schneller Strömung und Stillwasser	windungsreich, mäandern, flache Ufer
Flora	bei starker Strömung vorwiegend Moose, Flechten und Algen	flutende Pflanzen, Wasserpflanzen, Ufergebüsche	bei trübem Wasser geringer Bewuchs am Bachgrund (Lichtmangel), Ufergebüsch, Erlen
Fauna	sauerstoffbedürftige Tiere wie Forellen, Strudelwürmer, Steinfliegenlarven	Fische: Äschen, Elritzen, Groppen, Fliegenlarven, Egel	Barsche, Brachsen, Wasserschnecken, Wasserasseln, Schlammwürmer

S. 89 Untersuchung der Wasserqualität

Die Verschmutzung unserer Gewässer stellt immer noch ein großes ökologisches Problem dar. Die Belastungen durch Düngemittel, durch Schadstoffe aus der Luft, durch Erwärmung oder Versalzung stellen nach wie vor eine Bedrohung der Lebensgemeinschaft von Tieren und Pflanzen dar.
Die Wasserqualität eines Baches kann über physikalische und chemische Messungen festgestellt werden (Wassertemperatur- und Lichtmessungen, pH-Wert und Sauerstoffgehalt, Stickstoff- und Nitratwerte), sie wird aber noch zuverlässiger über so genannte Bioindikatoren festgestellt, d. h. über die Erhebung derjenigen Organismen, die bei verschiedenen Verschmutzungsgraden ihre optimalen Lebensbedingungen finden.
Bei den biologischen Verfahren zur Feststellung der Wasserqualität von Fließgewässern werden nicht momentane Einzelwerte gemessen, sondern andauernde, durchschnittliche Gesamtbedingungen, die von bestimmten Organismen bevorzugt werden. Nach diesem so genannten Saprobiensystem (Belastung eines Gewässers mit Fäulnisstoffen <griech. sapros = faul>) das von 1908/09 stammt, werden bis heute, mit einem immer wieder verbesserten Saprobienindex Güteklassen von Gewässern festgelegt.
Die folgende Tabelle ist ein Beispiel dafür:

Güteklasse	Grad der organ. Belastung	Saprobienindex	wichtige Indikatororganismen
I	unbelastet bis sehr gering belastet	1,0 < 1,5	Steinfliegenlarven Hakenkäfer
I–II	gering belastet	1,5 < 1,8	Steinfliegenlarven Strudelwürmer Hakenkäfer Köcherfliegenlarven
II	mäßig belastet	1,8 < 2,3	Hakenkäfer Eintagsfliegenlarven Köcherfliegenlarven Kleinkrebse Schnecken Blütenpflanzen
II–III	kritisch belastet	2,3 < 2,7	Egel Schnecken Moostierchen Kleinkrebse Grünalgenkolonien Muscheln
III	stark verschmutzt	2,7 < 3,2	Wasserasseln Egel Wimpertierchenkolonien Schwämme
III–IV	sehr stark verschmutzt	3,2 < 3,5	Zuckmückenlarven Schlammröhrenwürmer Wimpertierchen
IV	übermäßig	3,5 < 4,0	Schwefelbakterien Geißeltierchen Wimpertierchen

Wasseruntersuchung mit einfachen Mitteln
Um die Wasserqualität eines Bachs mit einfachen Mitteln zu untersuchen, benötigt man einige Ausrüstungsgegenstände: Für eine erste Analyse kann man Bachwasser in Marmeladegläsern einer Sicht-, Geruchs- und Geschmacksprobe unterziehen. Zumindest eine Trübung lässt sich im Vergleich mit Leitungswasser optisch feststellen und man kann die Zeit messen, bis sich die Schwebpartikel abgesetzt haben und das Bachwasser klar erscheint. Man kann auch eine weiße Kunststoffscheibe (Deckel eines Marmeladenglases) an einer Schnur (mit Beschwerung) an einer ruhigen, tiefen Stelle des Baches ins Wasser gesenkt werden, bis sie außer Sicht gerät. Die Schnurlänge ist dann das Maß für die Sichttiefe des Wassers.
Auch das biologische Verfahren zur Feststellung der Gewässergüte kann – natürlich nicht in quantitativer Weise – mit einfachen Mitteln angewendet werden: Zum Sammeln und Bestimmen der im Wasser lebenden Kleinlebewesen benötigt man neben Sammelbehältern auch Lupen und Vergrößerungsgläser. Für das Einsammeln von Wassertieren eignen sich alle Arten von Sieben mit unterschiedlicher Maschendichte. Um an der Unterlage anhaftende Kleintiere zu erwischen, werden Steine vom Bachgrund in einem mit Wasser gefüllten Behälter abgeschwenkt. Mit einem weichen Pinsel können Tiere, ohne sie zu beschädigen, abgelöst werden. Sehr kleine Tiere können mit Hilfe einer Pipette in kleinere Gläschen gebracht werden.
Je nach Bachgrund können verschiedene Fangmethoden angewendet werden: In pflanzenfreiem Gewässer führt man einen Kescher (feinmaschiges Netz an einem Stock) in Form einer liegenden 8 mehrmals am Bachgrund entlang und stülpt anschließend den Kescher in einen mit Wasser gefüllten Eimer um. An Stellen mit Pflanzenbewuchs kann man ein Sammelnetz mit weiter Öffnung unterhalb von Pflanzenbewuchs in die Strömung halten und dann die Pflanzenbüschel abstreifen oder abschütteln. Dadurch werden die darauf lebenden Kleintiere in das Netz geschwemmt und die gefangenen Tiere in eine Kunststoffschale ausgeschwenkt. Als „Kick-Fang“ bezeichnet man eine Methode, bei der ein Fangnetz unterhalb der Stelle, die man aufrühren will, in die Strömung gehalten wird. Dann rührt man mit dem Gummistiefel oder einem Stock kleine Steine und anderes Material am Bachgrund auf. Die aufgestörten Tiere landen dann direkt im Fangnetz.

Bestimmen von Kleinlebewesen im Wasser
Für eine erste Zuordnung eignet sich folgende Tabelle:

Körper	Beine	Hauptgruppe
flach, ungegliedert	keine	Plattwürmer
rund, ungegliedert	keine	Schlauchwürmer
mehr oder weniger rund, gegliedert (geringelt), keinen Kopf, mehr als 15 Ringe	keine	Ringelwürmer
dreiteilig, Achtung: Insektenlarven sind häufig wurmähnlich, ohne Beine, oder nur mit Beinstummeln; häufig Kopf oder wenigstens Mundwerkzeuge sichtbar; weniger als 16 Körperabschnitte	6	Insekten
ein- oder zweiteilig	8	Spinnentiere
viele Körperabschnitte	10-14	Krebse
Weiche Tiere mit zwei Schalen	keine	Muscheln
Weiche Tiere mit oder ohne Haus; alle Süßwasserformen mit Haus	keine	Schnecken

aus: Tier in Bach und Weiher

S. 90/91 Tiere und Pflanzen am Bach

In der Lebensgemeinschaft des Bachs gibt es, wie in allen Ökosystemen, eine Dreiteilung der Aufgaben: es gibt Produzenten, Konsumenten und Destruenten.
Die **Produzenten** sind die grünen Pflanzen von den kleinsten Algen bis zu den Bäumen am Ufer. Als erstes Glied in der Nahrungskette produzieren sie in der Fotosynthese mit Hilfe des Lichtes aus anorganischen Substanzen alle organischen Stoffe, die für das Leben der Konsumenten, der Tiere und des Menschen notwendig sind, und geben dabei Sauerstoff an die Luft oder das Wasser ab.
Konsumenten sind alle Tiere, die sich von Pflanzen ernähren (Pflanzenfresser, Herbivoren), die sich von anderen Tieren ernähren (Fleischfresser, Carnivoren) und natürlich auch der Mensch.
Die **Destruenten** (Detritusfresser) vorwiegend Pilze und Bakterien sind jene Lebewesen, die von abgestorbenen Tier- und Pflanzenresten (Detritus) leben, und diese in ihre Grundbestandteile Kohlendioxid, Stickstoff-, Schwefel- und Phosphorverbindungen abbauen. Sie liefern damit wieder die notwendigen anorganischen Stoffe für die Fotosynthese und der Kreislauf ist geschlossen. Eine wichtige Vorbereitungsaufgabe für die Destruenten übernehmen die so genannten Zerkleinerer, wie Bachflohkrebse, Wasserasseln, Steinfliegenlarven u. a. Diese Tiere fressen Teile des toten organischen Materials, scheiden unverdautes Material wieder aus und bereiten es dadurch für den Zersetzungsprozess durch Bakterien und Pilze optimal vor.

Störungen einer Lebensgemeinschaft durch Verschmutzung

In gesunden Gewässern sind die einzelnen Abschnitte des Nährstoffkreislaufes ausgewogen. Wird allerdings dieses Gleichgewicht gestört (etwa durch Abwassereinleitung), dann nimmt das organische Material überhand und die Destruenten, Bakterien und Pilze vermehren sich extrem stark. Sie arbeiten unter hohem Sauerstoffverbrauch Teile des organischen Materials auf, das Wasser wird trübe und es bildet sich eine graue Schlammschicht, die Steine und Wasserpflanzen überzieht. Durch den starken Abbau organischen Materials steigt der Ammonium- und Nitritgehalt und später auch der Nitrat- und Phosphorgehalt des Wassers erheblich an. Der Schlammüberzug und der verminderte Lichteinfall hindern die Pflanzen an der Fotosynthese und damit fehlt den Pflanzen fressenden Tieren wie z. B. vielen Fliegenlarven, verschiedenen Wasserkäfern und Wasserschnecken die Nahrungsgrundlage. Sie verschwinden aus diesen Bächen und damit auch die räuberischen Arten, die von ihnen leben, wie z. B. Libellenlarven, Käferlarven oder Krebse und Fische. Die Artenvielfalt im Bach nimmt auch ab, weil viele Tierarten bei dem stark verringerten Sauerstoffgehalt des Wassers nicht überleben können. Von den veränderten Lebensbedingungen profitieren dagegen einige Tierarten, die als Dentritusfresser vom Schlamm leben und nur geringen Sauerstoffbedarf haben wie z. B. die Bach- und Schlammröhrenwürmer, die Wasserasseln und die Zuckmückenlarven und einige Egelarten. Sie nehmen an solchen belasteten Bachabschnitten überhand.

Besondere Anpassungsspezialisten unter den im Wasser lebenden Tieren

Als eine besondere Anpassung an den Lebensraum Wasser kann die Fortbewegung der **Wasserläufer** oder **Bachläufer** auf der Wasseroberfläche angesehen werden. Die Wasserläufer, die zu den Landwanzen gehören, haben einen schmalen Körper und drei Beinpaare, die durch einen wächsernen Überzug vor der Benetzung mit Wasser geschützt sind. Dank der Oberflächenspannung des Wassers und des geringen Gewichts des Wasserläufers kann das Tier in ruckartigen Bewegungen wie ein Schlittschuhläufer über das Wasser gleiten.

Im Experiment kann man nachprüfen, wie die Oberflächenspannung (die durch die Anziehung der Wassermoleküle an der Außenseite entsteht), kleine Gegenstände aus Metall (Büroklammer, Nähnadel o. Ä..) trägt. Damit man beim Auflegen des Objektes das dünne Häutchen an der Wasseroberfläche nicht durchstößt, sollte man den Gegenstand auf einem Stück Löschpapier aufs Wasser legen. Das Papier saugt sich bald voll und sinkt ab und der Gegenstand bleibt auf dem Wasser liegen. Man kann sogar die Eindellung sehen, die er auf der Wasseroberfläche erzeugt. Gibt man einen kleinen Tropfen Spülmittel ins Wasser sinkt der Gegenstand augenblicklich unter, weil die Oberflächenspannung durch das Mittel aufgehoben wurde.

Ein besonderes Anpassungsproblem für Wassertiere stellt die Atmung dar. Entweder wird ein gewisser Luftvorrat von der Wasseroberfläche mit nach unten genommen; oder die Tiere sind dünnhäutig; oder sie bilden besonders dünne Oberflächen (Kiemen) aus, dass damit der im Wasser gelöste Sauerstoff aufgenommen werden kann.

Die **Wasserspinne** besitzt gegenüber anderen Spinnenarten ein besonders dichtes Haarkleid und einen besonders ausgebildeten Spinnapparat, mit dem sie glockenförmige Netze zwischen Wasserpflanzen webt. Diese Netze füllt sie mit Luft, die sie in Form einzelner Bläschen im Haarfilz ihres Hinterleibes von der Oberfläche holt. Sie baut auf diese Weise verschiedene Glocken (Häutungsglocken, Eiglocken). Meist sitzt sie in der Ernährungsglocke und lauert auf Beute (Wasserasseln, Kleinkrebse, Larven).

Dass sich Luftbläschen in Haaren transportieren lassen, kann man mit einem einfachen Versuch zeigen: Man taucht einen Haarpinsel in ein Glas Wasser und drückt ihn am Boden des Glases aus. Kleine silbrige Luftbläschen werden aus dem Haarpinsel ausgedrückt und steigen im Glas auf.

Die Larven der Schlammfliege **(Rattenschwanzlarven)** besitzen ein schnorchelartiges Atemrohr am Ende des Hinterleibes, das sie bei Bedarf teleskopartig ausziehen können, um damit bis an die Wasseroberfläche zu gelangen. Die Spitze des Teleskopatemrohres wird aus dem Wasser gestreckt. Ein Kranz von Wasser abstoßenden Haaren verhindert, dass Wasser in die Atemröhre eindringen kann.

Die Larven des **Schilfkäfers** leben am Grund eines Gewässers. Sie bohren mit ihrem Hinterende einen Schilfhalm an und saugen durch den hohlen Schilfstängel die Atemluft an. Dies gelingt deshalb, weil der Schilf besondere Belüftungssysteme besitzt, um auch die untergetauchten Pflanzenteile mit Sauerstoff zu versorgen.

In einem Versuch mit Stängeln verschiedener Wasser- und Sumpfpflanzen (Schilfstängel, See- oder Teichrose) kann dieses Belüftungssystem nachgewiesen werden. Wenn man dünne Stängelquerschnitte anfertigt, auf eine Taschenlampe legt und von unten beleuchtet, zeigt sich das Luftgewebe der Pflanzen. Außerdem kann man durch Stängel von Wasserpflanzen wie durch ein Blasrohr in eine mit Wasser gefüllte Schale blasen. (Vorsicht, die Stängel sind teilweise giftig!)

Was kann man zum Schutz und zur Erhaltung eines Baches tun?
Bäche leiden nicht nur unter der Wasserverschmutzung, sondern auch unter den sonstigen Eingriffen des Menschen in den Naturhaushalt (Begradigung, Verdolung).
Inzwischen hat man allerdings bemerkt, dass durch solche Maßnahmen der Grundwasserspiegel gesenkt wird und der Artenreichtum dramatisch abnimmt, weil bei einem kanalartigen Bachverlauf Lebensräume für viele Tiere und Pflanzen wegfallen. In den meisten Bundesländern sehen die heutigen Richtlinien zum Gewässerausbau deshalb auch eine möglichst naturnahe Gestaltung von Uferzonen, der Gebüsch- und Baumzone vor. Zu dieser ökologisch vernünftigen Entwicklung, zum Schutz des Ökosystems Bach können alle Bürger, auch Kinder und Jugendliche etwas beitragen. Zunächst einmal geht es darum, die Augen offen zu halten, um Veränderungen am Bach bei der Gemeinde zu melden. Unser Wasserhaushaltsgesetz regelt, dass die Pflege unserer Gewässer eine Aufgabe der jeweiligen Gemeinde ist, durch deren Gemarkung der Bach fließt.
Es kann auch bei einer Bachentrümpelung mitgeholfen werden. Selbst bei noch einigermaßen naturnahen Bächen findet sich oft eine Menge Abfall und Unrat, von dem der Lebensraum befreit werden muss. Weil viele Bäche im Kulturraum ihren schützenden Gehölzsaum längst verloren haben, können hier standorttypische Büsche und Bäume neu angepflanzt werden. Dies ist besonders wichtig, weil damit die Bachufer auf natürliche Weise befestigt werden.

All das könnte im Rahmen so genannter „Bachpatenschaften“ geschehen, die vor etlichen Jahren vom Bund für Umwelt und Naturschutz Deutschland (BUND) ins Leben gerufen wurden.

5. Unterrichtsgestaltung

S. 86/87 Krötenwanderungen/ Die Entwicklung der Erdkröte

Als Einstieg in die Einheit sollte ein konkreter Anlass gegeben sein. Sei es, dass eine Straße in der Nähe wegen Krötenwanderungen gesperrt oder dass ein Krötenzaun errichtet wurde. Meist wird in der Regionalzeitung über dergleichen Aktionen berichtet. Die Zeitungsausschnitte können gesammelt und zum Ausgangspunkt der Beschäftigung gemacht werden. Als Aufhänger kann auch das Warnzeichen: Vorsicht Krötenwanderung an die Tafel geheftet werden, um in die Problematik einzuführen. (Es handelt sich dabei um ein nicht offiziell in der StVO vorgesehenes Zeichen.)

Im Gespräch mit der Klasse werden insbesondere Fragen eine Rolle spielen, die sich auf den Zeitpunkt und den Grund für die Massenwanderung beziehen. Zur Beantwortung solcher Fragen empfiehlt es sich, die Informationen im Sachbuch aufzuarbeiten (S. 86, Aufgaben 1 und 2). Die Kinder werden vor allem den Huckepacktransport der Männchen zum Laichgewässer witzig finden. Es kann darüber spekuliert werden, was der Sinn dieses Verhaltens ist. Dabei werden die Kinder zunächst vermenschlichende Erklärungen heranziehen.
Um eine biologische Erklärung zu finden, kann im Sachbuch der Text „Die Entwicklung der Erdkröte“ gelesen und interpretiert werden. Dabei können zwei Aspekte besonders herausgearbeitet werden: Zum einen sollte das risikoreiche Verfahren der so genannten „äußeren Befruchtung“ betrachtet werden, d. h. dass die Samenzellen des Männchens und die Eier des Weibchens ins Wasser abgegeben werden und es dort zu einer Befruchtung kommt. Bei den höher entwickelten Wirbeltieren wird dieser Vorgang ins Körperinnere des Weibchens verlegt (innere Befruchtung). Um eine gewisse Befruchtungssicherheit zu gewährleisten, klammert sich das Männchen schon auf der Wanderung zum Laichgewässer auf dem Rücken des Weibchens fest, um zum Zeitpunkt der Eiablage seinen Samen dazu ins Wasser abgeben zu können.
Zum andern sollen die Kinder exemplarisch am Beispiel der Erdkröte den Entwicklungszyklus (Metamorphose) der Lurche kennen lernen. Die drei Stadien Eier, Kaulquappen, Kröten werden als zusammengehörig erkannt. Auch hier kann über den biologischen Sinn einer solchen Umwandlung im Zuge einer Entwicklung nachgedacht werden.
Um den zyklischen Charakter der Entwicklung zu betonen, bietet sich eine Kreisdarstellung an der Tafel oder auf einem Plakat an, die mit den Kindern auf der Grundlage der Schülerbuchinformationen gemeinsam erarbeitet werden kann.

KV 42 Zur Selbstkontrolle für das bisher Gelernte bietet sich die Kopiervorlage „Entwicklung der Erdkröten“ an. Sie kann in Freiarbeit oder als Hausaufgabe bearbeitet werden.

Die Aufgabe 2 im Schülerbuch S. 87 leitet über zur Frage der Gefährdung von Erdkröten.
Die große Zahl der Eier (bis zu 7000) korrespondiert mit den großen Bedrohungen der Erdkröten durch ihre natürlichen Feinde. Schon der Krötenlaich wird von Wasservögeln und Fischen mit Vorliebe gefressen. Die Kaulquappen sind begehrtes Futter für alle Arten räuberisch lebender Wassertiere und die erwachsenen Kröten werden von Fischreihern, Störchen, Iltis, Wiesel und Igel gejagt. Manche Kröten erfrieren auch in ihrem Winterversteck. Der großen Zahl der Nachkommen stehen die hohen Verluste gegenüber.

Der „Tod auf der Straße" ist mit der Instinktsteuerung des Verhaltens zu erklären. Schon der massenhafte Aufbruch der Erdkröten zur Laichwanderung ist instinktgesteuert, wobei die äußeren Auslöser Tageslänge, Temperatur und Feuchtigkeit sind. Wenn dieser Wanderweg, der stets beibehalten wird, über eine viel befahrene Straße führt, geraten die Tiere jedes Jahr zwangsläufig an dieser Stelle in Gefahr ohne daraus zu lernen. Hinzu kommt, dass die Tiere auf der Straße bevorzugt verweilen, einerseits wohl, weil es dort wärmer ist und zum andern wählen sich die Männchen, ebenfalls instinktiv, diese „übersichtliche" Stelle aus, um auf die Weibchen zu warten. Und schließlich zeigen die Tiere bei Bedrohung, z. B. durch die Scheinwerfer eines herannahenden Autos, dasselbe Verhalten, das sie bei ihren natürlichen Feinden (Instinkt) anwenden: sie ducken sich und bleiben regungslos sitzen. Dank ihrer Tarnfarbe ist dies gegenüber natürlichen Feinden wirkungsvoll. Gegenüber Autos ist es tödlich. An diesen Beispielen kann Kindern der Unterschied zwischen instinktgeleitetem und vernunftgeleitetem Verhalten sehr schön sichtbar gemacht werden.
Nach Erörterung von möglichen Schutzmaßnahmen sollte man sich unbedingt um Kontakt mit örtlichen Tierschutzgruppen bemühen, um Krötenschutz vor Ort kennen zu lernen, lebende Erdkröten und andere Lurche beobachten und bestimmen zu lernen und die Laichwege der Lurche in der heimischen Umgebung zu erkunden.

S. 88 Wir erkunden ein Gewässer

Karte der Umgebung, Gummistiefel, Meterstab, Maßband, Stoppuhr, Fernrohr, Badethermometer, Marmeladengläser, Kunststoffgefäße

S. 89 Untersuchung der Wasserqualität

Marmeladengläser, weiße Kunststoffgefäße, Kescher, Siebe, Eimer, Lupen, Vergrößerungsgläser (1:10), Dosenlupen, Pinsel, Pipetten, Bestimmungsbücher, Kopiervorlage 43 „Tiere im Bach"

Um die Fragen nach Herkunft und Verlauf des heimischen Gewässers (Bachs) zu beantworten, empfiehlt sich die Arbeit mit einer genauen Karte der Umgebung (1 : 25 000).
Die Karte gibt Aufschluss über die Quelle, die Zuflüsse, die Länge des Baches und über die Orte, durch die er fließt. Es lassen sich mit Hilfe der Kartensymbole noch genauere Hinweise gewinnen und mit Hilfe der Höhenlinien kann das Gefälle, die Breite der Talsohle und die Steilheit der Ufer erschlossen werden.
Wichtig ist bei dieser Kartenarbeit, immer wieder in Gedanken mit den Kindern den Bezug zur Wirklichkeit herzustellen. Dabei sollte auch schon festgelegt werden, an welchen Stellen die Bacherkundungen sinnvoll sein können (Zugänglichkeit, Breite, Tiefe des Baches).
Natürlich darf sich hier eine Erzählrunde anschließen, wo die Kinder von Erlebnissen am heimischen Bach oder an anderen Bächen berichten dürfen. Der Spiel- und Freizeitreiz eines Bachs ist für Kinder nach wie vor sehr groß, dem sollte auch von schulischer Seite Rechnung getragen werden. Diese Motivation kann dann in ein neugieriges Sachinteresse übergeleitet werden.
Als Vorbereitung für die Bacherkundung sollten die Seiten im Schülerbuch gemeinsam durchgearbeitet werden. Die Betrachtung der Aktivitäten der Kinder auf Seite 88/89 gibt Hinweise darauf, was an einem Bach alles untersucht werden kann, und welche Ausrüstung für die Bacherkundung notwendig ist. Die Herstellung eines Keschers und einer Dosenlupe kann anhand der Anleitungen auf Seite 88 von den Kindern selbstständig als Hausaufgabe erledigt werden. Parallel dazu bietet sich die Einheit „Umweltbande" im Sprachbuch an.
Mit den Kindern ist außerdem das Problem zu klären, inwieweit bestimmte Wassertiere (s. Sachinformationen) einen Hinweis auf die Wasserqualität geben (Sauerstoff- und Lichtbedarf, Ernährung der Tiere).

KV 43 Die Kopiervorlage „Tiere im Bach" bildet 16 typische Tiere am Bach ab. Die im Wasser lebenden Tiere stellen besonders gute Indikatoren für die Wassergüte dar und können deshalb bei der Untersuchung der Wasserqualität herangezogen werden.

KV 44 Die Kopiervorlage „Wir erkunden ein Gewässer" ist als Ergebnissicherung für einen Unterrichtsgang an ein Gewässer gedacht. Die Kinder können hier Name, Lage, Besonderheiten ... der Gewässerbegehung protokollieren.

S. 90/91 Tiere und Pflanzen am Bach

Pflanzen- und Tierbestimmungsbücher, Glasschalen, Büroklammern, Löschpapier, Malerpinsel, Rasierklingen, Taschenlampe

Als Vorbereitung auf die Bacherkundung kann die Betrachtung der Seiten 90/91 im Schülerbuch dienen. Die Bestimmung der Tiere und Pflanzen trägt zur Artenkenntnis bei und erhöht die Beobachtungsgenauigkeit in der Natur.
Im gemeinsamen Gespräch können zunächst die dargestellten Tiere und Pflanzen identifiziert und beschrieben werden (Aufg. 1). Mit Hilfe der Frage nach der wechselseitigen Abhängigkeit und das

Problem der Anpassung an den Lebensraum kann zu einer ökologischen Betrachtungsweise übergeleitet werden.
Die Abhängigkeiten könnten in der Form von Fressketten oder Fressnetzen dargestellt werden. (Wer frisst wen?) Eine einfachere Aufteilung der Tiere könnte nach Pflanzenfressern (Stockente, Flussmuschel, Schlammschnecke) und Fleisch fressenden Tieren (Bachstelze, Elritze, Feuersalamander, Forelle, Krebs, Libelle, Wasseramsel, Wasserfrosch) vorgenommen werden. Eine Darstellung im Pfeildiagramm macht die Abhängigkeiten besonders augenfällig.
Die Anpassung der Tiere an das Leben im Wasser kann den Kindern anhand der Beispiele im Schülerbuch verdeutlicht werden.
Der **Wasserläufer** mit seinen Bewegungen wie ein Schlittschuhläufer ist den meisten Kindern aus eigener Beobachtung bekannt. Warum er nicht einsinkt, ist eine spannende Frage: Mit Hilfe eines Demonstrations-Experimentes kann sie beantwortet werden (siehe Versuchsanleitung auf S. 90 im Sachbuch). Beeindruckend ist, wie schnell die Oberflächenspannung zusammenbricht, wenn ein Kind nur einen kleinen Tropfen Spülmittel ins Wasser gibt.
Da die **Wasserspinne** als ursprüngliches Landtier durch Tracheen atmet, hat sie als im Wasser lebendes Wesen ein Atmungsproblem, das sie löst, indem sie einen Unterwasser-Luftvorrat anlegt. Diesen füllt sie immer wieder auf, indem sie in ihren Körperhaaren Luftbläschen nach unten transportiert. Dass ein dichtes Haarkleid geeignet ist, um Luft im Wasser zu transportieren, kann mit einem kleinen Experiment gezeigt werden: Ein Kind taucht einen Pinsel in ein Glas Wasser und drückt ihn am Boden aus. Sogleich steigen Luftbläschen auf, die in den Pinselhaaren hängen geblieben waren. Vielleicht gelingt es im Versuch sogar, die Luftbläschen im Glas unter einem feinen Haarnetz zu sammeln und damit eine Tauchglocke herzustellen.
Den Kindern sollte an dieser Stelle deutlich werden, wie „einfallsreich" Tiere an Bedingungen ihres Lebensraumes angepasst sind. Die Eleganz dieser Lösung des Atmungsproblems unter Wasser wird noch durch die Verfahren der **Rattenschwanzlarven** und der **Larven des Schilfkäfers** übertroffen. Ihre Anpassungsformen lassen sich experimentell aber erst nach einer Bacherkundung zeigen, wenn Rattenschwanzlarven gefunden und Wasserpflanzenstängel mitgebracht wurden.

Unterrichtsgang zum Bach, Bacherkundung
Besonders ergiebig ist ein Unterrichtsgang zum Bach im Frühjahr. Im Sinne einer Langzeitbeobachtung sollte der Bach, möglichst an denselben Stellen, zu verschiedenen Jahreszeiten besucht werden. Die Kinder sollten am Bach möglichst vielfältige Eindrücke gewinnen und mit allen Sinnen ihre Erfahrungen sammeln. Dazu gehört, die Augen zu schließen und auf die Geräusche des Wassers und der Tiere zu hören, (wenn es die Witterung erlaubt) die Schuhe auszuziehen um den feuchten, glitschigen oder moorigen Uferboden, die bemoosten Steine und die Sandanschwemmungen zu spüren. Unter Umständen müssen die Spielbedürfnisse erst einmal befriedigt werden, indem mitgebrachte Schiffchen oder Wasserräder eingesetzt und erprobt werden. Dabei werden bereits wichtige Erkenntnisse über Strömungsverhältnisse und Fließgeschwindigkeiten gewonnen.
Die eigentlichen sachkundlichen Beobachtungen können am besten in Gruppenarbeit gemacht werden. Dabei ist wichtig, dass die Gruppen klare Arbeitsanweisungen und die notwendigen Geräte und Materialien zur Verfügung haben und sich Notizen machen können. Die folgenden Aufgaben können verteilt werden:

Messgruppen:
Breite und Wassertiefe (an der tiefsten Stelle, im Flachwasser) sind mit Meterstab und Maßband mühelos festzustellen. Auch die Wassertemperatur sollte an verschiedenen Stellen (schnell fließendes Wasser, ruhig stehendes Wasser) gemessen und am besten auf einer Skizze des Bachlaufes eingetragen werden. Schwieriger ist es, die Fließgeschwindigkeit des Wassers festzustellen. Hier sollten die Kinder selbstständig verschiedene Messverfahren erproben. Das Standard-Verfahren, eine Messstrecke (z. B. 5 Meter am Ufer abschreiten) festzulegen und die Zeit zu messen, die Papierschnipsel brauchen um diese Strecke zurückzulegen, ist leicht anzuwenden aber auch störanfällig. Deshalb wird man auf die Idee kommen, das Wasser (mit Lebensmittelfarben) anzufärben und dann zu messen. Man könnte auch umgekehrt vorgehen und eine Zeiteinheit festlegen, z. B. eine Minute und anschließend die Strecke ausmessen, die in dieser Zeit zurückgelegt wurde. Um zuverlässige Ergebnisse zu bekommen, wird eine Messung nicht ausreichen.
In jedem Fall sollten die Ergebnisse, die in sec/m (Sekunden pro Meter) oder m/sec (Meter pro Sekunden) erscheinen, auf die geläufigeren und vorstellbareren km/h umgerechnet werden. Daraus ergibt sich die Errechnung, wie lange das Wasser von der Quelle bis hierher wohl gebraucht hat oder wie lange es noch bis zur Mündung braucht. Gleichzeitig kann darüber nachgedacht werden, ob es wohl im Oberlauf oder im Unterlauf schneller fließt.

Wasserqualitätsgruppen:
Zunächst wird die Wasserqualität durch Sinneswahrnehmungen (Seh-, Riech- evtl. Geschmackstests) im Vergleich mit Leitungswasser festgestellt.

Weil aber die im Wasser lebenden Tiere besonders gute Indikatoren für die Wassergüte sind, wird sich diese Gruppe auf das Sammeln und Registrieren von Tieren konzentrieren. Entgegen dem ersten Augenschein, wird sich zur Überraschung der Kinder schnell herausstellen, welch reiche Fauna im Bach zu finden ist.
Die Kinder werden verschiedene Fangmethoden anwenden, vom Fangen mit dem Kescher, über das Abschütteln der Pflanzen bis zum „Kick-Fang." Die Tiere können mit Hilfe der Bestimmungshilfen identifiziert werden und sollten grob zahlenmäßig erfasst werden. Wichtiger noch als für die Bestimmung der Wasserqualität sind die gefangenen Kleintiere aber als Beobachtungsobjekte (mit Lupen, Dosenlupen und Vergrößerungsgläsern). Ihre Art der Fortbewegung, wie sie Luft holen, was sie fressen usw. wird die Kinder faszinieren. Dabei sollte auch geklärt werden, dass ein Großteil der Wassertiere (Fliegen-, Mücken-, Käfer-, Libellenlarven) keine eigenständigen Tiere, sondern Entwicklungsstadien einer Metamorphose sind. Es ist für Kinder interessant, die dazugehörigen fertigen Tiere (Imagines) aus den Bestimmungsbüchern kennen zu lernen.

Beobachtungsgruppen:
Diese können sich auf die größeren Tiere im und am Wasser und auf die Pflanzen konzentrieren. Mit dem Fernglas lassen sich Vögel beobachten, u. U. werden kleinere Fische, Kaulquappen und Wasserläufer an ruhigeren Stellen zu beobachten sein. Einige Stängel der untergetauchten Pflanzen können bestimmt und in einem Eimer mitgenommen werden (für eine Ausstellung und die Experimente im Klassenzimmer). Die Uferpflanzen können bestimmt werden (sofern sie nicht vom Schülerbuch her bekannt sind) und sollten auf ihre Besonderheiten hin untersucht werden (Blätter der Pestwurz, Schleudermechanismus des Springkrauts usw.). Jedes Kind dieser Gruppe kann eine bestimmte Pflanze mitnehmen, deren Standort, Name und Besonderheit es sich merkt und später für eine Ausstellung auf ein Kärtchen schreibt.
Für die Auswertung der Bacherkundung im Klassenzimmer kann wiederum das Schülerbuch eingesetzt werden. Die verschiedenen Gruppen berichten über ihre Ergebnisse und Beobachtungen. Mit den Proben und Wasser- bzw. Uferpflanzen kann eine Ausstellung gemacht werden. Name und Besonderheit sowie Herkunftsort der Tiere und Pflanzen werden auf Kärtchen zur Erklärung beigefügt. In den folgenden Tagen können damit Kennübungen durchgeführt werden. Eine besonders gute Form der Dokumentation besteht in der Herstellung eines Plakates auf dem der untersuchte Abschnitt des Baches in seinem Verlauf grob aufgezeichnet ist und die jeweiligen Beobachtungen und Messungen an den entsprechenden Stellen eingetragen sind. Wenn spätere Bacherkundungen zu anderen Jahreszeiten folgen, können die auf dem Plakat ebenfalls dokumentiert und damit verglichen werden.

Zum Abschluss der Einheit „Bach" sollte mit den Kindern das Problem des Umweltschutzes nochmals ausdrücklich thematisiert werden. Dazu sollte auch das Kapitel „Die Umweltbande" im Sprachbuch benutzt werden. Im Rahmen von Bachpatenschaften können auch Schulklassen zum Gewässerschutz beitragen, indem sie an einer Entrümpelungsaktion teilnehmen, bei der Neubepflanzung von Bachufern mithelfen oder auch mit Briefen an die Gemeinde einen teilweisen Rückbau von Bachverbauungen anregen.

6. Literatur- und Medienhinweise

Kinderbücher

Butterfield, Moira/Johnson, Paul: Frösche: eine kleine Naturgeschichte. Carlsen Verlag, Hamburg 1991

Kremer, Bruno P./Steinbach, Günter (Hrsg.): Wir tun was … für naturnahe Gewässer. Franckh-Kosmos, Stuttgart 1990

Michels, Tilde/Michl, Reinhard: Am Froschweiher. Gerstenberg Verlag, Hildesheim, 1990

Moignot, Daniel: Der Frosch. Meyers Lexikonverlag, Mannheim 1995

Parker, Steve/Dowell, Philip/Wilhelmi, Margot: Teiche und Flüsse: Die überraschende Vielfalt unserer Süßwasserlebensräume. Gerstenberg Verlag, Hildesheim 1992

Podloucky, Richard, Steinbach, Günter (Hrsg.): Wir tun was für Frösche und Kröten. Schneider Verlag, München 1986

Sandrock, Fritz (Hrsg.): Fließgewässer. Velber Verlag, Seelze 1981

Schnieper, Claudia: Frösche, Säuger und Jäger am Wasser. Reihe: Mehr Wissen, Bd. 4., Kinderbuchverlag, Luzern 1989

Fachliteratur

Angel, Heather/Wolseley, Pat: Kosmos-Familienbuch: Lebensraum Wasser. Die Welt der Tümpel, Flüsse, Küsten. Sehen – Sammeln – Selbermachen. Franckh'sche Verlagshandlung W. Keller & Co. Stuttgart 1983.

Bellmann, Heiko: Leben in Bach und Teich; Pflanzen und Wirbellose der Kleingewässer. Orbis Verlag, München 2000

Beriger, Sandra: Wasser-Werkstatt: Wasser entdecken, erforschen, erfahren. Zytglogge-Werkbuch, Gümlingen, Bonn, Wien 1992

Bund für Umwelt und Naturschutz (BUND) Merkblatt: Praktischer Ratgeber. Aktion: Rettet die Frösche, Hilfe für Laichwanderer, o.J.

Engelhardt, Walter: Was lebt in Tümpel, Bach und Weiher? Kosmos Naturführer, Franckh-Kosmos, Stuttgart 1996

Fey, Jörg Michael: Biologie am Bach; praktische Limnologie für Schule und Naturschutz. Quelle und Meyer, Wiesbaden 1996

Hutter, Claus-Peter (Hrsg.) unter Mitarb. von Konold, Werner/Schreiner, Johann: Quellen, Bäche, Flüsse und andere Fließgewässer. Biotope erkennen, bestimmen, schützen. Weitbrecht, Stuttgart, Wien 1996

Ludwig, Herbert W.: Tiere unserer Gewässer. Merkmale, Biologie, Lebensraum, Gefährdung, BLV-Bestimmungsbuch. BLV Verlag München, Wien, Zürich 1989

Panda Fördergesellschaft für Umwelt mbH/Schroedel Schulbuchverlag: Lebensraum Feuchtgebiet. Frankfurt a. M., Hannover 1990

Thielcke, Gerhard/Faust, Berthold/Schreiber, Rudolf L.(Hrsg.): Rettet die Frösche; das Standardwerk zum praktischen Amphibienschutz in Deutschland, Österreich und der Schweiz. Ed. Weitbrecht in Thienemanns Verlag, Stuttgart, Wien 1991

Tiere in Bach und Weiher; Bestimmungshilfe für wirbellose Süßwassertiere. Schroedel Verlag, Hannover 1990

Videos

Der Grasfrosch (13 min., 1989/1994 – FWU 4201776)

Die Bachforelle (9 min., 1976 – FWU 4200266)

Die Erdkröte – Laichwanderung und Schutz (12 min., 1984/1993 – FWU 4201638)

Die Geburtshelferkröte (14 min., 1993 – FWU 4210249)

Die Stockente (13 min., 1990/1994 – FWU 4201793)

Entwicklung bei Amphibien (22 min., 1993 – FWU 4201176)

Konzert am Tümpel (14 min., 1990/1994 – FWU 4201764)

Paarungsverhalten der Stockenten (10 min., 1989/1994 – FWU 4201769)

Zeigerorganismen in Fließgewässern (18 min., 1996 – FWU 4202071)

Video DVD/CD

Amphibien (24 min., 2002/2002 – FWU 4602010)

Konzert am Tümpel (14 min., 1990/2000 – FWU 4601036)

1. Überblick über die Inhalte des Kapitels

Inhalte		Intentionen
S. 92	Wohin verschwindet das Wasser?	– die verschiedenen Aggregatszustände des Wassers kennen lernen durch Beobachtung und Erfahrung, dazu einfache Versuche durchführen
S. 93	Wasser wird sichtbar	– dies auf die natürliche Umwelt übertragen
S .94/95	Der natürliche Wasserkreislauf	– den natürlichen Wasserkreislauf kennen lernen und an einem Schaubild erklären
S .96	Wohin verschwindet das Regenwasser?	– Versuche zum Versickern des Regenwassers durchführen und an einem Quellenmodell verbalisieren
S. 97	Überschwemmungen	– sich mit dem Problem Hochwasser und Überschwemmungen auseinander setzen
S. 98	Verschiedene Niederschlagsarten	– verschiedene Niederschlagsarten kennen lernen
S .99	Wetterbeobachtungen	– einfache Wetterbeobachtungen durchführen und einfache Messgeräte dafür herstellen

2. Weitere Möglichkeiten im Bausteine-Programm

Sprachbuch 4

Kapitel: Wasser
S. 88/89 Wasser
S. 90 Regenwolken entstehen
S. 91 Wasserströme

Lesebuch 4

Kapitel: Wasser
S. 114 Wassily Kandinsky: Kochel-Wasserfall
S. 115 Über die Erden

Kapitel: Wetter
S. 122 Robert Delaunay: Rainbow
S. 123 Das Wasser
S. 124 Wetterregeln rund ums Jahr
S. 125 Der Siebenschläfertag
S. 126 Wie kommt es zu Gewittern/Donnerkeil und Blitzschleuder
S. 127 Kleines Nebel-Lexikon
S. 128 Dem Wetterfrosch auf der Spur
S. 129 Gefahr in den Bergen
S. 130 A Wetter rollt oo
S. 131 Am offenen Fenster bei Hagelwetter/Schneekristall/Der Regenguss

Weitere fächerverbindende Möglichkeiten

Deutsch: Eigene Gedichte zum Regen, Wind, Schnee … schreiben
Kunsterziehung: Ein Bild zum Thema Wasser malen, zum Beispiel wie Kandinsky (Lesebuch Seite 114)
Musikerziehung: „Die Wassermusik“ von Georg Friedrich Händel, „Die Moldau“ von Friedrich Smetana, „Das Forellenquintett“ von Franz Schubert (auszugsweise) hören
Werken/Textiles Gestalten: einfache Messgeräte zur Wetterbeobachtung herstellen

3. Vorüberlegungen

Wasser ist den Kindern in vielfältiger Form aus ihrem Alltag bekannt. Sie nutzen und benutzen es. Sie spielen damit und reinigen sich. Sie sehen, schmecken, spüren und hören es. Wasser ist ein faszinierendes „Element". Ohne Wasser wäre die Erde ein lebensfeindlicher Planet. Die Geschichte des Lebens begann im Wasser vor über 3 Milliarden Jahren.
Ohne groß nachzudenken kommen die Menschen mit Wasser in Kontakt und brauchen es zum Leben. Wasser ist so selbstverständlich in unserem Alltag, dass allerdings der Blick auf größere Zusammenhänge aus dem Blick gerät. Zunehmend werden auch die Kinder mit den Schlagwörtern aus dem Bereich der Umweltverschmutzung oder mit der Hochwasserproblematik konfrontiert. Der Kreislauf des Wassers, der das Leben auf der Erde ermöglicht, soll in wichtigen Teilaspekten beleuchtet werden. Größere Zusammenhänge sollen dargestellt werden ohne dabei den Aspekt der Umwelterziehung zu vernachlässigen.

4. Sachinformationen

Bekanntermaßen lautet die Formel für Wasser H_2O: 2 Atome Wasserstoff und ein Atom Sauerstoff verbinden sich zu einem Molekül mit ganz besonderen Eigenschaften. Drei Viertel der Erde sind von Wasser bedeckt. Mehr als 11 000 Kubikkilometer schweben ständig als Dampf in der Luft. Niederschläge und Verdunstung sorgen für eine ständige Umwälzung. Der Mensch besteht zu 60–70 % aus Wasser. Pflanzen setzen täglich 300 Millionen Tonnen Wasser um. Wasser bildet ein Netzwerk über den gesamten Globus und bringt das Land in Form. Allerdings ist es unterschiedlich verteilt. Wasser bedeutet Leben, fordert einen ständigen Kampf heraus: Kampf um das Wasser, Kampf mit dem Wasser und Kampf gegen das Wasser.

S. 92 Wohin verschwindet das Wasser?/Wasser wird sichtbar

Wasser hat interessante physikalisch-chemischen Eigenschaften. Wasser in fester Form (Eis) schmilzt bei 0 °C. Wasser in fester Form tritt in unterschiedlichen Unterformen auf. Verschiedene Kristallgitter entstehen. Seine höchste Dichte besitzt Wasser bei + 4 °C. Dies bewirkt, dass Eis auf flüssigem Wasser schwimmt und Leben unter einer Eisschicht möglich ist. Zwischen 0 °C und 100 °C ist Wasser flüssig. Es besitzt eine große Oberflächenspannung (75 mN/m). Diese ermöglicht die Tropfenbildung selbst kleinster Wassermengen. Wasser besitzt eine hohe Wärmekapazität (4,187 J/(K*g) – zum Vergleich Luft = 1,005 J/(K*g)), die sich positiv auf das Klima auswirkt. Bei 100 °C liegt der Siedepunkt des Wassers.

S. 94/95 Der natürliche Kreislauf des Wassers

Die Ursache für den Kreislauf des Wassers ist die Wärmeenergie der Sonne. Unter ihrer Einstrahlung verdunsten ständig ungeheure Wassermengen aus dem Meer (47 %) und über dem Land (53 %). Diese 53 % setzen sich folgendermaßen zusammen:

1,5 %	Gewässerverdunstung (Flüsse, Seen, Bäche, Teiche, Talsperren …)
39,0 %	Pflanzenverdunstung
12,5 %	Boden und Oberflächenverdunstung

Wasserverdunstung aus dem Meer und über dem Land
Der unsichtbare Wasserdampf steigt in die Atmosphäre auf. Bei hoher Verdunstung steigt der Feuchtigkeitsgehalt der Luft. In höheren, kälteren Luftschichten kommt es zur Sättigung. Je geringer die Lufttemperatur ist, umso weniger Wasserdampf kann die Luft bis zu ihrer Sättigung aufnehmen. Bei weiterer Abkühlung kondensiert der überschüssige Wasserdampf zu winzigen Wassertröpfchen, die als Wolken sichtbar werden. Bei noch stärkerer Abkühlung vereinigen sich die winzigen Tropfen zu größeren Tropfen, die dann als Niederschlag je nach Zustand der Atmosphäre (Temperatur, Strömungen …) als Regen, Schnee oder Hagel niedergehen (vgl. dazu Kapitel Wetter). Neben der Abkühlung der feuchten Luftmassen spielen so genannte „Kondensationskeime" wie feiner Staub, Rauchteilchen und Pflanzenpollen eine wichtige Rolle bei der Bildung von Wassertröpfchen.
Mehr als drei Viertel der Niederschläge fallen unmittelbar ins Meer. Auch die Niederschläge über dem Festland gelangen früher der später in die Weltmeere zurück. Sie fließen oberirdisch in Bächen und Flüssen oder indirekt durch Versickern und unterirdischen Abfluss des Grundwassers ins Meer.

S. 96 Wohin verschwindet das Regenwasser?

Bayern ist eine niederschlagsreiche Region. Der durchschnittliche Jahresniederschlag beträgt ca. 940 Liter pro Quadratmeter. Davon verdunstet ein kleiner Teil direkt über dem Boden (145 Liter), ein Teil nehmen Pflanzen auf (385 Liter). Ein weiterer Teil sickert ins Grundwasser ab (217 Liter). Der Rest fließt über Quellen, Bäche und Flüsse direkt dem Meer zu. Bodenschichten sorgen für eine landesweit gesehen uneinheitliche Grundwasserbildung. Lehm, Sand und Kies lassen Wasser unterschiedlich schnell abfließen. Schichten aus Ton, Mergel und Fels dichten das Grundwasser nach unten hin ab, sodass ein Wasserspeicher entstehen kann. Die Bodenschichten filtern Feststoffe während des Absickerns heraus. Dadurch sammelt sich das Grundwasser gesäubert in dem Speicher, bis es wieder als Quelle zu Tage tritt oder heraufgepumpt wird. Städte und das unbebaute Land nehmen die Regenwassermengen unterschiedlich auf. Wichtig für einen ausgewogenen Wasserkreislauf ist, dass das Regenwasser möglichst zur Grundwasserbildung herangezogen werden kann und nicht so viel über Kanäle beschleunigt abfließen muss. Je nach Bodenbeschaffenheit und Bepflanzung (z. B. Wald) kann das Regenwasser gespeichert und zur Wasserversorgung herangezogen werden.

S. 97 Überschwemmungen

Verschiedene Gebiete in Deutschland und auch in Bayern wurden in den letzten Jahren von größeren, teilweise überregionalen Hochwassern und Überschwemmungen heimgesucht. Hochwasser kommt in der Natur vor und wird dort für wichtige Vorgänge (z. B. Flussbettreinigung, Zuführung von Nähr- und Mineralstoffen) benötigt. In einer naturbelassenen Umwelt kommt es zu Veränderungen, jedoch nicht zu Hochwasserschäden. Die Gefahr der Hochwasserschäden entstand erst für den Menschen, als Überschwemmungsgebiete zu Bauland wurden, neue Verkehrswege entstanden, Flussläufe verändert, Flüsse ausgebaut wurden. Je näher der Mensch den Flüssen rückte und je weniger er auf natürliche Vorgänge Rücksicht nahm, desto mehr nahmen die Schäden für die Menschen zu. Die natürliche Wasserrückhaltung in Auen und in Wäldern nahm ab. Böden wurden versiegelt und Flüsse kanalisiert, sodass die Regenwassermengen immer schneller abfließen konnten. Dies verschärfte die Überschwemmungsgefahr flussabwärts. Durch enorme Niederschlagsmengen erhöht sich auch das Risiko, dass die Grundwasserspiegel ansteigen.

S. 98 Verschiedene Niederschlagsarten

Die Sonne regt durch ihre Wärme die Verdunstung an. Wasserdampf steigt auf, kondensiert in den Wolken zu Tröpfchen, die ab einem gewissen Gewicht und einer gewissen Größe als Niederschlag auf die Erde fallen. Die unterschiedlichen Niederschlagsarten entstehen durch die verschiedenen Temperaturverhältnisse, die in den einzelnen Luftschichten herrschen. Meist bilden sich Eiskristalle in den hohen Wolkenschichten, die während des Fallens schmelzen und so als Regentropfen unterschiedlicher Größe unten auf der Erde ankommen. Wenn im Winter in Bodennähe die Temperaturen um bzw. unter dem Gefrierpunkt liegen, sinken Schneeflocken herab. Kräftige Gewitterstürme treiben durch Auf- und Abwinde die Wasserteilchen durch unterschiedliche Temperaturbereiche, sodass sich durch Antauen und erneutes Gefrieren Hagel- und Graupelkörner bilden.

Wasser wird beim Aufsteigen von der Erde natürlich gereinigt. Das Wasser in den Wolken ist das reinste Wasser. Während des Niederschlags auf die Erdoberfläche reinigt der Regen die Luft. Schadstoffe aus Abgasen (z. B. Schwefeldioxid, Stickoxide, Ruß ...) reichern sich im Niederschlag an. Diese Luftschadstoffe belasten den Wasserkreislauf. Ein Liter Regen kann ca. 300 000 Liter Luft reinigen.

S. 99 Wetterbeobachtungen

Sonne regt den Kreislauf des Wassers an. Der Wind treibt die Wolken über das Land. Niederschläge fallen in unterschiedlicher Form und Menge. Verschiedene Geräte dienen der Wetterbeobachtung. Das Thermometer misst Temperaturen. Das Barometer misst den Luftdruck. Aus Luftdruckveränderungen können Meteorologen Prognosen zur weiteren Wetterentwicklung erstellen. Windrichtung und -stärke vervollständigen die Wetterbeobachtung.

5. Unterrichtsgestaltung

S. 92/93 Wohin verschwindet das Wasser?/Wasser ist nicht immer flüssig

Alltagserfahrungen sollen anhand von Bildern und einfacher Versuchsreihen konkretisiert werden und die Grundlagen zum Verstehen des natürlichen Wasserkreislaufs schaffen. Als Einstieg können die Bilder dienen. Weitere Erfahrungen können den Schülern im Unterrichtsgespräch bewusst gemacht werden. Ziel ist die Erkenntnis, dass Wasser nicht einfach verschwindet. Ebenso wichtig ist es, dass die Kinder, bevor sie sich mit dem natürlichen Wasserkreislauf in seiner Gesamtheit beschäftigen, klar mit wichtigen Begriffen umgehen können, und sie dann auf größere Zusammenhänge zu übertragen.

Verdunstungsversuche

Da der Verdunstungsvorgang nicht unmittelbar sichtbar und auf dieser Altersstufe nicht mit einer fachwissenschaftlichen Modellvorstellung zu erklären ist, wird man sich auf einfache Versuche mit wahrnehmbaren Phänomenen beschränken.

Durch eine von den Kinder selbst geplante Versuchsreihe können *die Bedingungen für das Verdunsten von Flüssigkeiten* erforscht werden. Die Variablen, von denen die Verdunstung abhängig sein könnte (Außentemperatur, Luftbewegung, Größe der Verdunstungsfläche, Art der Flüssigkeit ...), sollten herausgestellt und in einer Versuchsreihe unabhängig voneinander untersucht werden. Die Kinder lernen dabei gleichzeitig grundlegende naturwissenschaftliche Verfahrensweisen kennen: Definition der Variablen, Veränderung je einer Variablen, Sicherung sonst gleicher Versuchsbedingungen, Messung und Protokollierung der Ergebnisse usw.

An dieser Stelle kann die schematische Darstellung des Wasserkreislaufs im Schülerbuch eingesetzt werden. Die Kinder erzählen, was sie alles aus dem Bild entnehmen können. Im Unterrichtsgespräch muss deutlich der Modellcharakter der Abbildung herausgestellt werden: Wasser verdunstet überall, auf den Straßen, über dem Boden, aus der Erde, auch aus Pflanzen, Wiesen, Wäldern, Feldern. Der Kreislauf des Wassers vollzieht sich auch in einem begrenzten Gebiet.
Den Vorgang des Kondensierens kennen die Kinder aus der Alltagserfahrung. Aus Wasserdampf bilden sich beim Abkühlen kleinste Wassertröpfchen, die sich an kalten Fensterscheiben niederschlagen oder sich an der Unterseite von Topfdeckeln sammeln. Die gleiche Erscheinung stellen wir beim Anhauchen einer kalten Glasscheibe fest.

In Gruppen können die Kinder die Versuche im Vorfeld der Behandlung des natürlichen Wasserkreislaufs durchführen. Am Ende sollte eine klare Verbalisierung stehen.

KV 45 Die Kopiervorlage „Wohin verschwindet das Wasser?“ dient als Versuchsprotokoll für die im Schülerbuch aufgeführten Versuche. Die Kinder führen drei Versuche durch: Wasserglas in der Sonne, Wasserglas im Schatten und Wasserglas im Kühlschrank. Der Wasserstand wird drei Tage lang festgehalten, die Beobachtungen notiert.

S. 94/95 Der natürliche Kreislauf des Wassers

Mit ihrem Vorwissen beginnen die Kinder zu verbalisieren, was sie auf dem Bild (einer schematischen Darstellung) entdecken können. Im Hinblick auf eine Weiterführung kann diskutiert werden, wo Wasser als Trinkwasser entnommen werden kann, wo und wie sich Umweltverschmutzung belastend auf den Kreislauf auswirken kann. Als Vertiefung können die Kinder in Gruppen Plakate zum Thema erstellen.

KV 46 Die Kopiervorlage „Wasserkreislauf“ zeigt den natürlichen Kreislauf des Wassers (identische Abbildung mit den Schülerbuchseiten 94/95). Der Lückentext der Kopiervorlage kann mit Hilfe der Zeichnung von den Kindern problemlos ergänzt werden.

S. 96 Wohin verschwindet das Regenwasser?

Es können sich durchaus Fragestellungen entwickeln, die in die Richtung gehen, ob Meere überlaufen können, wo das Regenwasser bleibt und ob Wasser mehr oder weniger werden kann.
Da Bayern ein niederschlagsreiches Gebiet ist und über große Grundwasservorkommen verfügt, geht es nun um die Untersuchung, was mit dem Regenwasser passiert. In einer einfachen Versuchsreihe können sich die Kinder mit Versickerungsversuchen beschäftigen. Hier kann den Kindern auch bewusst gemacht werden, dass das Versickern des Wassers zur Reinigung beiträgt (Filter). In der schematischen Darstellung der Bodenschichten können die Kinder selbstständig erkennen, wie sich Quellen bilden. Als abschließende Diskussion sollen die Kinder überlegen, wohin das Regenwasser in den Städten verschwindet und welche Auswirkungen das Abfließen des Wassers in der Kanalisation haben könnte.

KV 47 Die Kopiervorlage „Wohin verschwindet das Regenwasser?“ greift die Versuche und die Illustration des Schülerbuchs wieder auf:

- Versuch zum Versickern: Die obere Hälfte der Kopiervorlage dient der Protokollierung des Versuchs zum Versickern.
- So entsteht eine Quelle: Die Kinder sollen die Entstehung einer Quelle mit eigenen Worten wiedergeben.

S. 97 Überschwemmungen

Hochwasser und Überschwemmungen traten in letzter Zeit vermehrt auf. Auch Gebiete Bayerns waren und sind davon betroffen. Allein die Berichterstattung in den Medien könnte bei den Kindern in nicht vom Hochwasser bedrohten Gebieten Ängste auslösen. Im Unterricht sollen sich die Kinder mit dem Problem beschäftigen. Das Wissen um die Gefahren und um deren Entgegenwirken soll umweltbewusstes Verhalten anbahnen.
Als Einstieg können die Zeitungsartikel im Buch oder aktuelle Ereignisse dienen. Die Kinder können von ihren Erfahrungen berichten und ihr Vorwissen einbringen. Schwieriger ist es, dass die Kinder erkennen, wie Hochwasser vermieden werden kann. Dafür können sie auf Materialsuche im Internet, bei örtlichen Wasserwirtschaftsämtern und Umweltbehörden gehen. Im Rahmen der Agenda21 gibt es Informationsmaterial, das den örtlichen Bezug in den Vordergrund rückt. Vielleicht bekommen die

Kinder so ein Gefühl dafür, dass etwas getan werden kann und muss, und nicht dass es eine globale Katastrophe ist, wogegen der Einzelne machtlos ist.

S. 98 Verschiedene Niederschlagsarten

Wetter interessiert die Kinder. Man braucht ja oft genug „gutes Wetter" für irgendwelche Unternehmungen. Dies ist in erster Linie eine Informationsseite und kann als Grundlage für eine längere Wetterbeobachtung dienen. Niederschläge spielen eine Rolle im Wasserkreislauf. Hier werden die Niederschlagsarten einfach erklärt. Die Kinder können die Information für sich selbst entnehmen. Zusatzmaterial können sie mitbringen. Die Bedeutungen der Wettersymbole können z. B. in Zeitungen gesucht werden.

S. 99 Wetterbeobachtungen

Hier finden die Kinder Anregung für den Bau von Instrumenten zur Wetterbeobachtung. Sie können sie selber oder in Gruppen nachbauen. Gemeinsam kann über einen gewissen Zeitraum das Wetter beobachtet und aufgezeichnet werden.

KV 48

Damit die Kinder ein Gefühl für Temperaturen entwickeln und ihr subjektives Temperaturgefühl durch Messungen überprüfen lassen, können sie die in der Kopiervorlage „Wetterbeobachtungen" vorgegebenen Temperaturvergleiche im Verlauf eines Monats durch Farben darstellen. Der Beobachtungszeitraum eines Monats ist für die Kinder eine geschlossene Einheit und veranschaulicht nach dem Ausfüllen die Temperaturbereiche. Notiert man in den kleinen Blütenblättern die Bewölkungsfarben und außen die Niederschläge, kann man auf einen Blick die Anzahl der Sonnen- bzw. Regentage ablesen. Es empfiehlt sich, die Beobachtung mit der Wetterblume in verschiedenen Monaten durchzuführen, um anschließend die Farbgebung, sprich Temperaturänderung, zu veranschaulichen. Überdeckt man die Mitte mit dem Monatsnamen, kann man auch erraten lassen, zu welcher Jahreszeit die Wetterbeobachtung gehört.

6. Literatur- und Medienhinweise

Fachliteratur

Geisenhofer, Paul [Bearb.]: Wasserland Bayern: nachhaltige Wasserwirtschaft in Bayern. Bayerisches Staatsministerium für Landesentwicklung und Umweltfragen (StMLU), München 1999

GEO Wissen: Wasser–Leben–Umwelt, 1988

Vester, Frederic: Wasser ist Leben: ein kybernetisches Umweltbuch mit 5 Kreisläufen des Wassers. Maier, Ravensburg 1991

Videos

Unser Wasser: Kreislauf des Wassers (8 min., 1988/1994 – FWU 4201746)

Wasserkreislauf (10 min, 1986/1994 – FWU 4201921)

CD-ROM

FWU-Medienbausteine: Wasser auf der Erde (2002 – FWU 6600700)

Umweltatlas Wasser (2002 – FWU 6600560)

Online-Medien

Wasserkreislauf (10 min., 1994/2001 – FWU 5500007)

Internet

www.umweltminsterium.bayern.de

1. Überblick über die Inhalte des Kapitels

Inhalte		Intentionen
S. 100/101	Vom Regenwasser zum Trinkwasser in unseren Häusern	– die Trinkwasserversorgung aus Regen- oder Grundwasser anhand einer schematischen Darstellung erklären – die örtliche Wasserversorgung erkunden
S. 102/103	Warum steigt das Wasser in der Wasserleitung	– physikalisch-technische Grundlagen und Zusammenhänge erfassen – das „System der verbundenen Röhren" durch Versuche verstehen – die Trinkwasserversorgung als Teilkreislauf im natürlichen Wasserkreislauf begreifen

2. Weitere Möglichkeiten im Bausteine-Programm

Sprachbuch 4

Kapitel: Wasser
S. 91 Wasserströme

Weitere fächerverbindende Möglichkeiten

Musikerziehung: „Die Wassermusik" von Georg Friedrich Händel, „Die Moldau" von Friedrich Smetana, „Das Forellenquintett" von Franz Schubert (auszugsweise) hören

3. Vorüberlegungen

Wasserhahn auf! Dies ist für Kinder heute eine Selbstverständlichkeit. In den Haushalten steht Trinkwasser für die unterschiedlichsten Bedürfnisse jederzeit und scheinbar unbegrenzt zur Verfügung. Der Trinkwasserkreislauf gehört in den Zusammenhang des Wasserkreislaufs. Dies ist den Kindern unter einem umwelterzieherischen Aspekt bewusst zu machen: Wo kommt das Trinkwasser her? – Wo fließt es hin? Wasser kann nicht „verbraucht" werden. Aber jeder kann entscheiden, wie er mit dem Gut „Trinkwasser" umgehen will. Dazu ist Wissen nötig.

4. Sachinformationen

S. 100-103

Trinkwasserversorgung
Es ist Aufgabe der Gemeinden und Städte, Anlagen zu erstellen und zu betreiben, um die Bevölkerung mit Trinkwasser zu versorgen (Wasserfassungen, Aufbereitungsanlagen, Pumpwerke, Wasserspeicher, Verteilungsnetze). Vielfach haben sich Gemeinden zu Zweckverbänden zusammengeschlossen. Zum überregionalen Ausgleich zwischen Wassermangel- und -überschussgebieten wurden Fernwasserversorgungssysteme geschaffen.
Das Trinkwasser wird heute weitgehend aus Grundwasser gewonnen, der Rest stammt aus Quellen und aufbereitetem Oberflächenwasser aus Flüssen und Seen. Angesichts des hohen Verbrauchs von Trinkwasser werden die Grundwasservorräte immer knapper. Die Aufbereitung von Fluss- und Seewasser zu Trinkwasser ist sehr aufwändig und mit hohen Kosten verbunden.

Entstehung von Grundwasser
Regenwasser, das nicht oberflächlich abfließt, von Pflanzen aufgenommen wird oder verdunstet, versickert im Boden. Je nach Bodenbeschaffenheit versickert das Wasser unterschiedlich schnell. In kiesigen, steinigen oder sandigen Böden versickert das Wasser sehr schnell, in stark lehmhaltigen Böden sehr langsam. Die Sickergeschwindigkeit kann in schweren Böden bis zu einem Meter pro Jahr betra-

gen. Über wasserundurchlässigen Schichten (z. B. Ton) staut sich das Wasser. Dieser Bereich wird als Grundwasser der ersten Etage und die wasserführende Bodenschicht als Grundwasserleiter bezeichnet. Durch Erdbewegungen entstehen z. T. Hohlräume in den undurchlässigen Schichten, durch die das Grundwasser noch tiefer versickern kann. Auf diese Weise bilden sich weitere Grundwasserleiter in unterschiedlichen Bodentiefen. Beim Versickern wird das Wasser nur mechanisch gereinigt. In Gebieten mit intensiv betriebener Landwirtschaft enthält es aber häufig Schadstoffe und Verunreinigungen in Form von Pflanzenschutz- und Düngemitteln.

Das Wasserversorgungssystem
Um das Grundwasser als Trinkwasser zu nutzen, muss es aus Brunnen hochgepumpt und wie das Oberflächenwasser in Wasserwerken je nach Wasserqualität technisch aufbereitet werden. (Näheres kann beim örtlichen Wasserwerk erkundet werden.) Von dort wird das aufbereitete Wasser in Wasserhochbehälter oder Wassertürme gepumpt und über Verteilernetze zum Verbraucher geleitet. Physikalisch gesehen funktioniert dieses Versorgungssystem nach dem Gesetz der kommunizierenden Röhren. Es besagt, dass sich in miteinander verbundenen Röhren der Wasserspiegel immer auf gleiche Höhe einstellt. Um einen ausreichenden Wasserdruck an den Entnahmestellen der Verbraucher zu sichern, finden sich Wasserreservoirs auf hoch gelegenen Orten (Berge, Hügel), während im Flachland das Wasser oft in entsprechend hohen Wassertürmen gespeichert werden muss.
In Rohrleitungen wird das Wasser unterirdisch zu den Häusern geleitet. Durch Schieber können Leitungsäste abgesperrt werden. Hydranten dienen der Entnahme von großen Wassermengen (z. B. bei Brandfällen). Entsprechende Schilder weisen darauf hin, wo Hydranten und Schieber zu finden sind.
In Bayern wird das Trinkwasser zu 93 % aus Grund- und Quellwasser gewonnen. Die natürliche Filtration im Boden und Wasserschutzgebiete machen es möglich, dass das Trinkwasser nicht weiter aufbereitet werden muss. Im Wasserwerk werden höchstens ein zu hoher Anteil an Mineralstoffen (z. B. Eisen, Mangan) entnommen. Zwei Drittel fließen naturbelassen aus dem Wasserhahn. Im Vergleich dazu liegt der Bundesdurchschnitt bei 73 %.

Wasserbedarf/Wasserverbrauch
Der tägliche Wasserbedarf in den Haushalten der Bundesrepublik Deutschland ist in den letzten Jahren erstmals leicht rückläufig und liegt jetzt durchschnittlich bei 141 Litern pro Einwohner und Tag. Im Jahr 1950 lag der tägliche Wasserverbrauch noch bei etwa 85 Litern. Gründe für diesen Anstieg sind u. a. das geänderte Konsumverhalten der Menschen, ein gesteigertes Hygienebewusstsein und die Verwendung von Wasch- und Spülmaschinen. Der geringste Anteil des in Trinkwasserqualität zur Verfügung stehenden Wassers wird zum Trinken verwendet. Über 80 % dient der täglichen Hygiene und der Toilettenspülung.

5. Unterrichtsgestaltung

S. 100/101 Vom Regenwasser zum Trinkwasser in unseren Häusern

Als Einstieg könnten die Kinder berichten, wie sie daheim und in der Schule Wasser brauchen. An der Tafel oder auf einem Plakat kann gesammelt werden, wo überall Wasser verbraucht wird. Dies war bereits Thema in der 2. Jahrgangsstufe und kann nun vertieft und ausgeweitet werden. Aktuelle Daten aus dem Internet oder vom örtlichen Wasserwirtschaftsamt können miteinbezogen werden. Wichtig ist es, nochmals zu klären, was durchschnittlicher Verbrauch bedeutet und wie solche Zahlen errechnet werden können. Interessant ist es, die Kinder vorher schätzen zu lassen und ihre Angaben mit den offiziellen zu vergleichen. Der Wasserverbrauch steht im Kapitel „Abwasseraufbereitung“ auf Seite 104 im Schülerbuch. Mit der Fragestellung, wie das Wasser in den Wasserhahn gelangt, können die Kinder ihr Vorwissen einbringen. Aus dem vorherigen Kapitel kennen sie den natürlichen Wasserkreislauf. Kenntnisse über Grund- und Quellwasser können wiederholt werden. Es bleibt nun die Frage, wie es von der Quelle bzw. vom Grundwasser in den Wasserhahn kommt. Eventuell kann an dieser Stelle auch ein historischer Rückblick eingeschoben werden.
Mit Hilfe der schematischen Darstellung und des Informationstextes kann erarbeitet werden, wie das Trinkwasser in die Häuser gelangt. Zur Sicherung können die Kinder den Sachverhalt auf ihre örtlichen Verhältnisse übertragen. Ein Unterrichtsgang zum örtlichen Hochbehälter kann unternommen werden, falls er in der Nähe liegt. Ebenso kann man sich den Verlauf von Rohren im Keller unter Umständen ansehen. Der Hausmeister müsste über deren Verlauf Bescheid wissen.
Die Begriffe „Steigleitung“ und „Fallrohre“ werden verwendet. Die Versuche dazu von Seite 102 können an dieser Stelle vorgezogen werden, um das System der verbundenen Röhren zu verdeutlichen, das bei der Trinkwasserversorgung genutzt wird. Wohin das Abwasser fließt, sollte zum Schluss in einem Gespräch geklärt werden, da Trinkwasserversorgung und/oder Abwasseraufbereitung fakultative Themen sind.

KV 49 Auf der Kopiervorlage „Vom Regenwasser zum Trinkwasser“ ist die Zeichnung der Schülerbuchseiten 100/101 nochmals abgebildet. Die Kinder sollen fehlende Begriffe richtig in die Zeichnung eintragen und die einzelnen Stationen vom Regenwasser zum Trinkwasser mit eigenen Worten beschreiben.

S. 102/103 Warum steigt das Wasser in der Wasserleitung?

durchsichtige Schläuche von unterschiedlicher Länge, Eimer, Gefäße von unterschiedlicher Form und Größe

Seite 102
In einer Unterrichtseinheit können die Kinder selbst ein kleines Rohrsystem mit Hochbehälter und Leitungen nachbauen. Ihrem Wissen nach fließt Wasser nur bergab. Als Lösung werden sie immer Pumpen nennen, die das Wasser hoch pumpen. Der Einwand, dass dies sehr teuer sein kann, weil Energie/Strom dabei verbraucht wird, führt in der Regel etwas zur Ratlosigkeit. Als Anregung können die Bilder im Buch dienen. Die Kinder können in Gruppen auch frei so ein System gestalten. Ziel ist es, dass sie erkennen, dass das Wasser in einem Rohrsystem immer gleich hoch steht. Eventuell können die Versuche im Freien durchgeführt werden, da dort das Problem des auslaufenden Wassers entfällt. Hier sind die Kinder freier in ihren Möglichkeiten. Im Klassenzimmer muss darauf hingewiesen werden, dass nicht so viel Wasser auf den Boden laufen soll. Für die unteren Versuche können ein paar Tropfen Tinte ins Wasser gegeben werden. So ist der Wasserstand klarer erkennbar, vor allem wenn eher demonstrativ gearbeitet wird. Wenn die Kinder selbsttätig arbeiten, geht es auch ohne Einfärbung. Am Schluss sollen die Kinder ihre Erkenntnisse auf die Trinkwasserversorgung übertragen und verbalisieren, wie das Wasser so schnell aus dem Hahn kommen kann und man nicht lange warten muss.

Seite 103
Als Ergebnis ihrer Versuche können die Kinder auf dieser Seite das gewonnene Wissen anwenden, indem sie sich mit den Fragestellungen beschäftigen. Dies kann in Form einer Partner- oder Gruppenarbeit selbstständig geschehen. Ebenso kann es im Unterricht gemeinsam besprochen werden. Zur Vertiefung bietet es sich an, dass die Kinder die Trinkwasserversorgung ihrer Gemeinde genauer untersuchen: Wo liegt der Hochbehälter? Gibt es Häuser die möglicherweise höher liegen? Wie gelangt das Wasser in solchen Häusern in die Wasserhähne?

KV 50 Den Kindern soll eine Vorstellung vom täglichen Wasserverbrauch einer Person im Haushalt vermittelt werden. Grundlage für die Erarbeitung ist die Kopiervorlage „Täglicher Wasserverbrauch einer Person“. Die beiden Angaben am Ende der Tabelle zum durchschnittlichen Wasserverbrauch vor 50 und vor 100 Jahren sind als stummer Impuls gedacht, der die Kinder anregen soll, um dafür Ursachen zu finden.

6. Literatur- und Medienhinweise

Fachliteratur

Vester, Frederic: Wasser ist Leben: ein kybernetisches Umweltbuch mit 5 Kreisläufen des Wassers. Maier, Ravensburg 1991

Videos

Das Wasser – Ein Rohstoff in Gefahr? (15 min., 1991/1994 –FWU 4201923)
Mittendrin: in unserer Welt mit Peter Lustig: Trinkwasser/Wassergebrauch (30 min., 1988/1996 – FWU 4231121)
Unser Wasser – Vom Regenwasser zum Trinkwasser (11 min., 1988/1994 –FWU 4201747)
Vorsicht Grundwasser (15 min., 1989/1994 –FWU 4201922)

CD-ROM

Das Wasser – Ein Rohstoff in Gefahr? (Video-DVD/CD 15 min., 1991/2000 – FWU 4601044)
FWU-Medienbausteine: Wasser auf der Erde (2002/2002 – FWU 6600700)

Online-Medium

Vorsicht Grundwasser (15 min., 1989/2001 – FWU 5500008)

◆ Abwasseraufbereitung S. 104 – 107

1. Überblick über die Inhalte des Kapitels

Inhalte		Intentionen
S. 104	Wohin fließt das Abwasser?	– sich mit dem Problem des verschmutzten Wassers im Wasserkreislauf befassen – einfache Versuche zur Reinigung des Haushaltsabwassers durchführen; einfache Absetzversuche
S. 105	Wie wird verschmutztes Wasser wieder sauber?	– die örtliche Kläranlage erkunden
S. 106/107	Was geschieht in einer Kläranlage?	– die Abwasseraufbereitung anhand einer einfachen Schemadarstellung erklären – physikalisch-technische Zusammenhänge erfassen

2. Weitere Möglichkeiten im BAUSTEINE-Programm

Sprachbuch 4

Kapitel: Wasser
S. 92 Duschen oder Baden

Lesebuch 4

Kapitel: Wasser
S. 118 Klarkommen mit der Natur – Kläranlagen
S. 119 Besuch in der Kläranlage

3. Vorüberlegungen

Der tagtägliche Umgang mit Wasser ist in den Haushalten eine Selbstverständlichkeit geworden. Wir nutzen Trinkwasser in unterschiedlichster Art und Weise und „verbrauchen" es. Zwar kann Wasser nicht in dem Sinn aufgebraucht werden, dass es weniger wird. Wir verbrauchen es jedoch, indem wir es mit Zusatzstoffen versehen. Es fließt mehr oder weniger rein in die Kanalisation. Diese Zusatzstoffe können fest oder wasserlöslich sein. Sie sind mehr oder weniger leicht aus dem Trägerstoff Wasser herauszulösen. Was geschieht also mit dem Wasser nach Gebrauch? Wie belastet es den natürlichen Wasserkreislauf? Wie können wir alle zu einem umweltgerechten Umgang mit Wasser beitragen? Die Auseinandersetzung und das Wissen um bestimmte Probleme soll die Kinder befähigen, sorgfältig mit dem Gut Wasser umzugehen.

4. Sachinformationen

S. 104-107

Der Trinkwasserverbrauch liegt in deutschen Haushalten bei ca. 130 l – 150 l pro Tag und Person. Die Zahlen schwanken seit einigen Jahren um diesen Wert, nachdem sie schon einmal weitaus höher lagen.
Neben den Privathaushalten führen Industrie- und Handwerksbetriebe ihr Abwasser der Kanalisation zu. Unter Umständen können diese weitaus stärker belastet sein als Haushaltsabwasser und Stoffe enthalten, die schwer oder überhaupt nicht abbaubar sind. Diese Betriebe besitzen oft eigene, speziell auf ihre Bedürfnisse abgestimmte Kläranlagen.
In den Haushalten gelangt das Abwasser, das vor allem aus Lebensmittelresten, Toilettenwasser, Bade- und Spülwasser besteht, über die örtliche Kanalisation zu einem Hauptsammler, der das Abwasser zur Kläranlage leitet. Regenwasser fließt ebenfalls durch das örtliche Kanalsystem. Dies nennt man Mischkanalisation. Im Regenwasser können ebenfalls belastende Stoffe enthalten sein, z. B. Sand, Staub, Öl,

Reifenabrieb und im Winter Salze. Je nach örtlicher Gegebenheit kann Regenwasser auch speziell gesammelt und direkt einem Gewässer zugeführt werden. Bei starkem Regen fließt bei Mischkanalisation zu viel Wasser in den Hauptsammler. Dies kann zum Problem werden, da die Kläranlage nur eine bestimmte Menge Abwasser aufnehmen und bearbeiten kann. Das durch den Regen stark verdünnte Abwasser wird so lange in einem Becken gesammelt, bis die Kläranlage es aufnehmen kann. Falls das Becken zuvor überläuft, fließt das Wasser angeblich so stark verdünnt direkt in ein Gewässer, dass keine Gefahr besteht. Für die Kläranlagen sind in der Regel die Kommunen zuständig.

Funktion einer Kläranlage
Die meisten Kläranlagen für das üblich anfallende Abwasser bestehen aus drei Reinigungsstufen:
- mechanische Reinigung
- biologische Reinigung
- Nachklärung/Filtration

Bei der mechanischen Reinigung entfernt ein Rechen zuerst allen groben Unrat. Im anschließenden Sandfang wird der Abflusskanal verbreitert. Die Fließgeschwindigkeit nimmt ab und grobe Stoffe können sich am Boden ablagern. Im Vorklärbecken wird das Wasser so lange zurückgehalten, dass sich feine Schwebstoffe absetzen oder Stoffe, die leichter sind (z. B. Öle), abgesaugt werden können. Der zurückbleibende Schlamm wird eingedickt und in den Faulturm befördert. Aus dem Klärschlamm wird ein Gas gewonnen, das zu Heizzwecken verwendet werden kann. Der ausgefaulte Schlamm wird in der Regel verbrannt und nur in seltenen Fällen zur Düngung verwendet, da er oft zu viele Schwermetalle enthält. Ungefähr 30 % der Verschmutzung wird in der Stufe dem Abwasser entzogen.
In der zweiten Stufe erfolgt die biologische Reinigung. Hier werden mit Hilfe spezieller Mikroorganismen die organischen Stoffe abgebaut. Im Belebungsbecken vertilgen die Mikroorganismen unter Zuführung von Luft (Sauerstoff) die organischen Stoffe. Dabei werden auch Schwermetalle mit aufgenommen. Im Nachklärbecken werden diese Mikroorganismen vom gereinigten Wasser getrennt. Die Mikroorganismen sinken als Belebtschlamm zu Boden. Teilweise wird der Belebtschlamm in das Belebungsbecken zurückgeführt, teilweise in den Faulturm zur weiteren Behandlung geleitet. Nach dieser Stufe ist das Abwasser zu 90 % gereinigt.
In der dritten Stufe, der Nachklärung, geht es um das Entfernen einiger Substanzen, die die bisherige Klärung nicht entfernen konnte, z. B. Phosphate und stickstoffhaltige Verbindungen. Unter Zusetzung eines speziellen Fällungsmittels werden die Stoffe gebunden. Dieser Restschmutz flockt aus und kann so vom Wasser getrennt werden. Nun wird das gereinigte Wasser einem natürlichen Gewässer zugeleitet. Die bundesdeutschen Haushalte sind weitgehend an Kläranlagen angeschlossen.
In den letzten Jahren ging der Anteil der Phosphate im Abwasser erheblich zurück, da die Waschmittel unter dem Aspekt einer höheren Umweltverträglichkeit weiterentwickelt wurden.

5. Unterrichtsgestaltung

S. 104 Wohin fließt das Abwasser

Als Einstieg könnte dienen, dass die Lehrkraft ein Unterrichtsgespräch anregt und fragt, was mit dem abfließenden Wasser wohl passiert. Dies kann zum Beispiel nach dem Putzen der Tafel geschehen. Es wäre auch möglich, dass die Kinder im Rahmen einer Hausaufgabe den Wasserverbrauch des Vortages bei sich daheim notieren sollten. Dies kann als Gesprächsgrundlage dienen. Ausgehend davon kann angeregt werden, sich über den Verbleib des Abwassers Gedanken zu machen. Eine Tabelle über den ungefähren Wasserverbrauch und eine Darstellung im Buch kann als Gesprächsgrundlage mit herangezogen werden. Schnell wird klar, dass das Wasser in die Kanalisation fließt. Als Problem soll nun hervorgehen, dass es sich beim Abwasser keinesfalls um sauberes Wasser handelt. In Gruppen können die Kinder überlegen, welche Stoffe im Abwasser vorkommen. Diese Materialsammlung kann auf Plakaten festgehalten werden. Farbig könnte markiert werden, wie leicht oder schwer das Wasser von bestimmten Stoffen wieder zu reinigen sei. Als Ausblick könnte die Überlegung stehen, was passieren würde, wenn das Wasser ungereinigt in ein Gewässer geleitet würde.

S. 105 Wie wird verschmutztes Wasser wieder sauber?

Eimer oder Weckgläser, Siebe, Haushaltsfilter mit Filterpapier, verschiedene ungiftige Abfallstoffe

Ins Bewusstsein der Kinder ist nach einer Vorbesprechung gerückt, dass das Abwasser gereinigt werden muss. Im Unterricht können dazu, wie im Buch vorgeschlagen, von den Kindern weitgehend selbstständig Versuche unternommen werden. Wenn es in Gruppenarbeit durchgeführt wird, können unterschiedliche Mischungen angefertigt werden. Wichtig ist nur, dass es sich bei der Verschmutzung des Wassers um für die Kinder ungefährliche Dinge handelt. Zum Abschluss wird festgestellt werden, dass sich vor allem die Feststoffe aus dem

Wasser lösen lassen. Salz, Zucker und Saft lassen sich vielleicht nicht im Moment lösen. Durch Nachdenken könnten einige Kinder darauf kommen, dass mit Hilfe der Verdunstung Wasser und z. B. Salz sich wieder trennen lassen. Allerdings befinden sich heute im Abwasser Substanzen, die ein Problem für die Umwelt, für den Wasserkreislauf darstellen und die die Gewässer belasten, wenn sie nicht aus dem Abwasser entfernt werden.

KV 51 Die Kopiervorlage „Wie wird verschmutztes Wasser wieder sauber?“ dient der Protokollierung der im Schülerbuch angeregten Versuche.

S. 106/107 Was geschieht in einer Kläranlage

Im Rahmen des Unterrichts könnte ein Besuch zur örtlichen Kläranlage durchgeführt werden. Um mit dem Aufbau vertraut zu sein, kann die schematische Darstellung betrachtet und besprochen werden. Wichtig ist, dass die Kinder über die drei Stufen Bescheid wissen. Mit Hilfe von Arbeitsaufträgen können die Kinder überlegen, welche Stoffe des Haushaltsabwassers an welcher Stelle aus dem Wasser entfernt werden.

Als Abschluss ist es wichtig, dass über das Problem der antibakteriellen Spül- und Waschmittel im normalen Haushaltsgebrauch gesprochen wird. Diese Mittel töten die Mikroorganismen ab. Die Werbung bringt diese Mittel mit dem Hinweis auf besondere Sauberkeit an den Verbraucher. Im normalen Haushalt sind sie keinesfalls notwendig! Sie sind – außer in ganz wenigen Ausnahmen – sogar schädlich, da unser Immunsystem durch den Gebrauch dieser Mittel auf mittelfristige Sicht verlernt, selber mit den eigentlich völlig harmlosen, natürlich vorkommenden Mikroorganismen im Haushalt zurecht zu kommen. Da wäre es wichtig, dass die Kinder informiert werden und dies ihren Eltern erzählen.

KV 52 Auf der Kopiervorlage „Was geschieht in einer Kläranlage?“ ist die Zeichnung der Schülerbuchseiten 106/107 nochmals abgebildet. Die Kinder sollen die einzelnen Stationen einer Kläranlage mit eigenen Worten beschreiben.

6. Literatur- und Medienhinweise

Fachliteratur

Geisenhofer, Paul [Bearb.]: Wasserland Bayern: nachhaltige Wasserwirtschaft in Bayern. Bayerisches Staatsministerium für Landesentwicklung und Umweltfragen (StMLU), München 1999

Videos

Pusteblume: Peter geht dem Wasser nach: Bedeutung des Wassers für Natur und Mensch (30 min., 1980/1987 – FWU 4200980)

Internet

www.bmu.de

1. Überblick über die Inhalte des Kapitels

Inhalte		Intentionen
S. 108	Wasser in Gefahr	– Ursachen für Wasserverschmutzung suchen und darstellen
S. 109	Sauberes Wasser geht uns alle an	– Verhaltensregeln im Umgang mit Wasser aufstellen – die Verantworung für die Reinerhaltung des Wassers erkennen

2. Weitere Möglichkeiten im BAUSTEINE-Programm

Sprachbuch 4

Kapitel: Wasser
S. 92 Duschen oder baden?

Lesebuch 4

Kapitel: Spielstücke
S. 192-195 Rettet die Erde

3. Vorüberlegungen

Wasser ist das lebensbestimmende „Element" auf der Erde. Es ist in einen großen weltweit zusammenhängenden Kreislauf eingebettet. Durch die fortschreitende Technisierung und Industrialisierung geht der Mensch mit immer mehr gefährlichen und giftigen Stoffen um. Die Umweltbelastungen sind erkennbar und es wird versucht, sie in den Griff zu bekommen. Dies ist den Kindern aus den Medien bekannt. Sie sollen im Rahmen ihrer Möglichkeiten zu einem verantwortungsvollen Umgang mit Wasser angeleitet werden.

4. Sachinformationen

S. 108/109 Wasser in Gefahr/Sauberes Wasser geht uns alle an!

Ein Gericht hat im Jahr 1897 die Flüsse als eine von der Natur gegebene Abflussrinne bezeichnet. Es dauerte lange, bis in Deutschland ein Umdenken einsetzte. Bilder von toten Fischen, Schaumbildung und Schlammberge rückten den Gewässerschutz in den Mittelpunkt des Denkens. Die Selbstreinigungskraft des Wassers war mit der Vielfalt und Vielzahl der Verschmutzungen völlig überfordert. Die Bereitschaft zur Reinerhaltung des Wassers, zum sparsamen und verantwortungsvollen Umgang ist gewachsen. Eine Vielzahl an Vorschriften und Gesetzen (z. B. WHG, BayWG, EU-Wasserrahmenrichtlinie) soll helfen, dass die Wasserqualität hoch und eine gesunde Umwelt erhalten bleibt. Die Reinigung der Abwässer hat inzwischen mit dazu beigetragen, dass ehemals tote Flüsse und Seen wieder lebendig sind. Im Rahmen der Agenda 21 sind Maßnahmen auf den Weg gebracht worden, die der Verbesserung der Wasserqualität und dem Schutz des Wassers dienen sollen.

Oberflächenwässer
Fließgewässer und Seen sind immer mehr durch häusliche, landwirtschaftliche, gewerbliche und industrielle Abwässer gefährdet. Häusliche Abwässer enthalten organische Stoffe, die unter viel Sauerstoffverbrauch abgebaut werden. Gewerbliche Abwässer (Molkereien, Schlachthöfe) weisen eine wesentlich höhere Konzentration an organischen Stoffen auf.
Problematischer ist die hohe Konzentration von Phosphor- und Stickstoffverbindungen in den Abwässern. In Fließgewässern können diese überschüssigen Nährstoffe bei ausreichendem Sauerstoffgehalt abgebaut werden. In stehenden oder langsam fließenden Gewässern kommt es dagegen zur massenhaften Vermehrung von Wasserpflanzen und Algen, die von tierischen Konsumenten nicht mehr aufgenommen werden können. Die Gewässer verkrauten und bei ungünstigen Bedingungen (z. B. hohen Wassertemperaturen, fehlender Sonneneinstrahlung) sterben die Wasserpflanzen ab. Das Gewässer „kippt um". Es kommt zu Fäulnisprozessen, Fischsterben, Verschlammung bis hin zur frühzeitigen Verlandung.

Gefährdet sind die Gewässer auch durch Schadstoffe aus industriellen Abwässern, wie Schwermetallen (Quecksilber, Blei, Cadmium), Säuren und Mineralölverbindungen und Lösungsmitteln (z. B. Chlorkohlenwasserstoffe). Die besondere Gefahr besteht darin, dass diese Stoffe auf natürliche Weise nicht abbaubar sind und sich daher in Lebewesen anreichern. Sie können über das Trinkwasser oder über die Nahrungskette den Menschen erreichen und zu Vergiftungen und chronischen Schädigungen führen.

Grundwasser
In den letzten Jahrzehnten ist auch das Grundwasser vielfältigen Gefährdungen ausgesetzt. So hat der Nitratgehalt des Grundwassers immer mehr zugenommen. Nitrate gelangen über ungeordnete Ablagerungen und das Versickern von Abwässern in den Erdboden. Die Hauptursache für die Nitratbelastung liegt jedoch in der großflächigen und intensiven landwirtschaftlichen Nutzung, verbunden mit einer überhöhten und unsachgemäßen Düngung sowohl mit organischen wie mineralischen Stickstoffdüngern. Durch die zunehmende Massentierhaltung und immer kleiner werdende Anbauflächen fällt heute sehr viel mehr Gülle und Stallmist mit hohen Stickstoffgehalten an. Der übermäßige Düngeranfall verleitet oft dazu, auch außerhalb der Vegetationsperioden zu düngen. Die Pflanzen können dieses Überangebot an Dünger gar nicht mehr aufnehmen und verwerten. Mit dem Regenwasser gelangt das Nitrat ins Grundwasser. Infolge der geringen Wandergeschwindigkeit kann es oft Jahre dauern, bis das Nitrat zu den sehr tief gelegenen Ansaugöffnungen der Brunnen vorgedrungen ist. Das bedeutet, dass in den kommenden Jahren mit noch höheren Nitratbelastungen zu rechnen ist. Auf Grund der gesundheitlichen Gefährdung wurde der zulässige Grenzwert für die Nitratbelastung des Trinkwassers von 90 auf 50 mg pro Liter herabgesetzt.

5. Unterrichtsgestaltung

S. 108 Wasser in Gefahr

Als Einstieg können Bilder oder Zeitungsausschnitte dienen, die das Ausmaß der Gewässerverschmutzung zeigen. Im Unterrichtsgespräch soll den Kindern erschlossen werden, welche Gefahren dem Wasser drohen. In der Argumentation soll darauf geachtet werden, dass die Wasserverschmutzung auch immer ein Problem für den Gesamtwasserkreislauf darstellt. Als Zusammenfassung sollen sich die Kinder erkundigen, was vor Ort für den Gewässerschutz getan wird. Broschüren dazu verschickt auch das Wasserwirtschaftsamt oder der örtliche Wasserversorger.

KV 53 Die Kopiervorlage „Wasser in Gefahr“ zeigt nochmals vier der fünf im Schülerbuch abgebildeten Fotos. Die Kinder sollen aufschreiben, wie das Wasser jeweils verschmutzt wird.

S. 109 Sauberes Wasser geht uns alle an!

Um die Umwelt lebenswert zu erhalten, ist es wichtig, dass jeder einzelne dazu beiträgt, das Wasser zu schützen. Die Kinder sind motiviert und sollen sich Gedanken darüber machen, was sie zur Reinerhaltung und zur Reduzierung der Belastungen leisten können. Sinnvoll wäre es, gemeinsam in Gruppen ein Plakat zu gestalten, das in der Schule ausgestellt wird. Damit werden die Mitschüler, die sich mit dem Thema noch nicht so beschäftigt haben, zum Nachdenken angeregt werden. Im Rahmen einer kleinen Ausstellung kann auch der Gesamtzusammenhang des globalen Wasserkreislaufes den Mitschülern nahe gebracht werden.
Es wäre auch möglich, dass zum Abschluss des Themas ein nahe gelegener Bach oder See von Müll gesäubert wird, der von einigen Mitmenschen als Mülldeponie genutzt wurde.
Mit Hilfe der Kopiervorlage „Sauberes Wasser geht uns alle an!“ sollen die Kinder

KV 54
- überlegen, wie man verhindern kann, dass Verschmutzungen ins Grundwasser gelangen kann,
- herausfinden, was in der eigenen Gemeinde für den Gewässerschutz getan wird und
- überlegen, wie man richtig mit Wasser umgeht.

6. Literatur- und Medienhinweise

Fachliteratur
Broschüren der Wasserwirtschaftsämter
Broschüren des Bund Naturschutz: – Landesgeschäftsstelle – Dr.-Johann-Maier-Str. 4, 93049 Regensburg, Tel. 0 941/ 2 97 20-0, Fax 0 941/ 2 97 20-30, info@bund-naturschutz.de

Videos
Pusteblume: Peter geht dem Wasser nach: Bedeutung des Wassers für Natur und Mensch (30 min., 1980/1987 – FWU 4200980)
Trinkwassergefährdung durch die Landwirtschaft (16 min., 1993 – FWU 4201619)

CD-ROM
FWU-Medienbausteine: Wasser auf der Erde (2002/2002 – FWU 6600700)

1. Überblick über die Inhalte des Kapitels

Inhalte		Intentionen
S. 110/111	Richtiges Verhalten im Verkehr	– Verkehrsverhalten von Kindern in folgenden Verkehrssituationen einschätzen können: Verlassen eines Grundstückes und Einfahren in den fließenden Verkehr, Rechtsfahrgebot, Abstand halten, Vorbeifahren an einem Hindernis, Rechts vor links, Verhalten an Verkehrsüberwegen
S. 112/113	Linksabbiegen mit Vorfahrtsregeln	– den Vorgang des direkten Linksabbiegens beschreiben können – eine alternative Form des Linksabbiegens kennen und den Paragrafen 9 der Straßenverkehrsordnung verstehen
S. 114	Verkehrszeichen regeln die Vorfahrt	– Wichtige vorfahrtregelnde Verkehrszeichen kennen
S. 115	Linksabbiegen mit Verkehrszeichen und an Ampeln	– das Verhalten von Radfahrern beim Linksabbiegen mit Verkehrszeichen und an Ampeln beschreiben können
S. 116	Linksabbiegen mit abknickender Vorfahrt	– Die Form des Linksabbiegens bei abknickender Vorfahrt beschreiben
S. 117	Polizeibeamte oder Lichtzeichen regeln den Verkehr	– Die Zeichen des Polizisten erklären und den Lichtzeichen zuordnen können

2. Weitere Möglichkeiten im BAUSTEINE-Programm

Sprachbuch 4

Kapitel: Rund ums Fahrrad

S. 94/95 Rund ums Fahrrad
S. 96 Mit dem Fahrrad zur Schule
S. 97 Sicherheit durch Bilder

Kapitel: Bilder lesen

S. 100/101 Bilder lesen

3. Vorüberlegungen

Angesichts der immer wieder zu beobachtenden Verstößen im Verkehr sowie hoher Unfallzahlen von Radfahrern ist es unumgänglich, Kinder zu möglichst kompetenten Verkehrsteilnehmern auszubilden. Radfahrer müssen, wie alle anderen Verkehrsteilnehmer auch, Situationen in Bruchteilen von Sekunden einschätzen. Die häufigsten Ursachen für Radfahrunfälle bei Kindern im Grundschulalter sind das Nichtbeachten der Vorfahrt bzw. des Vorranges, Fehler beim Abbiegen und Wenden, beim Einfahren in den fließenden Verkehr, falsche Straßenbenutzung sowie eine nicht angepasste Geschwindigkeit.

Verkehrserziehung und auch die Jugendverkehrsschule leisten hier einen Beitrag dazu, erworbenes Wissen über notwendige Verhaltensweisen und wichtige Regelsysteme im Verkehrsraum zu vertiefen und zu erweitern. Die Kinder sollen dadurch auch zunehmend die Einsicht gewinnen, dass sie aktiv die Sicherheit im Straßenverkehr, den partnerschaftlichen Umgang mit anderen Verkehrsteilnehmern, die Umwelt und ihre Gesundheit beeinflussen können.

4. Sachinformationen

S. 110/111 Richtiges Verhalten im Verkehr

Verlassen eines Grundstücks und Einfahren in den fließenden Verkehr
Das Kind stellt sein Fahrrad am rechten Fahrbahnrand auf und wählt den für ihn günstigen Aufstieg aufs Fahrrad. Beim Einfahren in den Verkehr achtet es auf den im Schülerbuch beschriebenen Ablauf:
- den Verkehr beobachten, eine Lücke abwarten
- das Fahrrad rechts in Fahrtrichtung stellen
- nach hinten umschauen und Handzeichen geben
- mit beiden Händen am Lenker anfahren

Rechtsfahrgebot
Laut Straßenverkehrsordnung müssen Radfahrer möglichst weit rechts fahren. Dadurch soll die Gefahr durch überholende Fahrzeuge verringert werden. Ein zu naher Abstand zur Bordsteinkante kann jedoch ebenso gefährlich sein, da der Radfahrer möglicherweise mit dem Pedal hängen bleiben kann. Der seitliche Abstand zum Bordstein kann deshalb bis zu einem Meter betragen.

Abstand halten
Hier gilt die Faustregel „3 Fahrradlängen" Abstand halten, da die Gefahr des Auffahrens auf den vorausfahrenden Verkehrsteilnehmer vor allem bei hohen Geschwindigkeiten gegeben ist.

Vorbeifahren an einem Hindernis
Hier gilt die Regelung der STVO § 6: „Wer an einem haltenden Fahrzeug, einer Absperrung oder einem sonstigen Hindernis auf der Fahrbahn links vorbeifahren will, muss entgegenkommende Fahrzeuge zuerst durchlassen. Beim Ausscheren muss er auf den nachfolgenden Verkehr achten und das Ausscheren wie das Wiedereinordnen durch Handzeichen deutlich anzeigen."

Rechts vor links
Die Vorfahrt zu beachten heißt zunächst einmal, die Regeln zu kennen. Die Grundregel „Rechts vor links" bedeutet, dass an Einmündungen von gleichberechtigten Straßen derjenige Vorfahrt hat, der von rechts kommt. Die Regelung gilt nicht bei Verkehrsregelung durch die Polizei, durch Ampelzeichen oder durch Vorfahrtzeichen.

Verhalten an Fußgängerüberwegen
Bei Fußgängerüberwegen und Zebrastreifen müssen Kinder vor allem darauf achten, dass Fußgänger und Rollstuhlfahrer Vorrang haben. Entscheidend kann jedoch die Verständigung zwischen Radfahrer und Fußgänger sein. Dabei sollen die Kinder versuchen zu erkennen, was der Fußgänger beabsichtigt. Blickkontakt und Gesten sowie Zurufe sind bewährte Hilfsmittel und können zu einem rücksichtsvollen und gefahrlosen Ablauf beitragen.

S. 112/113 Linksabbiegen mit Vorfahrtsregeln

Das Linksabbiegen ist vermutlich deshalb eine so schwierige Aufgabe, weil dabei die Spur der übrigen Fahrbahnbenutzer gekreuzt und die Straßenmitte eingenommen werden muss. Es gibt drei grundsätzliche Möglichkeiten zum Linksabbiegen, zwischen denen jeweils entsprechend den äußeren Verkehrsbedingungen und der eigenen Fahrsicherheit gewählt werden sollte.

Direktes Linksabbiegen
Hier ordnet man sich auf der linken Seite der Fahrspur ein, lässt dem Gegenverkehr Vorrang und biegt dann nach links ein. Ist eine eigene Abbiegespur vorhanden, ordnet man sich rechts auf der Abbiegespur ein und fährt, wenn es der Gegenverkehr erlaubt, in weitem Bogen nach links. Dieses direkte Linkabbiegen birgt mehrere Gefahren: Zunächst muss beim Einordnen die Fahrspur der übrigen Fahrzeuge gekreuzt werden. Dann ist die Warteposition inmitten der Verkehrsströme zwischen den entgegenkommenden und den rechts vorbeifahrenden Fahrzeugen zumal für Kinder subjektiv sehr belastend und objektiv gefährlich, besonders bei schlechter Sicht oder Dunkelheit, weil das stehende Fahrrad, das in der Regel kein selbstleuchtendes Licht hat, schlecht zu sehen ist. (Speziell für diese Situation ist die Ausrüstung des Fahrrades mit einer batteriebetriebenen Standleuchte anzuraten.) Das Kind soll nach dem Linksabbiegen auch noch auf Fußgänger achten, die die Straße überqueren könnten. Aus all diesen Gründen ist das direkte Linksabbiegen nur bei geringer Verkehrsdichte, bei Helligkeit und für selbstsichere Radfahrer anzuraten.

Indirektes Linksabbiegen mit Umsetzen
Der Radfahrer fährt zunächst geradeaus bis zur gegenüberliegenden Ecke und hält dort an. Das Fahrrad wird nach links um 90 ° gedreht umgesetzt und etwas zurückgeschoben. Wenn die Straße frei ist, überquert sie der Radfahrer und fährt in der neuen Richtung weiter. Der Vorteil dieser Möglichkeit liegt darin, dass man sich stets auf der rechten Fahrbahnseite hält. Es müssen dabei allerdings zwei Straßen überquert werden und man muss auf der Fahrbahn absteigen. Besonders bei ampelgeregelten Kreuzungen bietet sich diese Möglichkeit an. Das Fahrrad wird dann beim Umsetzen rechts vor den wartenden Fahrzeugen auf Höhe der Ampel aufgestellt, sodass der Radfahrer beim Grünwerden der Ampel vor den anderen Fahrzeugen losfahren kann.

Indirektes Linksabbiegen als Fußgänger
Eine sichere Möglichkeit besteht darin, vor der Kreuzung abzusteigen, das Fahrrad auf den Bürgersteig zu heben und es über die beiden Fußgängerüberwege zu schieben. Auf der richtigen Seite angekommen, wird das Fahrrad wieder auf die Fahrbahn gesetzt, und die Fahrt kann in der neuen Richtung fortgesetzt werden. Diese eigentlich sicherste Variante hat ihre beiden kritischen Punkte beim Absteigen und Wiederaufsteigen auf der Fahrbahn. In beiden Fällen besteht die Gefahr, dass man beim Absteigen und Aufsteigen schwankt, zu weit in die Fahrbahn gerät und dann gefährdet ist. Deshalb sollten diese beiden Verhaltensweisen auf engem Raum besonders geübt werden.

S. 116 Linksabbiegen mit abknickender Vorfahrt

Die abknickende Vorfahrt stellt einen Sonderfall der Vorfahrtsregelung durch Verkehrszeichen dar. Durch das Zusatzschild wird der Verlauf der Straßenführung angezeigt, wobei die dicke Linie die Vorfahrtstraße anzeigt. Sie ist wohl für Kinder eine besonders schwierige Form der Regelung, wenn sie in eine untergeordnete Straße nach links abbiegen wollen. Der Radfahrer muss sich rechtzeitig umschauen und seine Fahrtrichtung durch entsprechende Handzeichen deutlich machen. Dabei muss er auf den nachfolgenden Verkehr genauso achten wie auf den Gegenverkehr.

5. Unterrichtsgestaltung

S. 110/111 Richtiges Verhalten im Verkehr

Zur Bearbeitung der auf den beiden Buchseiten abgebildeten Verkehrssituationen bietet sich eine arbeitsteilige Gruppenarbeit an. Als Hilfe für die Kinder dienen die in Spiegelstrichen gesetzten Texte, die sie in einer Zusammenfassung der Klasse vortragen. Jede Gruppe sollte dabei aufzeigen, welche Gefahren in der jeweiligen Situation zu erkennen sind und mögliche Situationen antizipieren. Ein weiterer wichtiger Aspekt ist die Einbeziehung der eigenen Wohn- und Schulumgebung. In einem gemeinschaftlichen Gespräch werden besondere Gefahrensituationen herausgestellt und in der Klasse diskutiert. Anschließend können die Texte verschriftet werden.
Neben den fahrpraktischen Übungen in Schonräumen ist es dann auch sinnvoll, die Themen des Unterrichts durch Beobachtungen im Straßenverkehr zu ergänzen. Beobachtungsgänge können zur Vorbereitung oder auch zur Nachbereitung der unterrichtlichen Themen dienen.
Durch genaue Beobachtungen im Straßenverkehr werden die Kinder dafür sensibilisiert, was gefährlich ist und warum bestimmte Regeln notwendig sind. Fragen dazu könnten sein:
- Welche Verkehrsteilnehmer (Fußgänger, Pkws, Radfahrer...) hast du beobachten können?
- Wie verhalten sich die Verkehrsteilnehmer an der Ampel, an einer Baustelle, an einem Fußgängerüberweg, an einem Gehweg, Radweg?
- Wie verhalten sich Autofahrer an einer „Rechts-vor-links-Kreuzung?
- Wer muss hier besonders vorsichtig sein?

S. 112/113 Linksabbiegen mit Vorfahrtsregeln

Linksabbiegen ohne Verkehrszeichen
Die Zeichnungen im Schülerbuch Seite 112 dienen vorwiegend der Wiederholung der bereits in der drittten Jahrgangsstufe erlernten Schritte zum direkten Linksabbiegen. Alle sieben Punkte sind zunächst einmal wichtig, um den Vorgang des Linksabbiegens zu verstehen.

Besonderen Wert soll in dieser Unterrichtseinheit jedoch auf die Fragestellung gelegt werden:
- Welche Gefahren können in den jeweiligen Abbiegephasen verborgen sein?
- Wo muss ich besonders aufpassen?

Dabei sollten die Kinder auf die Hauptrichtungen achten:
- der nachfolgende Verkehr von hinten,
- der Gegenverkehr von vorne,
- der Querverkehr von der Seite,
- die Fußgänger im Kreuzungs- und Einmündungsbereich.

Mit der Aufgabe 1 auf S.112 des Schülerbuches fassen die Kinder die sieben Punkte des Linksabbiegens noch einmal zusammen, indem sie die Textstreifen in der richtigen Reihenfolge ordnen.

Indirektes Linksabbiegen
Bei der Betrachtung der drei Bilder auf der Seite 113 sollen die Kinder die verschiedenen Formen des Linksabbiegens beschreiben und begründen, welche Form des Abbiegens die sicherste ist. Die Kinder erkennen, dass bei stark befahrenen Straßen die alternative Form sinnvoller ist, um Gefahren möglichst zu vermeiden. Der Auszug aus der Straßenverkehrsordnung § 9 (2) macht deutlich, dass der Radfahrer bei der alternativen Form absteigen muss, wenn es ein hohes Verkehrsaufkommen erfordert. Schließlich suchen die Kinder wiederum in ihrer Schulumgebung möglichst gefahrlose Abbiegemöglichkeiten.

S. 114/115 Verkehrszeichen regeln die Vorfahrt/Linksabbiegen mit Verkehrszeichen und an Ampeln

Verkehrszeichen
Die Kinder sollen beim Betrachten der Bilder die Vorfahrtsregelung erkennen. Entscheidend dabei ist neben der genauen Bezeichnung der Zeichen vor allem die richtige Verhaltensweise der Verkehrsteilnehmer. Das Stoppschild erfordert unbedingtes Anhalten. Das bedeutet für den Radfahrer, dass er einen Fuß auf den Boden setzen muss. Erst dann und wenn auch die vorfahrtsberechtigte Straße frei ist, darf der Radfahrer einfahren.

KV 56 Zur Wiederholung und Vertiefung der Verkehrszeichen kann die Kopiervorlage „Verkehrsschilder" dienen.

Linksabbiegen mit Verkehrszeichen
Die Wiederholung der Richtzeichen und Vorschriftzeichen unterstützt die Behandlung der Seite 115. In der Form einer Gruppenarbeit können die vier Darstellungen zum Linksabbiegen bearbeitet werden. Bei der Besprechung der Abbildungen sollte immer wieder diskutiert werden, in welchen Situationen der Radfahrer möglichst gefahrlos abbiegen kann. Es sollte auch die Frage erläutert werden, welche Alternativen es zum direkten Abbiegen gibt und was im einzelnen zu beachten ist.
Bei Bild 1 muss der Radfahrer an der Haltelinie stehen bleiben und dem Pkw und dem Omnibus Vorfahrt gewähren, auch wenn kein weiteres Fahrzeug kommt.
In Bild 2 ist der Verkehr mit einer Ampelanlage geregelt. Es ist wohl für den Radfahrer ratsam, den Lastwagen zuerst abbiegen zu lassen, obwohl beide Verkehrsteilnehmer gleichberechtigt wären.
In Bild 3 darf zuerst der Pkw fahren, dann der Motorradfahrer und zuletzt der Radfahrer.
Bei Bild 4 befindet sich der Radfahrer auf der Vorfahrtstraße. Hier muss er jedoch zuerst den Omnibus vorbeifahren lassen, bevor er nach links abbiegen kann.
Auch hier bietet sich wieder an, Beobachtungsgänge an Kreuzungen und Einmündungen durchzuführen und das Verhalten insbesondere der Radfahrer beim Linksabbiegen zu beobachten.

KV 55 Mit der Kopiervorlage „Verhalten an einer Kreuzung (Beobachtungsbogen)" untersuchen die Kinder, wie Kreuzungen gestaltet sind (Verkehrszeichen), wie hoch das Verkehrsaufkommen ist, in welcher Art die Radfahrer links abbiegen wollen und notieren, welche Situationen sie als gefährlich empfunden haben.

KV 56 Die typischsten Verkehrsschilder sind auf der Kopiervorlage „Verkehrsschilder" abgebildet.

S. 116 Linksabbiegen mit abknickender Vorfahrt

Ausgangspunkt können Darstellungen des Zusatzschildes an der Tafel sein, um die Bedeutung der Linien zu klären. Das Zusatzschild zeigt den Verlauf der vorfahrtsberechtigten und der ihr untergeordneten Straße an, wobei die fett gezeichnete Linie die Vorfahrtstraße darstellt. Im Anschluss daran können die vier Abbildungen im Schülerbuch betrachtet werden. In Bild **1** und **2** befindet sich der Radfahrer auf der Vorfahrtstraße und zeigt durch Handzeichen an, dass er der Vorfahrtstraße folgt. Er hat gegenüber den anderen Verkehrsteilnehmern Vorfahrt und fährt am rechten Fahrbahnrand weiter. In Bild **3** und **4** kommt der Radfahrer aus einer untergeordneten Straße und will nach links abbiegen. Hier muss er den anderen Verkehrsteilnehmern die Vorfahrt gewähren. Eine nach rechts verlaufende Vorfahrtstraße ist für den Radfahrer wohl besonders gefährlich, wenn er nach links in die Seitenstraße abbiegen oder geradeaus weiterfahren will.
Abschließend können mit den Kindern alternative Möglichkeiten des Abbiegens erörtert werden. Dabei sollte ihnen vermittelt werden, dass je nach Sichtverhältnissen, Verkehrsdichte und eigener Fahrsicherheit entschieden werden muss, welche Form des Abbiegens gewählt wird.

S. 117 Polizeibeamte oder Lichtzeichen regeln den Verkehr

Motivierend auf die Kinder ist der Impuls: „Wir wollen die Zeichen des Polizeibeamten nachspielen." Dazu müssen wir die Bedeutung der Grundstellungen, die dann den Lichtzeichen entsprechen, genau kennen. Ein Kind macht die Zeichen vor, die anderen Kinder nennen die Bedeutung entsprechend den Abbildungen im Schülerbuch Seite 117.
Die beiden Fotos im unteren Teil der Buchseite zeigen einen Sonderfall: Obwohl die Ampel auf grün geschaltet ist, müssen die Verkehrsteilnehmer hier wegen der Grundstellung des Polizisten anhalten. Genauso dürfen die Fahrzeuge im zweiten Bild trotz der rot geschalteten Ampel fahren, da die Zeichen des Polizisten vorrangig sind.
Anschließend können diese Verkehrssituationen im Schonraum nachgespielt werden.

6. Literatur- und Medienhinweise

Videos
Richtig radfahren (13 min., 1992/1996 – FWU 4202167)
Sicher mit dem Fahrrad (13 min., 2003 – FWU 4202891)

Kopiervorlagen-Übersicht

Kapitel	KV	Thema
Gemeinde	KV 1	Wer beschließt in unserer Gemeinde?/ Der Gemeinderat/Stadtrat
Landkarte	KV 2	Der Maßstab
	KV 3	Landkarte: Höhenlinien
Unser Land	KV 4	Unser Land Bayern
	KV 5	Deutschland
Europa	KV 6	Europa
Trends	KV 7	Trendforscher
Statussymbole	KV 8	Was ist für dich wichtig?/ Kleidung im Wandel
Die Welt und wir	KV 9	Brasilianische Trommeln herstellen
	KV 10	Lebensunterhalt in Indien – Papiertüten herstellen
	KV 11	Länderrätsel
Ferne Länder	KV 12	Weltkarte Teil 1
	KV 13	Weltkarte Teil 2
	KV 14	Mein Wunschreiseland
Kinderrechte	KV 15	Kinder haben Rechte
	KV 16	Amerigo, ein Straßenkind aus Brasilien
	KV 17	Fatimettou, ein Mädchen aus Mauretanien
	KV 18	Linda aus den Niederlanden
Meine Zukunft	KV 19	Schullaufbahn-Test 1
	KV 20	Schullaufbahn-Test 2
	KV 21	Das kann ich 1
	KV 22	Das kann ich 2
	KV 23	Wenn ich einmal erwachsen bin
Erwachsen werden	KV 24	Mädchen und Buben
Abfälle – Wertstoffe	KV 25	Den Abfall richtig trennen
	KV 26	Papier selbst herstellen
Leben im Mittelalter	KV 27	In einer mittelalterlichen Stadt
	KV 28	Handwerker im Mittelalter
	KV 29	Mittelalter-Quiz
Ritter	KV 30	Verschiedene Burgen
	KV 31	„So zogen die Ritter in den Kampf"
	KV 32	Würfelspiel: „Der Burgschatz"
Produkte herstellen	KV 33	Die Entstehung von Salz
	KV 34	Zuckerherstellung
	KV 35	Butter selbst gemacht
	KV 36	Die Herstellung von Öl
Werkstoffe	KV 37	Wertstoffkreislauf einer Weißblechdose
	KV 38	Ökobilanz einer Weißblechdose
Betriebe	KV 39	Interview-Bogen zur Betriebserkundung
	KV 40	Wie wird aus Äpfeln Saft?
	KV 41	Einweg- oder Mehrwegflaschen?
Lebensraum Wasser	KV 42	Entwicklung der Erdkröten
	KV 43	Tiere im Bach
	KV 44	Wir erkunden ein Gewässer
Wasserkreislauf	KV 45	Wohin verschwindet das Wasser?
	KV 46	Wasserkreislauf
	KV 47	Wohin verschwindet das Regenwasser?
	KV 48	Wetterbeobachtung
Wasserversorgung	KV 49	Vom Regenwasser zum Trinkwasser
	KV 50	Täglicher Wasserverbrauch einer Person
Abwasseraufbereitung	KV 51	Wie wird verschmutztes Wasser wieder sauber?
	KV 52	Was geschieht in einer Kläranlage?
Wasserschutz	KV 53	Wasser in Gefahr
	KV 54	Sauberes Wasser geht uns alle an!
Rad fahren	KV 55	Verhalten an einer Kreuzung (Beobachtungsbogen)
	KV 56	Verkehrsschilder

Wer beschließt in unserer Gemeinde? Name: ______________________

Wer beschließt in unserer Gemeinde? Name: ______________________ .

Im Sitzungssaal des Rathauses tagt ______________________ .

Die Sitzung wird geleitet vom ______________________ .

Er/Sie heißt: ______________________ .

Der Gemeinderat/Stadtrat hat bei uns __________ Mitglieder.

Es sind __________ Frauen und __________ Männer.

Die Namen der Mitglieder im Gemeinderat/Stadtrat in unserem Ort:

____

____

____

____

____

____

____

In unserem Ort sind diese Vorhaben aktuell: ______________________

____

____

____

____

____

Der Gemeinderat / Stadtrat

Der Gemeinderat/Stadtrat wird __________ von den ______________________

______________________ gewählt.

Der Bürgermeister oder die Bürgermeisterin wird von den ______________________

______________ in ______________ Wahl ______________

gewählt.

Der Maßstab

Name: ____________________

1 Alle Gegenstände in der Abb. 1 sind so groß wie in Wirklichkeit. Sie sind im Maßstab 1 : 1 gezeichnet, das bedeutet:

1 cm der Zeichnung ≙ 1 cm in der Wirklichkeit.

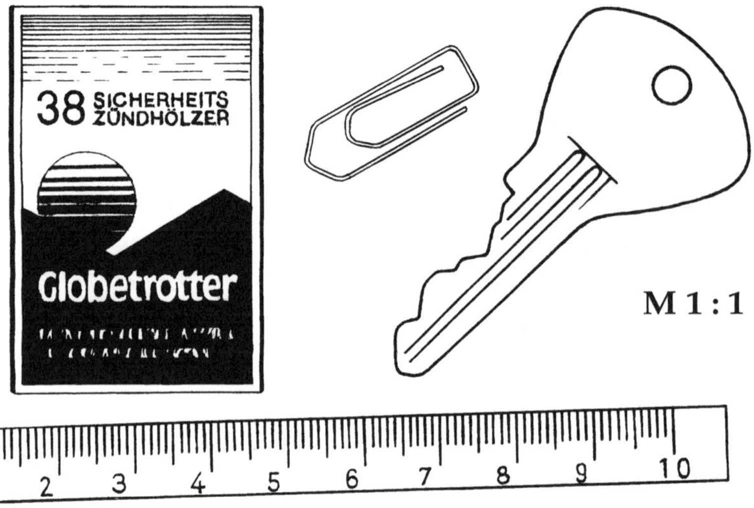

M 1 : 1

2 Miss mit einem Lineal die Größe der abgebildeten Gegenstände in Abb. 2 und vergleiche! Alle Gegenstände sind verkleinert. Sie sind im Maßstab 1 : 2 gezeichnet, das bedeutet:

1 cm der Zeichnung ≙ 2 cm in der Wirklichkeit.

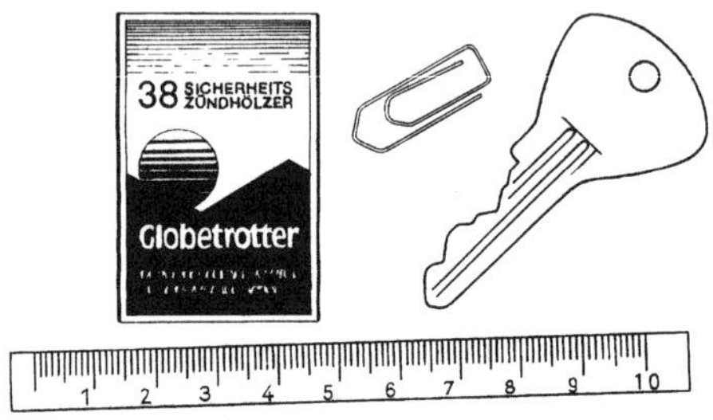

M 1 : 2

3 Die Schulmappe ist im Maßstab 1 : 10 abgebildet. Das bedeutet:

1 cm der Zeichnung ≙ 10 cm in der Wirklichkeit.

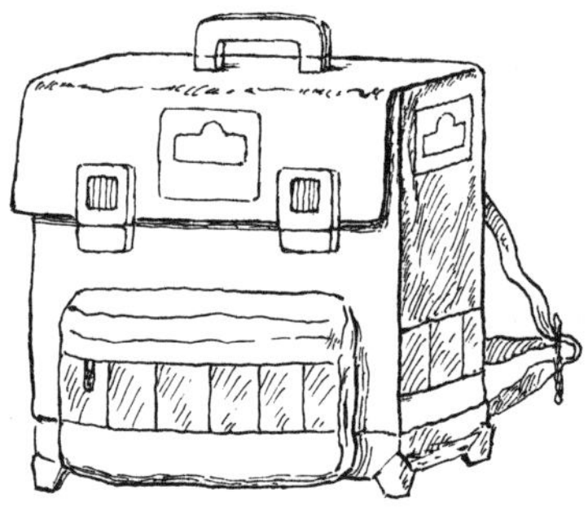

M 1 : 10

Breite: ____________________

Höhe: ____________________

Finde mithilfe des Maßstabes und eines Messlineals heraus, wie groß die Schulmappe in Wirklichkeit ist!

4 Auch auf Karten ist die Wirklichkeit verkleinert dargestellt. Der Maßstab gibt an, wie stark verkleinert wurde. M 1 : 25 000 bedeutet:

1 cm in der Zeichnung ≙ 25 000 cm = 250 m in der Wirklichkeit.

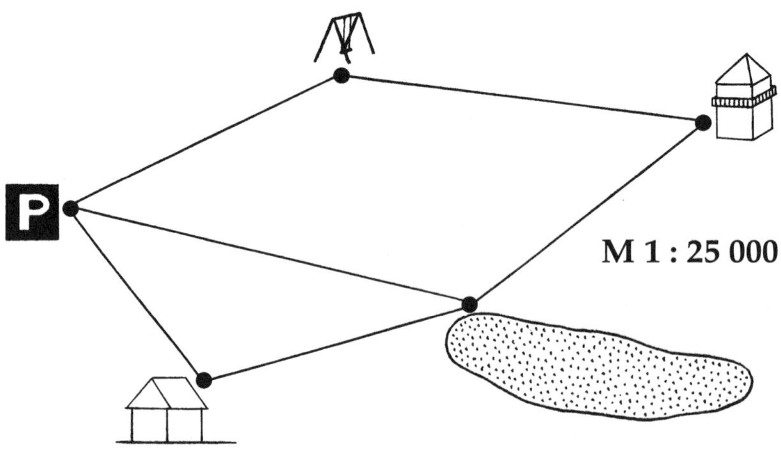

M 1 : 25 000

Finde heraus, wie weit vom Parkplatz entfernt

Spielplatz ______________ Römerturm ______________ Langensee ______________ sind!

Landkarte: Höhenlinien Name: ____________________

1 Wenn ein Berg flach ist, dann sind die Höhenlinien weit auseinander.

Wenn er steil ist, dann sind die Höhenlinien ____________________ .

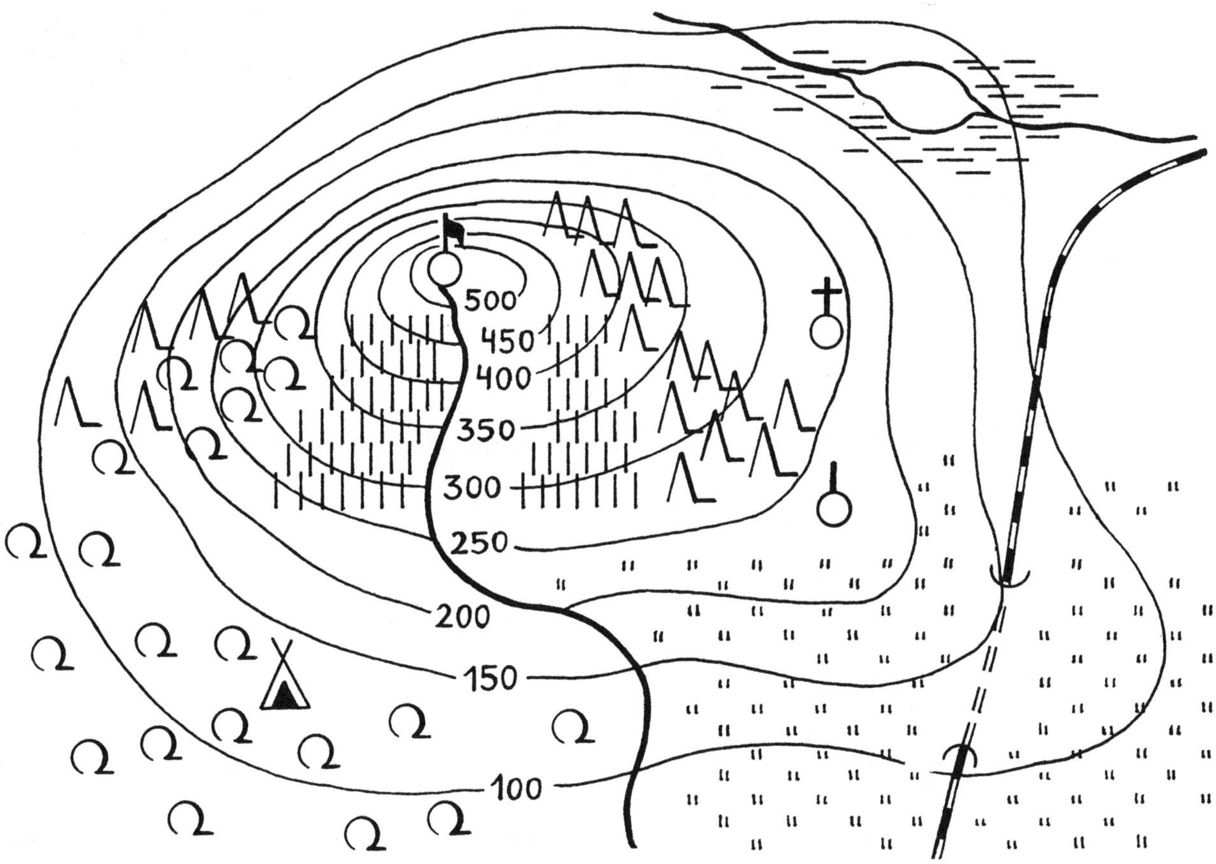

Die Zahlen auf den Höhenlinien geben die Höhe in Metern an.

2 Schreibe die Höhe der folgenden Punkte auf:

1. Burg ____________ m
2. Kirche ____________ m
3. Tunnel ____________ m
4. See ____________
5. Zeltplatz ____________

____

Höhen auf der Karte können auch mit Farben dargestellt werden.

dunkelbraun	über 450 m	gelb	150 – 300 m
hellbraun	300 – 450 m	grün	unter 150 m

3 Male die Karte aus!

© Diesterweg ISBN 3-425-09774-1

 Name: ____________________

Ich lebe ______________________________________ .

So sieht die Landschaft aus, in der ich lebe:

Hier Foto von Heimatort/Heimatlandschaft einkleben

____

____

____

____

So komme ich mit öffentlichen Verkehrsmitteln von ______________________

nach München: ____

____

____

____

1. In welchem Teil Bayerns lebst du? Klebe ein Foto der Landschaft ein und beschreibe sie!
2. Schreibe auf, wie du mit öffentlichen Verkehrsmitteln von deinem Ort nach München kommst!

 ISBN 3-425-09774-1

 Name: ____________

1 Male das Bundesland in dem du wohnst farbig aus und ergänze den Namen!

2 Wie heißt die Landeshauptstadt von Bayern? Trage sie ein!

3 Ergänze die Namen der Bundesländer, die an Bayern grenzen!

4 Ergänze die Namen der übrigen Bundesländer!

 ISBN 3-425-09774-1

Name: ______________________

Der ____________________ ist der höchste Berg Europas. Er ist ____________ m hoch.

Die ____________________ ist mit ________________ km der längste Fluss Europas.

1 Von welchem Meer wird Europa im Westen begrenzt? ______________________

2 Wie heißen die Nachbarstaaten von Deutschland?
Trage sie in die Schreiblinien ein!

3 Ergänze nun die Namen der Hauptstädte der Nachbarstaaten von Deutschland!

4 Wie heißt der höchste Berg in Europa? Wie hoch ist er?

5 Wie heißt der längste Fluss Europas? Wie lang ist er?

Trendforscher　　　　　Name: ______________________

Welches Thema ist in deiner oder in anderen Klassen „in", welches „out"?

Thema	Mädchen	Jungen	Alter	in	out
Kleidung/Mode Hosen, Röcke, T-Shirts, Mützen, Jacken, Schuhe, Schmuck					
Schulsachen Stifte, Hefte, Mäppchen, Schultasche, Rucksack					
Musikrichtungen Pop, Rock, klassische Musik					
Spielsachen Spiele alleine, zu zweit, zu mehreren, technisches Spielzeug (Computer)					
Sprache bestimmte Begriffe, Ausdrücke					
Sportarten Fußball, Tennis, Tischtennis, Handball, Basketball, Volleyball, Hockey					

Was ist für dich wichtig?

Name: ____________________

Das ist für mich wichtig:

____________________ ____________________

____________________ ____________________

____________________ ____________________

____________________ ____________________

____________________ ____________________

Hitliste der Klasse ________

① ____________________ ⑥ ____________________

② ____________________ ⑦ ____________________

③ ____________________ ⑧ ____________________

④ ____________________ ⑨ ____________________

⑤ ____________________ ⑩ ____________________

Kleidung im Wandel

	früher	**heute**
Königsfamilie		
Bürgerfamilie		
Bauernfamilie		

Brasilianische Trommeln herstellen

Name: ______________________

Du brauchst:
leere Büchsen, eine flache Pappschachtel, Karton, 2 Stöcke, Schnur

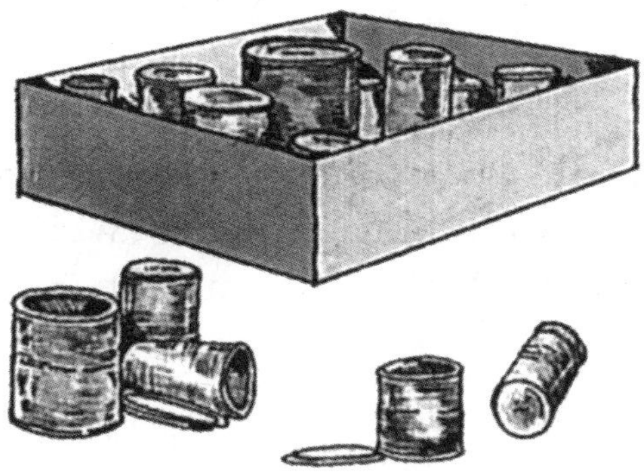

1. Sammle viele leere Büchsen in verschiedenen Größen, stelle sie in die flache Schachtel.

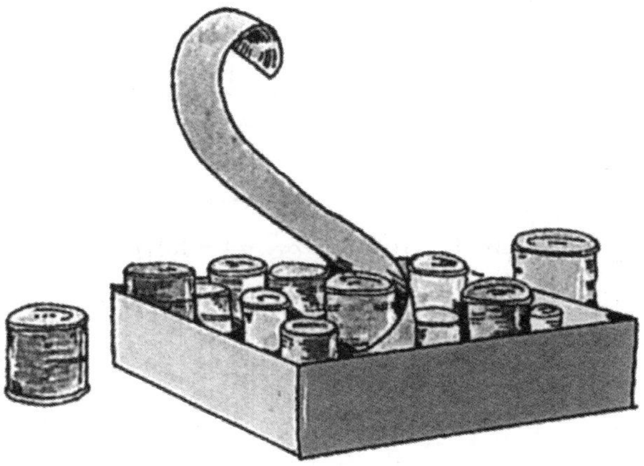

2. Lege Kartonstreifen dazwischen, damit sie sich nicht berühren.

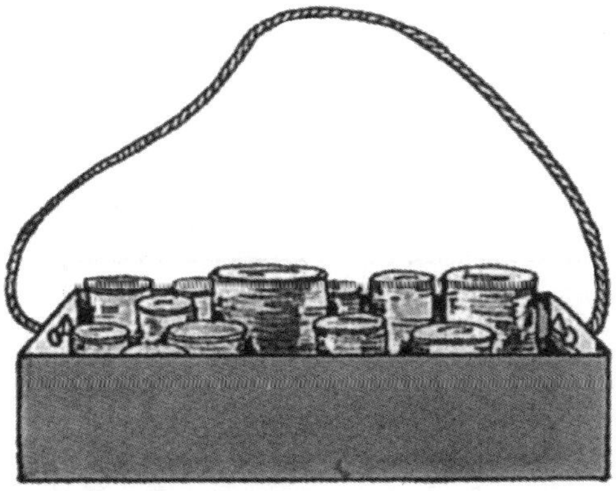

3. Befestige die Schnur an der Schachtel, damit du sie um den Hals hängen kannst.

4. Benutze die beiden Stöcke als Trommelschlegel und übe so lange, bis du eine Melodie auf deiner „Stahlpfanne“ spielen kannst.

aus: Das ist meine Welt. Kinder aus 7 Ländern laden euch ein.
Ein unicef-Buch. Verlag Ernst Kaufmann, Lahr 1979

Lebensunterhalt in Indien – Papiertüten herstellen

Name: ______________________

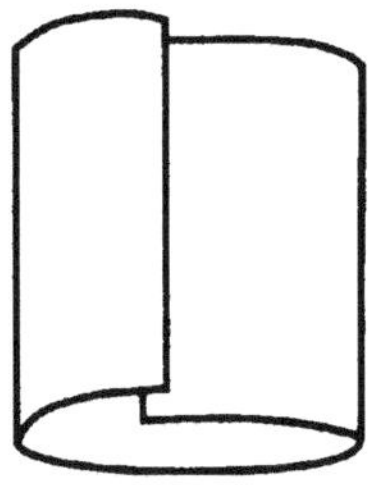

1

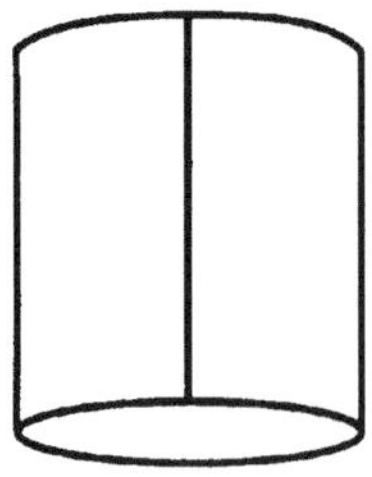

2

Lege beide Papierseiten zur Mitte (Abb. 1) Bestreiche einen Rand mit Klebstoff und klebe den überstehenden Rand fest (Abb. 2).

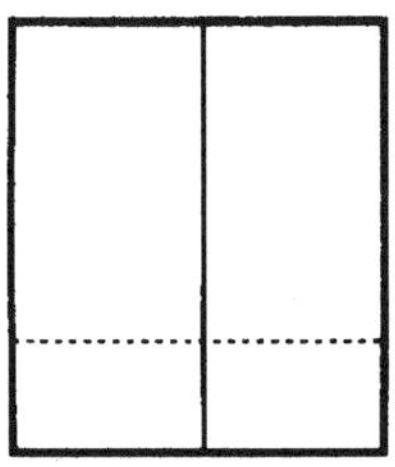

3

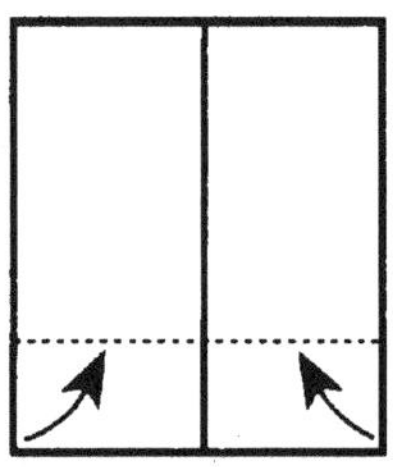

4

Klappe das untere Ende ca. 5 cm um; knicken und wieder auffalten (Abb 3). Untere Ecken bis zum Falz umknicken (Abb. 4).

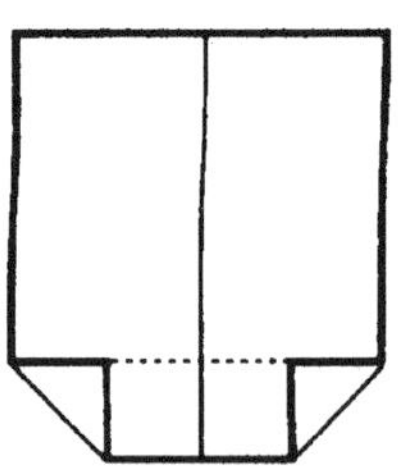

5

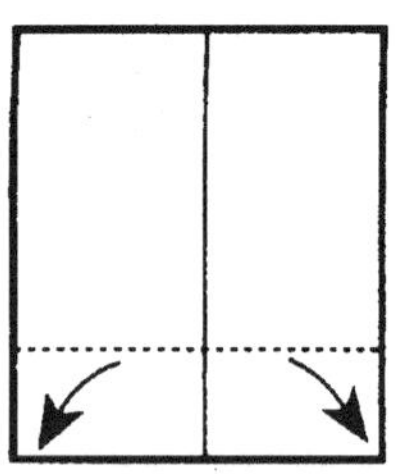

6

Fest drücken und falzen (Abb. 5). Wieder aufklappen (Abb. 6).

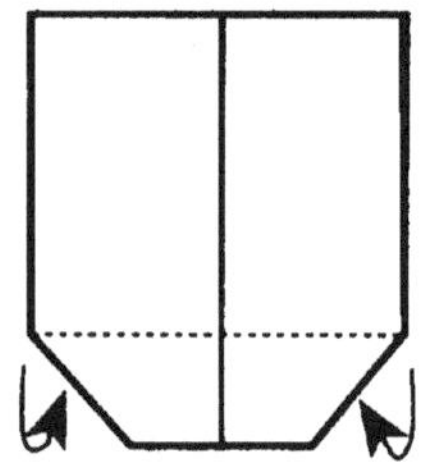

7

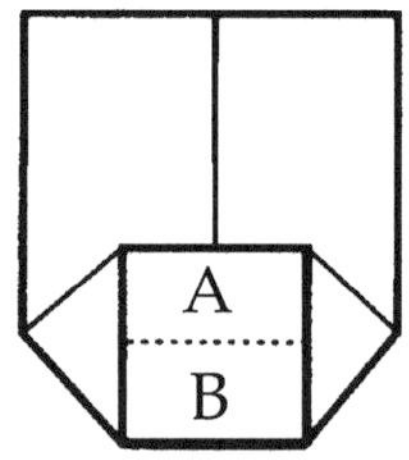

8

Ecken nach innen einschlagen (Abb. 7). Jetzt hast du eine Tüte mit zwei Klappen, A und B wie in Abb. 8

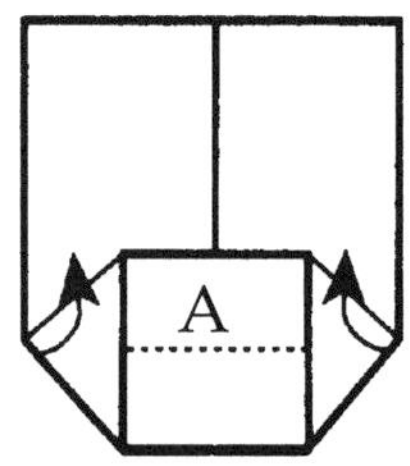

9

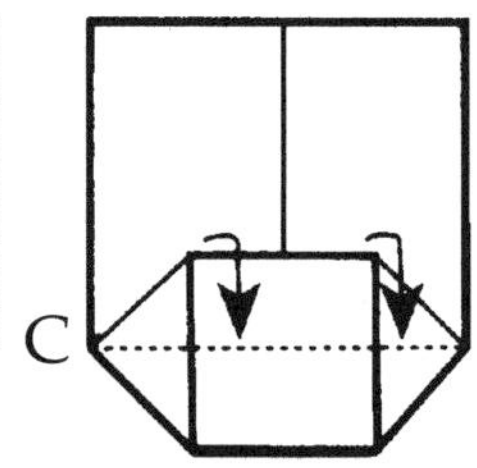

10

Knicke die obere Klappe A um (Abb. 9). Schlage sie um bis zur Mittellinie C (Abb. 10).

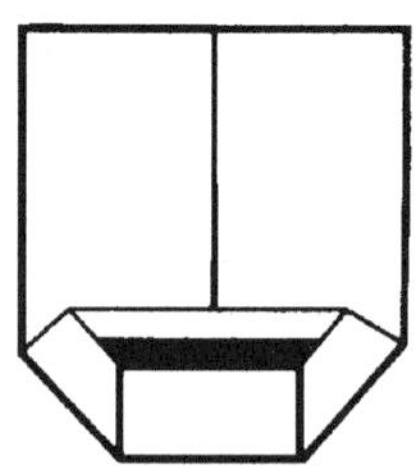

11

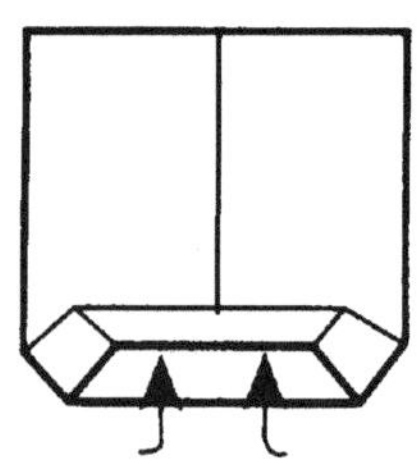

12

Bestreiche das schraffierte Ende mit Klebstoff (Abb. 11).
Knicke die untere Klappe B um, bis sie die Klebstofffläche überdeckt und klebe sie fest (Abb 12).

aus: terre des hommes, Ruppenkampstraße 11a, 49084 Osnabrück

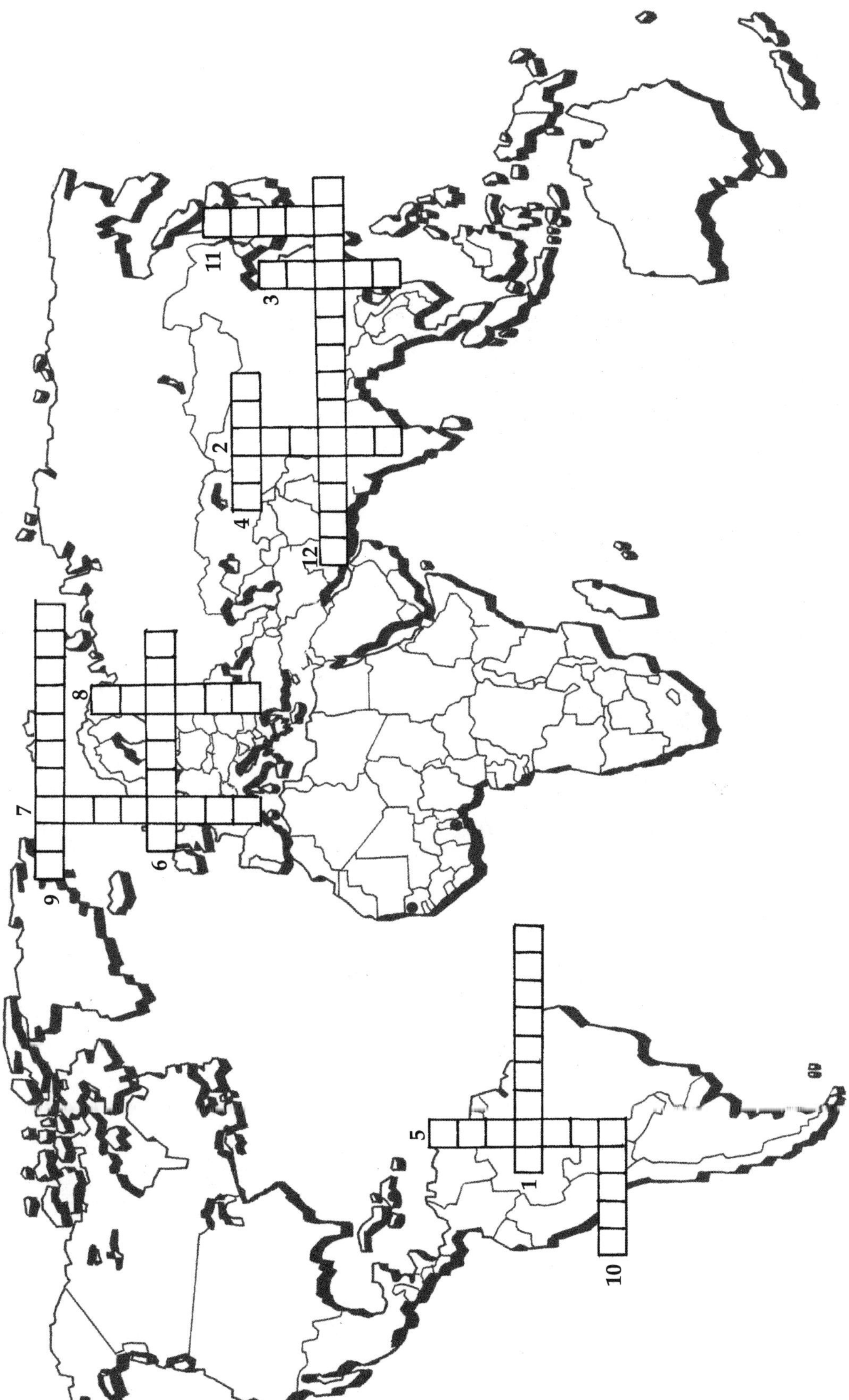

① In welchem Land liegt die Stadt Rio de Janeiro?
② In welchem Land liegt die Stadt Bombay?
③ In welchem Land liegt die Stadt Tokio?
④ Zu welchem Kontinent gehören Indien und Japan?
⑤ Zu welchem Kontinent gehört Brasilien?
⑥ Saamen leben in Norwegen, Schweden, Russland und in?
⑦ Wie heißen die Tiere, die die Saamen züchten?
⑧ Wie heißt das Zelt der Saamen im Sommerlager?
⑨ Welches Fest feiern die Saamen im Frühling?
⑩ Welcher Tanz wird beim Karneval in Rio de Janeiro getanzt?
⑪ Was ist auf der japanischen Nationalflagge dargestellt?
⑫ Welchen Beruf hat der Junge Hari in Bombay?

Die beiden Teile (KV 12 und KV 13) der Weltkarte mit 200% vergrößern und zusammenkleben.

© Diesterweg ISBN 3-425-09774-1

Weltkarte Teil 2

© Diesterweg ISBN 3-425-09774-1

Mein Wunschreiseland

Name: ______________________

Ich würde gerne nach ______________________ reisen.

Der Erdteil, in welchem es liegt, heißt: ______________________ .

Hauptstadt des Landes ist: ______________________

____

Typische Landschaften: ______________________

____

____

____

Klima: ______________________

____

____

Typische Produkte: ______________________

____

____

Diese besonderen Tiere leben dort: ______________________

____

____

Sehenswürdigkeiten: ______________________

____

____

____

____

Ich möchte gerne einmal dorthin reisen, weil ______________________

____

____

______________________ .

Name: ____________________

Die Vereinten Nationen legten 1989 für alle Kinder der Welt Rechte fest.
Hier findest du eine Auswahl.
Was ist für Kinder wichtig? Kreuze deine Meinung an!

	Wichtig	Nicht wichtig
1. Gleiche Rechte für alle Kinder		
2. Das Wohl der Kinder muss bei allen Entscheidungen und Maßnahmen, die Erwachsene für Kinder treffen, im Mittelpunkt stehen		
3. Versorgung mit Nahrung, Kleidung und Wohnung		
4. Liebe und Fürsorge der Eltern		
5. Seine Religion frei ausüben		
6. Seine Meinung frei äußern		
7. Berücksichtigung der eigenen Meinung durch andere		
8. Aufgeklärt werden über eigene Rechte		
9. Freizeit, Spiel und Privatleben		
10. Kostenloser Schulbesuch, etwas lernen		
11. Keine Arbeit, die Kindern schadet oder sie ausnützt		
12. Schutz vor Drogen		
13. Schutz vor jeder Form von Gewalt		
14. Gesundheit und medizinische Hilfe bei Krankheit		
15. Leben in Frieden		

Welche Kinderrechte erscheinen dir besonders wichtig?
Begründe deine Entscheidung!

Nr. ____ , weil ____ .

Nr. ____ , weil ____ .

Nr. ____ , weil ____ .

Schreibe auf, was dir außerdem für dein Leben besonders wichtig erscheint!

____

____

____

____

____

____

____

Amerigo, ein Straßenkind aus Brasilien

Amerigo, 13 Jahre, ist ein Straßenkind in Brasilien. Wenn er traurig ist und Hunger hat kommt er manchmal zu einem Zentrum, das von der katholischen Kirche geleitet wird. Hier bekommen Straßenkinder freie Mahlzeiten und werden freundlich behandelt. Er wurde von Rita Somazzi, vom Schweizer UNICEF-Komitee, interviewt.

„Wo wohnst du?“
„Ich lebe in den Straßen, in Copacabana. Ich lebe alleine, da meine Mutter mich nicht mehr sehen will.“

„Wie ist das möglich?“
„Meine Eltern haben sich getrennt und meine Mutter lebt jetzt mit einem anderen Mann zusammen, der mich nicht ausstehen kann. Sie hat mir gesagt, ich solle verschwinden, sonst würde sie mich umbringen. Ich habe auf der Straße geweint und geschrien. Sie hat auch geschrien und weil ich bei ihr bleiben wollte ist sie hinter mir hergelaufen und hat mich mit einem Messer bedroht.“

„Wo ist dein Vater?“
„Er wohnt nicht hier. Er ist in Minas, weit weg von hier. Dona Maria (aus dem katholischen Zentrum) hat ihm geschrieben und ihn aufgefordert, mir Geld für eine Busfahrkarte zu schicken. Ich will zu ihm fahren und mit ihm leben. Ich warte, ich warte, aber er hat immer noch nicht geantwortet.“

„Wie schaffst du es zu leben?“
„Das ist unterschiedlich. Manchmal finde ich Arbeit, manchmal komme ich hierher. Ich habe Eis am Strand von Copacabana verkauft. Ich habe für einen Typen gearbeitet, der dort einen Kiosk hat.“

„Hast du viel verdient?“
„Nein, ich habe gar nichts verdient. Er hat mir nur etwas zu essen gegeben und in der Nacht durfte ich in seiner Hütte nahe am Strand schlafen.“

Hat dir der Job gefallen?“
„Ja und nein. Es war gut, weil ich während der Arbeit Freunde treffen und mit ihnen reden konnte. Aber es war harte Arbeit. Wissen Sie, die Kiste mit dem Eis ist sehr schwer, wenn sie voll und es heiß ist. Man muss stundenlang umhergehen und laut schreien, damit die Leute einen hören. ‚Picole, picole …‘ Es gibt Tage, an denen will niemand Geld ausgeben, noch nicht einmal für Eis.“

„Ist es hart, in den Straßen zu leben?“
„Ich hätte gerne mein eigenes Haus, um meine Sachen darin zu haben und um in Ruhe zu schlafen. Die Nächte sind kalt, wissen Sie, besonders im Winter.“

„Aber in Rio ist es nie sehr kalt.“
„Oh doch! Im Winter ist es feucht draußen – man kann in den Straßen vor Kälte sterben.“

Fatimettou, ein Mädchen aus Mauretanien

Fatimettous Familie betrachtet sich als eine der vornehmsten in der Region, zumindest dem Namen nach, wenn auch nicht dem Reichtum nach. Das Verhalten ihrer Kinder ist daher sehr wichtig – keine Schande darf über die Familie durch schlechtes Benehmen, besonders der Mädchen, kommen.

Fatimettou lebt mit ihrer Großmutter in El Maden und nicht mit ihrer Mutter in der Hauptstadt Nouakchott dreihundert Meilen entfernt. Ihre Großmutter findet, dass die Stadt kein passender Aufenthaltsort für junge Mädchen ist. Sie hat eine größere Lebenserfahrung und ihre Meinung zählt.

Von Fatimettou wird nicht verlangt zu arbeiten, denn es gibt andere in der Gemeinde, die Wasser holen, die Mahlzeiten kochen und das Land bearbeiten. „Es gibt hier nicht viel zu tun. Ich gehe mit meinen Freundinnen in den Palmenhainen spazieren und erledige Dinge im Haus, z. B. Tee kochen und Wasser eingießen.“

Wann immer sie kann, hilft sie gern ihre Großmutter.

Vor nicht langer Zeit wurden die Mädchen in der Pubertät verheiratet, um die Ehre der Familie zu schützen. Falls ein Mädchen schwanger wurde ohne verheiratet zu sein, wurde es wahrscheinlich getötet. Vor der Hochzeit wurden die Mädchen zwangsweise mit Milch gefüttert, um sie dick und attraktiv zu machen. In den Wüsten, wo das Leben hart ist und die Nahrungsmittel begrenzt sind, galt eine dicke Frau als Zeichen einer reichen Familie.

Heute verändert sich viel. Viele Menschen ziehen in die Städte und die Mädchen haben die Chance zur Schule zu gehen. „Ich möchte lange zur Schule gehen“, sagt Fatimettou. „Ich möchte Ärztin werden um Kranke zu heilen.“ Aber dafür müsste ich nach Atar gehen, der Hauptstadt der Region. Aber ich könnte nicht alleine gehen und meine Großmutter wird wohl nicht bereit sein mit mir umzuziehen.“

Obwohl viele Entscheidungen von den Älteren in ihrer Familie getroffen werden, werden die Beschränkungen mehr und mehr wegfallen, wenn Fatimettou älter wird. Sie wird wahrscheinlich zwei- oder dreimal heiraten, denn viele Menschen in Mauretanien lassen sich scheiden und heiraten wieder. Es ist nicht so, dass sie sich im Augenblick eingeschränkt fühlt, denn sie hat schon die Freiheit zur Schule zu gehen und ihre Mutter einmal im Jahr in der Hauptstadt zu besuchen.

© Diesterweg ISBN 3-425-09774-1

Linda aus den Niederlanden

Linda ist eine vierzigjährige holländische Hausfrau. Sie lebt in einem Vorort nicht weit von Den Haag, hat einen Teilzeitjob und ihr liebstes Hobby ist Lesen.

Vor fünf Jahren konnte Linda jedoch überhaupt nicht lesen und schreiben. Weder ihr Ehemann noch ihre zwei Kinder wussten davon. „Ich war eine Analphabetin", lächelt sie, „obwohl ich dieses Wort zu jener Zeit noch nicht einmal kannte."

Linda wuchs in einem kleinen Dorf auf. Ihre Eltern besaßen einen kleinen Bauernhof. Sie ging ohne besonderen Erfolg zur Grundschule, aber ihre Lehrer und Eltern haben sich nicht darum gekümmert, ihr zusätzliche Hilfe zukommen zu lassen. Als sie mit 14 von der Schule abging, hat niemand bemerkt, dass Linda weder lesen noch schreiben konnte.
Sie half auf dem Bauernhof und im Haushalt. Als sie an ihrem Hochzeitstag die Heiratsurkunde unterschreiben musste, kritzelte sie einfach irgendetwas auf das Papier. Unterschriften sind fast immer unleserlich, oder nicht?

Ihr Ehemann hat niemals etwas geahnt. Linda gab immer vor, sich nicht für Bücher, Zeitungen oder Zeitschriften zu interessieren.
Falls sie außerhalb des Hauses lesen musste, sagte sie immer, sie habe ihre Brille zu Hause vergessen und bat jemanden ihr vorzulesen.

Aber langsam begann sie sich Sorgen zu machen: Sie konnte ihren Kindern keine Gutenachtgeschichten vorlesen; sie konnte ihnen nicht bei den Hausaufgaben helfen, sie konnte noch nicht einmal eine Einkaufsliste schreiben. Und vor allen Dingen war sie es leid, immer nach einer Ausrede suchen zu müssen. „Es war mir so peinlich, aber ich hätte auf keinen Fall jemanden in mein Geheimnis eingeweiht." Das wäre sogar noch schmerzhafter gewesen.

Vor fünf Jahren bemerkte eine aufmerksame Lehrerin eines ihrer Kinder Lindas Problem und besprach es mit ihr. Als Folge besuchte Linda eine Abendschule, wo sie lesen und schreiben lernte. Nach der anfänglichen Erleichterung, dass die ganz Heuchelei vorbei war, und dass sie nicht die einzige Analphabetin war, kam die Freude am Lernen.

Fähig zu sein, Worte aus einer Menge von unzugänglichen Zeichen herauszulesen, erschien ihr wie ein Wunder. Sie belegte mehr Kurse und fand sogar Arbeit als Teilzeitsekretärin. „Ich fühle mich so gut, so unabhängig", sagt Linda, „ich kann mit meiner Familie und anderen Leuten über so viele Dinge reden – ich lerne jeden Tag mehr."

1 Findet heraus, wann die Schulpflicht in eurem Land eingeführt wurde!

2 Man sagt, „Bildung ist der Schlüssel zum Erfolg." Glaubst du, dass das stimmt?

3 Garantiert dir eine gute Ausbildung eine Arbeit, egal wo du lebst?

© Diesterweg ISBN 3-425-09774-1

Schullaufbahn-Test 1

Entscheidungshilfe für Lehrkräfte/Eltern
1 trifft voll zu, 2 trifft zu, 3 trifft meistens zu, 4 trifft manchmal zu, 5 trifft überhaupt nicht zu

Sprachliche Fähigkeiten

	1	2	3	4	5
Er/Sie kann über Erlebnisse und Sachverhalte zusammenhängend sprechen					
Er/Sie kann über Erlebnisse und Sachverhalte sehr lebendig sprechen					
Er/Sie kann über Erlebnisse und Sachverhalte gut verständlich sprechen					
Er/Sie schreibt gerne Aufsätze ohne fremde Hilfe von Erwachsenen					
Seine/Ihre Aufsätze sind einfallsreich					
Seine/Ihre Aufsätze weisen einen groß Wortschatz auf					
Seine/Ihre Aufsätze sind im Ablauf logisch richtig aufgebaut					
Er/Sie schreibt grammatikalisch (Gebrauch der Zeiten, der Fälle, der Wortarten) richtig					
Er/Sie spricht grammatikalisch (Gebrauch der Zeiten, der Fälle, der Wortarten) richtig					
Er/Sie beherrscht die Rechtschreibung					
Er/Sie liest gerne von sich aus					
Er/Sie liest ausdauernd					
Er/Sie hat das Gelesene gut verstanden					
Er/Sie versteht die Textaufgaben					
Er/Sie arbeitet mündlich gut mit					

Mathematische Fähigkeiten

	1	2	3	4	5
Er/Sie beherrscht die Grundrechenarten					
Er/Sie beherrscht das Einmaleins bis 12					
Textaufgaben bereiten ihm/ihr keine Probleme					
Denksportarten und Rätsel machen ihm/ihr Spaß					
Er/Sie kann die Hausaufgaben in Mathematik ohne Hilfe losen					
Er/Sie kann Aufgaben lösen, die noch nicht genau so geübt worden sind					
Er/Sie ist sicher beim Rechnen mit Größen (wie g, kg, m, km) in Sachaufgaben					
Er/Sie kann einfache geometrische Körper (z. B. Quader, Würfel) richtig beschreiben					
Er/Sie versteht einfache Schaubilder und Diagramme					
Er/Sie kann die Ergebnisse von Sachaufgaben gut überschlägig einschätzen					

Schullaufbahn-Test 2

Arbeitsweise

	1	2	3	4	5
Er/Sie erledigt die Hausaufgaben ohne Hilfe					
Er/Sie arbeitet bei den Hausaufgaben zügig					
Er/Sie arbeitet bei den Hausaufgaben konzentriert, ohne leicht ablenkbar zu sein					
Er/Sie hat für die Hausaufgaben die Arbeitsmittel stets griffbereit					
Wenn er/sie etwas angefangen hat, bleibt er/sie bis zum Schluss bei der Sache					
Er/Sie lernt auf Proben rechtzeitig und pflichtbewusst					
Er/Sie vertieft sich längere Zeit in eine Aufgabe					
Er/Sie versucht an eine Aufgabe, die er/sie nicht im ersten Moment versteht, selbstständig von verschiedenen Seiten heranzugehen					

Interessen und Einstellungen

	1	2	3	4	5
Er/Sie hat viele Hobbys und Interessen					
Er/Sie ist in der Freizeit sehr aktiv					
Er/Sie ist sehr wissbegierig und neugierig					
Er/Sie geht gerne zur Schule					
Er/Sie ist der Schule gegenüber positiv eingestellt					
Er/Sie kann schlechtere Noten gut verkraften					
Er/Sie hat kaum Angst, in Proben zu versagen					
Er/Sie ist selbstbewusst					
Er/Sie ist sehr selbstständig					
Er/Sie setzt sich hohe Ziele					
Er/Sie will von sich aus in die gewünschte Schulart					

Auswertung

Für die Wahl eines Gymnasiums sollten vor allem die beiden ersten Kästchen angekreuzt worden sein.

Für die Wahl einer Realschule sollten vor allem die drei ersten Kästchen angekreuzt worden sein.

Es gilt jedoch zu beachten: Der Test berücksichtigt nicht die so genannten sozialen und ethischen Kompetenzen.

Ohne die Kinder in ihrer Entwicklung zur Selbstverantwortung zu beeinträchtigen, ist vor allem für Kinder auch nach dem Übertritt die nachmittägliche Zuwendung und Unterstützung notwendig.

Das kann ich 1

Name: ______________________

Entscheidungshilfe für die Kinder
1 trifft voll zu, 2 trifft zu, 3 trifft meistens zu, 4 trifft manchmal zu, 5 trifft überhaupt nicht zu

Sprachliche Fähigkeiten

	1	2	3	4	5
Ich kann über Erlebnisse und Sachverhalte zusammenhängend sprechen.					
Ich kann über Erlebnisse und Sachverhalte sehr lebendig sprechen.					
Ich kann über Erlebnisse und Sachverhalte gut verständlich sprechen.					
Ich schreibe gerne Aufsätze ohne fremde Hilfe von Erwachsenen.					
Meine Aufsätze sind einfallsreich.					
Meine Aufsätze weisen einen groß Wortschatz auf.					
Meine Aufsätze sind im Ablauf logisch richtig aufgebaut.					
Ich schreibe grammatikalisch (Gebrauch der Zeiten, der Fälle, der Wortarten) richtig.					
Ich spreche grammatikalisch (Gebrauch der Zeiten, der Fälle, der Wortarten) richtig.					
Ich beherrsche die Rechtschreibung.					
Ich lese gerne von mir aus.					
Ich lese ausdauernd.					
Ich habe das Gelesene gut verstanden.					
Ich verstehe die Textaufgaben.					
Ich arbeite mündlich gut mit.					

Mathematische Fähigkeiten

	1	2	3	4	5
Ich beherrsche die Grundrechenarten.					
Ich beherrsche das Einmaleins bis 12.					
Textaufgaben bereiten mir keine Probleme.					
Denksportarten und Rätsel machen mir Spaß.					
Ich kann die Hausaufgaben in Mathematik ohne Hilfe lösen.					
Ich kann Aufgaben lösen, die noch nicht genau so geubt worden sind.					
Ich bin sicher beim Rechnen mit Größen (wie g, kg, m, km) in Sachaufgaben.					
Ich kann einfache geometrische Körper (z. B. Quader, Würfel) richtig beschreiben.					
Ich verstehe einfache Schaubilder und Diagramme.					
Ich kann die Ergebnisse von Sachaufgaben gut überschlägig einschätzen.					

Name: ______________________

Arbeitsweise

	1	2	3	4	5
Ich erledige die Hausaufgabe ohne Hilfe.					
Ich arbeite bei den Hausaufgaben zügig.					
Ich arbeite bei den Hausaufgaben konzentriert, ohne leicht ablenkbar zu sein.					
Ich habe für die Hausaufgaben die Arbeitsmittel stets griffbereit.					
Wenn ich etwas angefangen habe, bleibe ich bis zum Schluss bei der Sache.					
Ich lerne auf Proben rechtzeitig und pflichtbewusst.					
Ich vertiefe mich längere Zeit in eine Aufgabe.					
Ich versuche an eine Aufgabe, die ich nicht im ersten Moment verstehe, selbstständig von verschiedenen Seiten heranzugehen.					

Interessen und Einstellungen

	1	2	3	4	5
Ich habe viele Hobbys und Interessen.					
Ich bin in der Freizeit sehr aktiv.					
Ich bin sehr wissbegierig und neugierig.					
Ich gehe gerne zur Schule.					
Ich bin der Schule gegenüber positiv eingestellt.					
Ich kann schlechtere Noten gut verkraften.					
Ich habe kaum Angst, in Proben zu versagen.					
Ich bin selbstbewusst.					
Ich bin sehr selbstständig.					
Ich setze mir hohe Ziele.					
Ich will von mir aus in die gewünschte Schulart.					

Auswertung

Für die Wahl eines Gymnasiums sollten vor allem die beiden ersten Kästchen angekreuzt worden sein.

Für die Wahl einer Realschule sollten vor allem die drei ersten Kästchen angekreuzt worden sein.

Wenn ich einmal erwachsen bin

Name: ______________________

So stelle ich mir mein Leben vor:

Mädchen und Buben Name: ____________________

	Mädchen	Buben
Eigenschaften:		
Bevorzugte Unterrichtsfächer:		
Das machen in der Freizeit:		
Angst haben:		
Vorbilder:		
Kleidung:		

1 Vergleicht eure Tabellen! Welche Gemeinsamkeiten bei Mädchen und Buben habt ihr gefunden?

2 Wo gibt es Unterschiede? Kennzeichnet sie mit einem farbigen Stift!

Den Abfall richtig trennen

Name: ______________________

So wird der Müll richtig getrennt

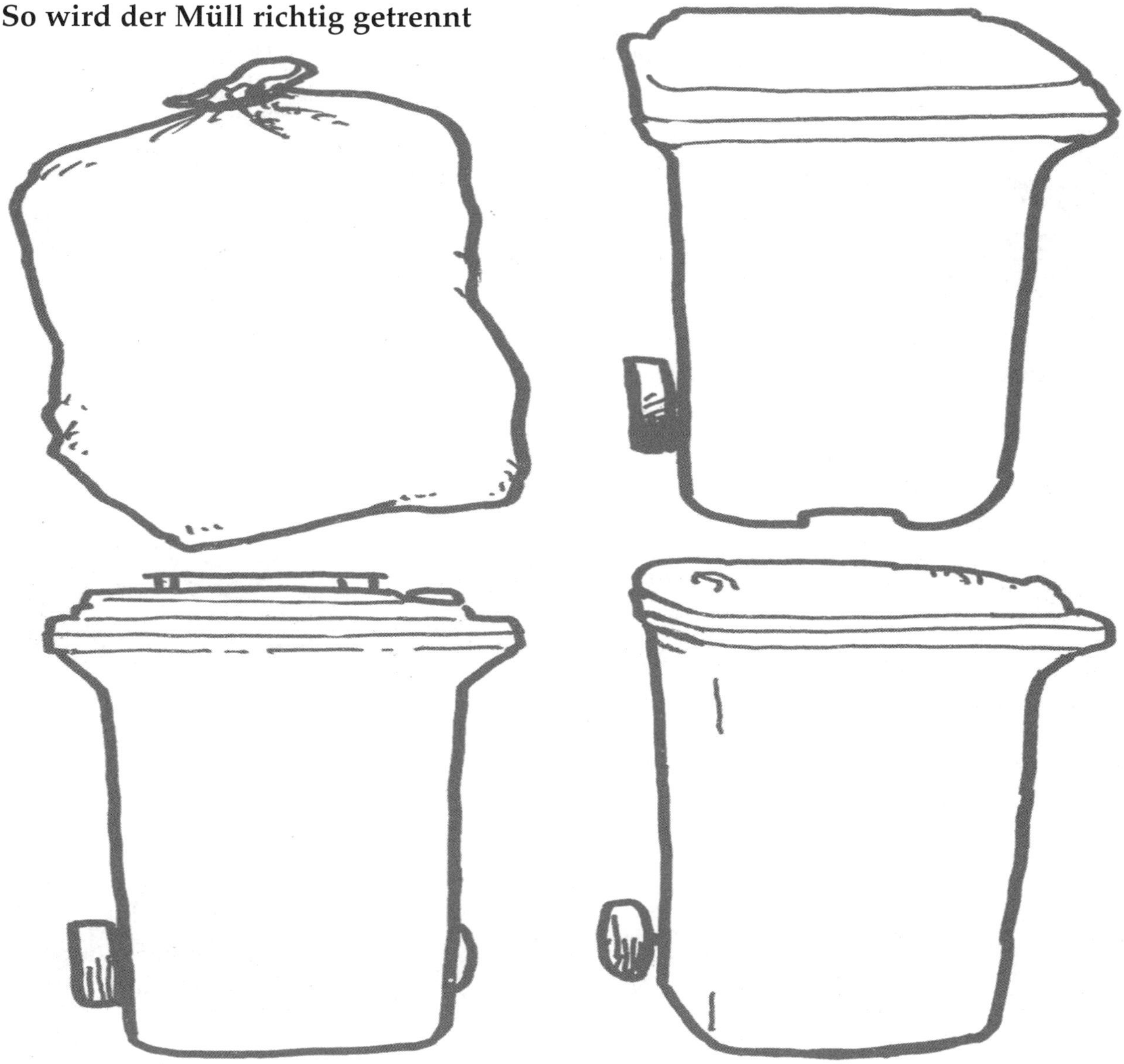

1 Schreibe auf, welcher Abfall in die jeweilige Tonne kommt!

Bei uns wird der Müll so getrennt: ______________________________

____

____

____

Gartenabfall- und Sondermüllsammlungen finden bei uns statt: ______________

____

2 Schreibe auf, wie bei euch der Müll getrennt wird!

3 Wann finden bei euch Gartenabfall- und Sondermüllsammlungen statt?

Papier selbst herstellen

Name: ______________________

Zeitungsstückchen einweichen

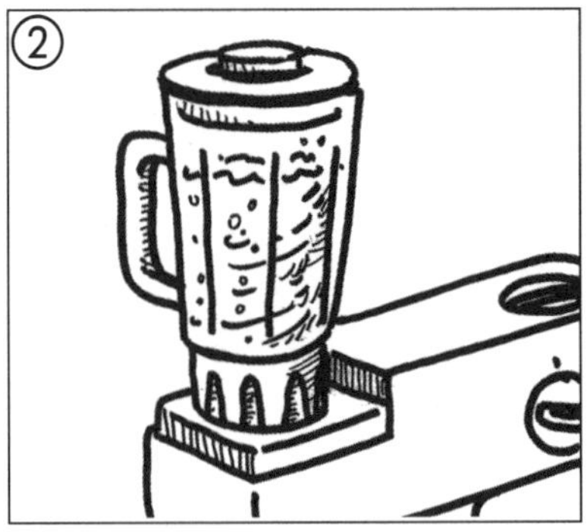

Zeitungsstückchen mit Rührwerk zerfasern

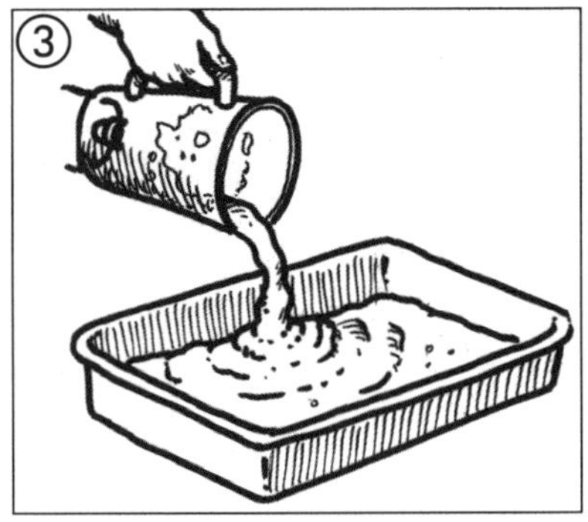

Papierbrei in Wanne gießen

Wasser zugeben und verrühren

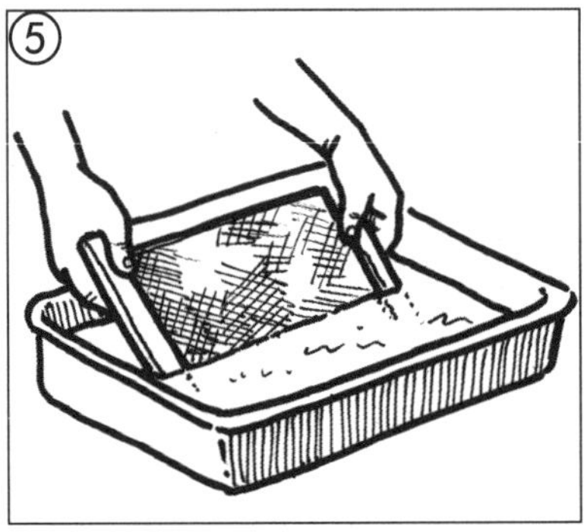

Sieb eintauchen

Sieb mit Papierbrei füllen

Papierbrei schöpfen und abtropfen lassen

Schöpfmasse auf glatter Unterlage ablegen

Papier vom Sieb ablösen

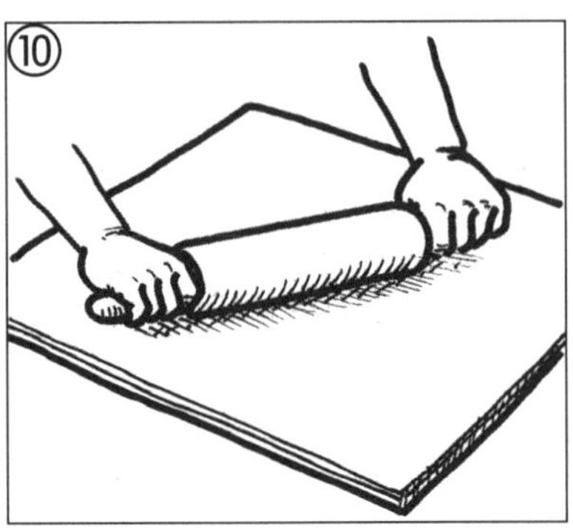

Saugmaterial auflegen und walzen

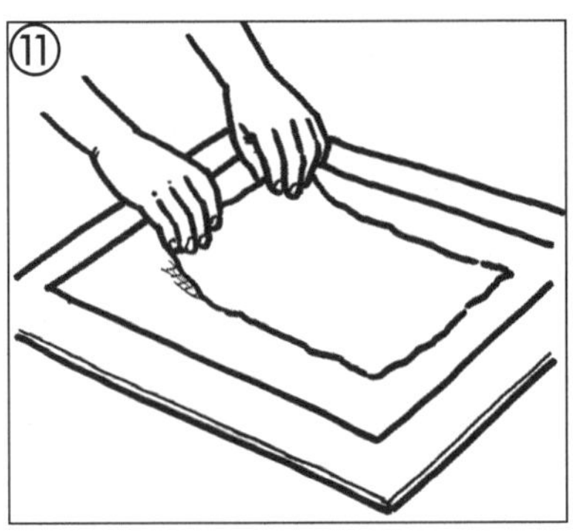

Papier von Unterlage lösen

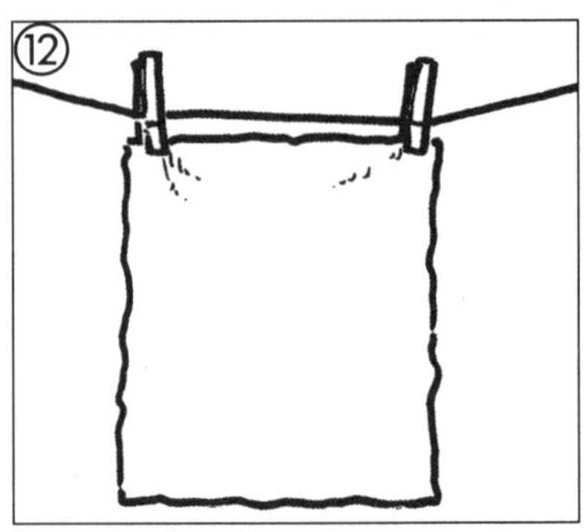

Papier aufhängen

In einer mittelalterlichen Stadt Name: ______________________

1 In die mittelalterliche Stadt haben sich sieben Fehler eingeschlichen. Finde sie und male sie an!

	früher	**heute**
Häuser		
Stadtgrenze		
Fahrzeuge		

2 Schreibe die Unterschiede einer Stadt von heute und einer Stadt von früher auf!

© Diesterweg ISBN 3-425-09774-1

Handwerker im Mittelalter

Name: ______________________

Viele Familiennamen leiten sich von mittelalterlichen Berufen ab. Die Vorfahren der Familien Schmitt, Schmidt oder Schmid waren sicherlich einst Schmiede. Wer heute Pfister heißt, stammt wohl von Bäckern ab (Pfister lateinisch pistor = Bäcker).

1 Versuche herauszufinden, ob dein Familienname auch von einem mittelalterlichen Beruf herrührt!

Mein Name: ____________________ Bedeutung: ____________________

Wenn du heutige Ortspläne oder Stadtpläne betrachtest, findest du viele Straßennamen, die auf mittelalterliche Handwerksberufe zurückgehen. So war der Rossmarkt früher ein Platz, auf dem Pferde verkauft wurden. In der Metzgergasse waren wohl viele Metzgereien.

2 Finde weitere Straßennamen in deinem Heimatort, die auf mittelalterliche Handwerker schließen lassen!

Diese Straßennamen gibt es in ____________________ :

____

____

3 Ordne die Handwerksberufe den Bildern zu!

Schmied – Schneider – Färber – Fleischer – Bäcker – Schuhmacher

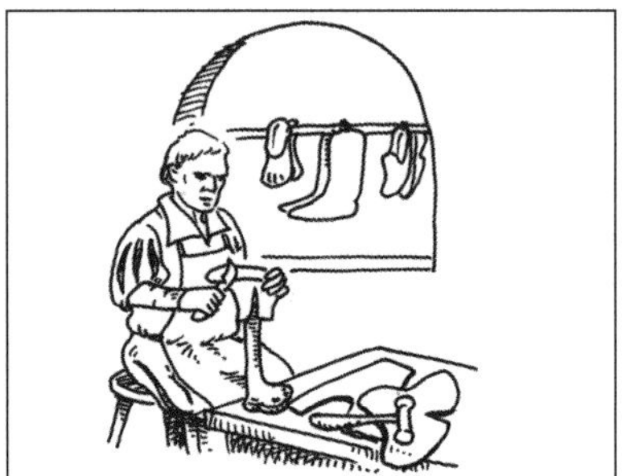

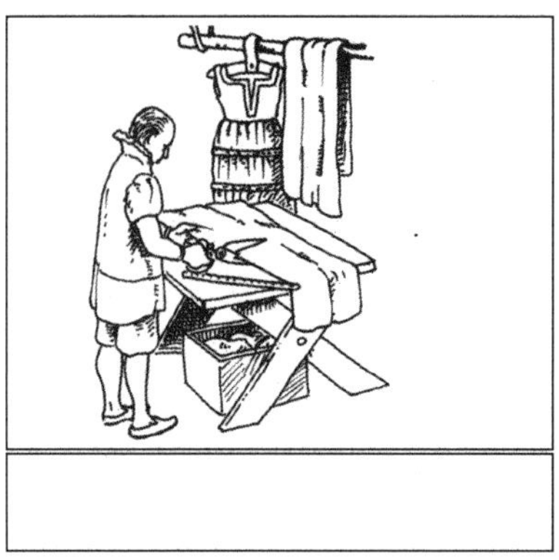
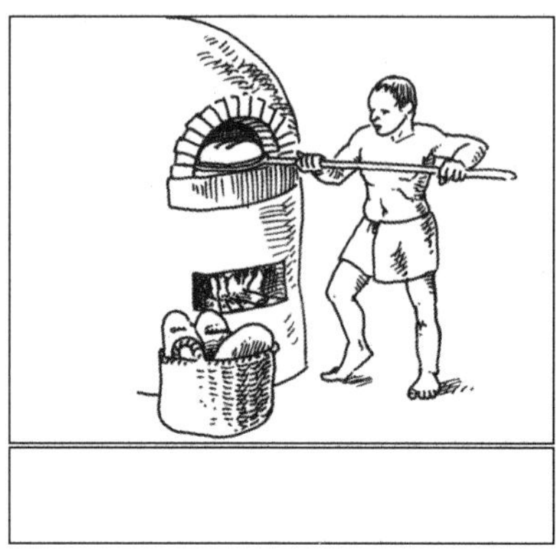

© Diesterweg ISBN 3-425-09774-1

 Name: ____________________

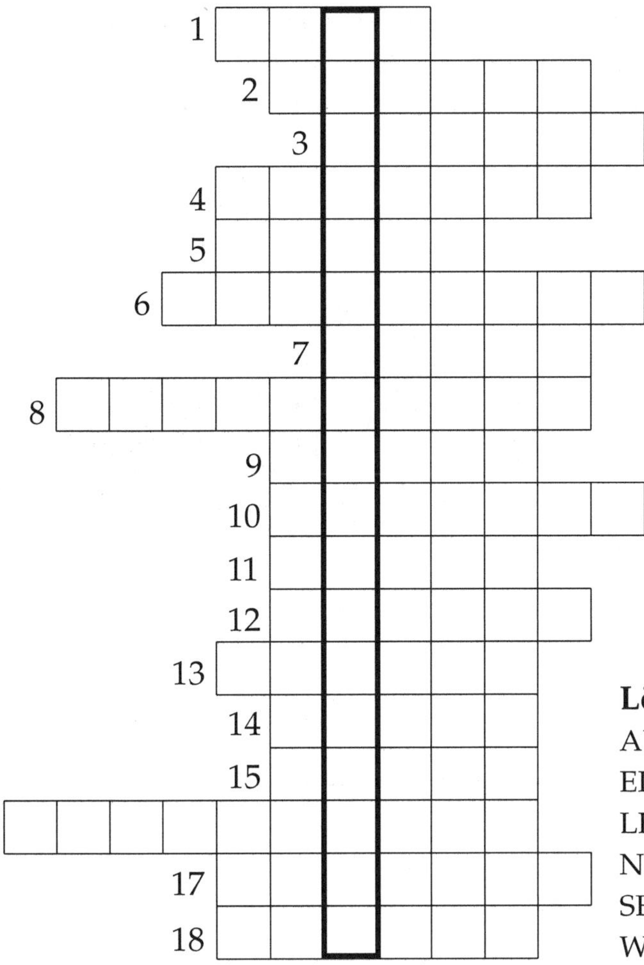

Lösungshilfe:
AL – BER – BÜR – BÜT – DE – DEN – EN – ER – FÄR – FER – GE – GER – GIL – GUL – I – LER – LI – LING – MARKT – MAU – MÜ – NIG – PEN – PFEF – PFEN – RATS – SCHIL – SE – SEI – STADT – STROH – TA – TEL – WACHS – ZOLL – ZUNFT

1 So nannte man die Gebühr, die Händler unterwegs oft zahlen mussten.
2 Er stellte früher Seile her.
3 So nannte (nennt) man die Bewohner einer Stadt.
4 Begehrtes Gewürz im Mittelalter.
5 So nannte man den Zusammenschluss der Handwerker.
6 Sechs Pfennige waren einer.
7 Dort wurden im Mittelalter fast alle Waren verkauft.
8 Sie umgab eine mittelalterliche Stadt
9 So nannte man den Zusammenschluss vieler Kaufleute und Händler.
10 In diesem Land kamen sehr viele Gewürze im Mittelalter an.
11 Mit ihm waren viele Häuser im Mittelalter gedeckt.
12 Das verkauften die Bauern auf dem Markt.
13 Ein Geldstück aus Gold im Mittelalter.
14 Diesen Stoff benötigten die Kirchen für die Kerzen.
15 Ein Gebirge, dass Händler auf dem Weg von Italien nach Bayern überqueren mussten.
16 So nannte man den Diener im mittelalterlichen Rathaus.
17 Kleines Geldstück im Mittelalter.
18 Er färbte früher Stoffe.

Verschiedene Burgen

Name: ______________________

Die ersten Burgen waren nur stärker befestigte Häuser oder Türme. Um sich besser vor Angreifern schützen zu können, bauten die Ritter ihre Burgen auf Berge oder in Wasser. Solche Burgen nennen wir Höhenburgen oder Wasserburgen.

____

____

1 Schreibe die richtigen Bezeichnungen unter die Burgen!

Obwohl alle Burgen anders aussahen, hatten sie doch einige gemeinsame Bestandteile.

2 Beschrifte die Zeichnung mit den Begriffen: *Ringmauer, Burggarten, Herrenhaus (Palas), Ziehbrunnen, Burgtor, Zwinger, Frauenhaus (Kemenate), Bergfried, Zugbrücke, Vorratsräume!*

„So zogen die Ritter in den Kampf“ Name: ____________________

Zeit: um [ ] Zeit: um [ ]

Vor ungefähr 800 Jahren zog ein Ritter zum Kampf eine Kettenrüstung an. Er schützte sich gegen Schwertschläge und Lanzenstöße mit einem Kettenhemd aus kleinen Eisenringen sowie mit einem Eisenhelm. Ein Waffenrock aus Stoff über der Rüstung verhinderte, dass die Rüstung zu heiß wurde. Damit man gleich sehen konnte, mit wem man es zu tun hatte, war auf dem Waffenrock das Wappen eingestickt. Auch auf dem Helm und dem Schild trug der Ritter sein Wappen.
Die Helmzier sollte ihn größer und mächtiger erscheinen lassen. Seine Hauptwaffe war die Lanze.
Ungefähr 200 Jahre später schützte sich ein Ritter mit einer Plattenrüstung, da der Kettenpanzer gegen die Pfeile aus der nun verwendeten Armbrust wenig nützte. Eine solche Plattenrüstung bestand aus Brust- und Rückenplatten und aus Arm- und Beinschienen aus Eisenblech. Von der früheren Kettenrüstung blieb nur noch der Kettenrock übrig. Der Eisenhelm hatte nun ein Visier zum Aufklappen. Der Ritter kämpfte jetzt hauptsächlich mit dem Schwert.
Die Plattenrüstung wog über einen halben Zentner. Der Ritter musste vor dem Kampf auf sein Pferd gehoben werden. Vieles an der Rüstung sollte auch zeigen, wie reich und mächtig der Ritter war. Solche Rüstungen kosteten viel Geld, sodass die Ritter von ihren Bauern immer mehr Steuern verlangten.

1 Lies den Text und unterstreiche die Bezeichnungen für die beiden Rüstungen! Schreibe die Bezeichnungen und die Zeit unter die Bilder!

2 Wie heißen die einzelnen Teile der Rüstung? Suche die Begriffe aus dem Text heraus und trage sie in die Zeichnung ein!

Würfelspiel: „Der Burgschatz“

RABENSTEIN 	⚀ ⚀ Du kaufst eine neue Rüstung. 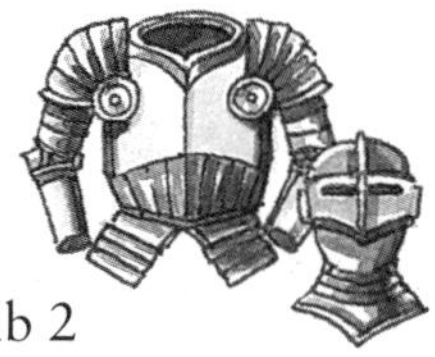 Gib 2	⚀ ⚁ Du verkaufst 2 Kühe  Nimm 1	⚀ ⚂ Der Bergfried wird ausgebessert.  Gib 2	SCHRECKENFELS 
⚀ ⚃ Du kaufst ein Schwert.  Gib 1	⚀ ⚄ Du schließt einen Waffenstillstand.  Nimm 3	⚀ ⚅ Du erhältst Zinsen von den Bauern.  Nimm 2	⚁ ⚁ Du musst Lösegeld bezahlen.  Gib 2	⚁ ⚂ Bauern bearbeiten deine Felder.  Nimm 1
⚁ ⚃ Die Burgherrin heilt einen Ritter.  Nimm 1	⚁ ⚄ Du hast eine gute Ernte gehabt.  Nimm 1	⚁ ⚅ Du kaufst einen Goldring.  Gib 1	⚂ ⚂ Du ziehst für den König in den Krieg.  Gib 3	⚂ ⚃ Du hast einen Bären erlegt.  Nimm 1
⚂ ⚄ Du kaufst ein Pferd.  Gib 2	⚅ ⚅ Du schließt für 10 Jahre Frieden: NIMM ALLES!	SCHATZTRUHE DES KÖNIGS 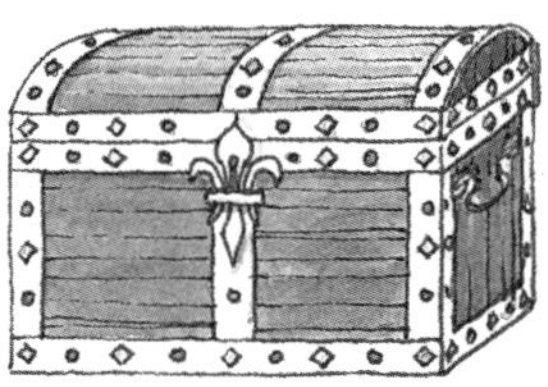		⚂ ⚅ Du gewinnst beim Turnier.  Nimm 1
⚃ ⚃ Du erhältst Zolleinnahmen. 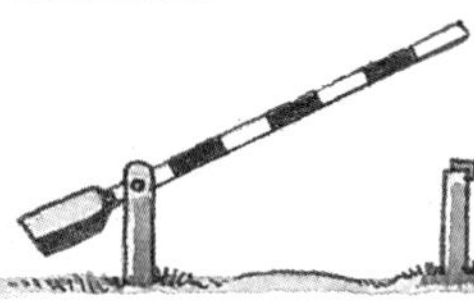 Nimm 1	Jede(r) erhält vom König 7 Goldstücke (Bohnen o.Ä.). In der Truhe bleiben ebenfalls 7. Man würfelt reihum mit 2 Würfeln und sucht das Feld, das man gewürfelt hat. Wer nicht zahlen kann, setzt aus. Wenn die Truhe des Königs leer ist, zahlen alle 2 Münzen ein (wenn sie sie noch haben). Gewonnen hat, wer zuerst seinen Einsatz verdoppelt, also 14 Goldstücke in seiner Truhe hat.			⚃ ⚄ Der Müller bringt dir die Pacht.  Nimm 1
STOLZENBURG 	⚃ ⚅ Du kaufst schöne Kleider. 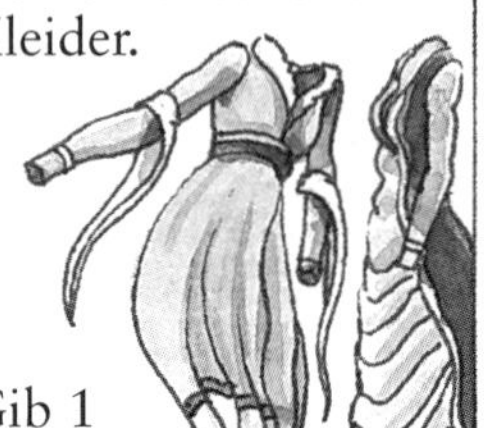 Gib 1	⚄ ⚄ Du erhältst ein Stück Land als Lehen 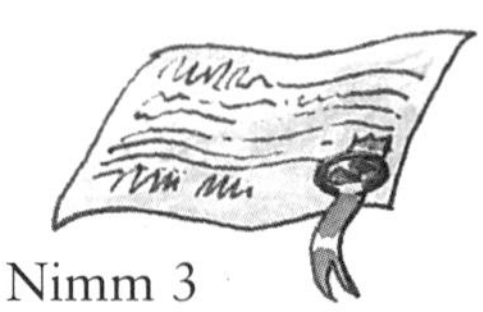 Nimm 3	⚄ ⚅ Du überfällst die Nachbarburg.  Gib 3	DRACHENBLUT 

© Diesterweg ISBN 3-425-09774-1

Die Entstehung von Salz

Name: ______________________

Vor vielen Millionen Jahren wurden einzelne Meeresbecken durch eine Hebung oder eine Senkung von Gebirgen vom Meer abgetrennt.
Die bayerischen Salzlager entstanden durch eine Hebung der Alpen. In einem vom Meer abgetrennten Becken verdunstete salzhaltiges Wasser. Dabei lief immer wieder salzhaltiges Wasser nach und verdunstete. Langsam begannen sich die Alpen zu heben. Vor rund 60 Millionen Jahren haben sich dann die Alpen über die Salzablagerungen geschoben und sie eingeschlossen.
Heute wird in Bayern nur im Raum Berchtesgaden – Bad Reichenhall (Hall = Salz) Salz abgebaut.

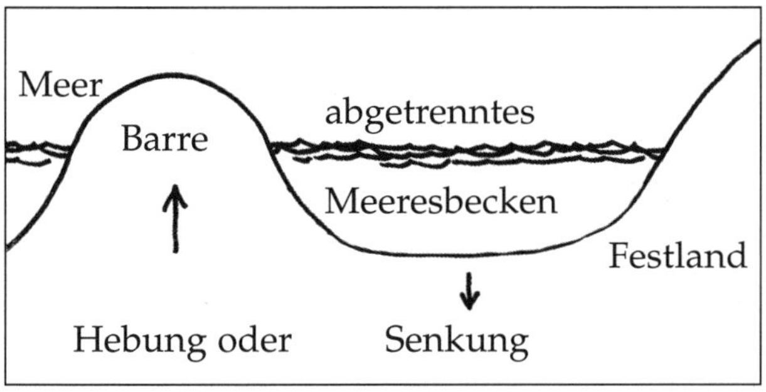

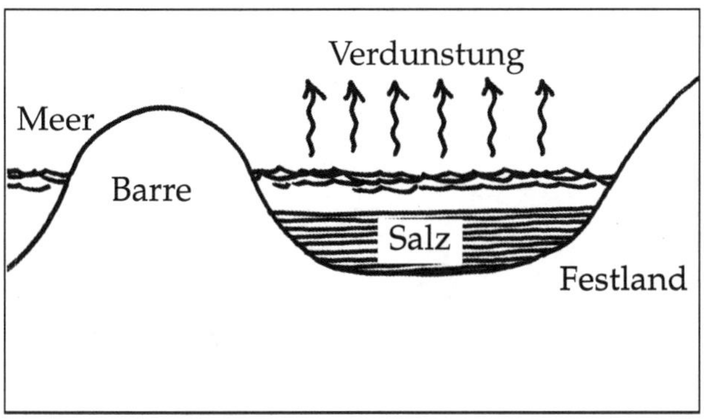

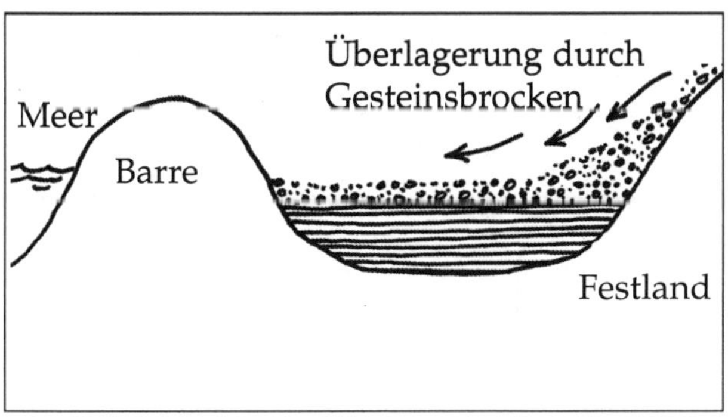

1 Schreibe auf, wie Salz entsteht!

2 Wie lässt sich der Name der Stadt Reichenhall herleiten?

Reichenhall: ______________________

Diesterweg ISBN 3-425-09774-1

 Name: ____________________

Nach der Ernte im Herbst werden die Zuckerrüben zur Fabrik transportiert und dort gewaschen ①. Die sauberen Rüben werden von einer Schneidemaschine in schmale Schnitzel geschnitten ②. Dann gelangen die Rübenschnitzel in den Auslaugeturm ③. Hier löst heißes Wasser den Zucker heraus. Die ausgepressten Rübenschnitzel werden als Viehfutter verwendet. Der süße Rohsaft ist trüb und wird nun durch einen Filter ④ gepresst und gereinigt. Er gelangt in die Verdampfstation ⑤ und wird so stark erhitzt, dass das Wasser verdampft. Im Kochapparat ⑥ entsteht aus dem Dicksaft Sirup. Darin bilden sich Zuckerkristalle, die in einer Zentrifuge ⑦ abgetrennt werden. Schließlich erfolgt die letzte Reinigung ⑧. Der Zucker wird im Vorratsbehälter ⑨ gesammelt und dann mit einer Maschine ⑩ verpackt.

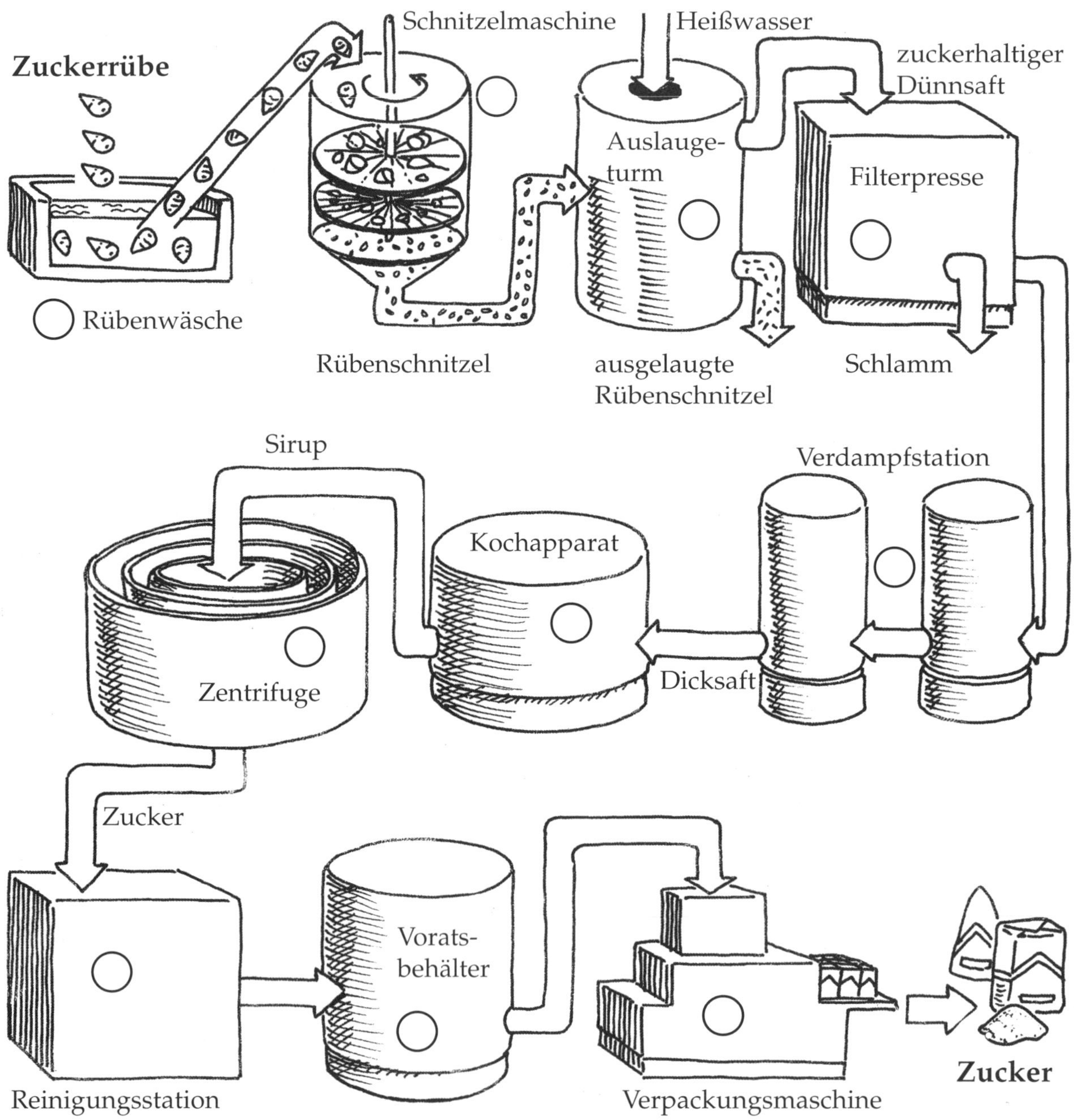

1 Ergänze in der Zeichnung die Nummern der einzelnen Stationen der Zuckerherstellung!

Diesterweg ISBN 3-425-09774-1

Butter selbst gemacht

Name: ______________________

1 Beschreibe, wie du Butter selbst hergestellt hast! Du kannst auch Bilder zu den einzelnen Schritten der Butterherstellung malen.

___

___

___

___

___

___

___

___

___

© Diesterweg ISBN 3-425-09774-1

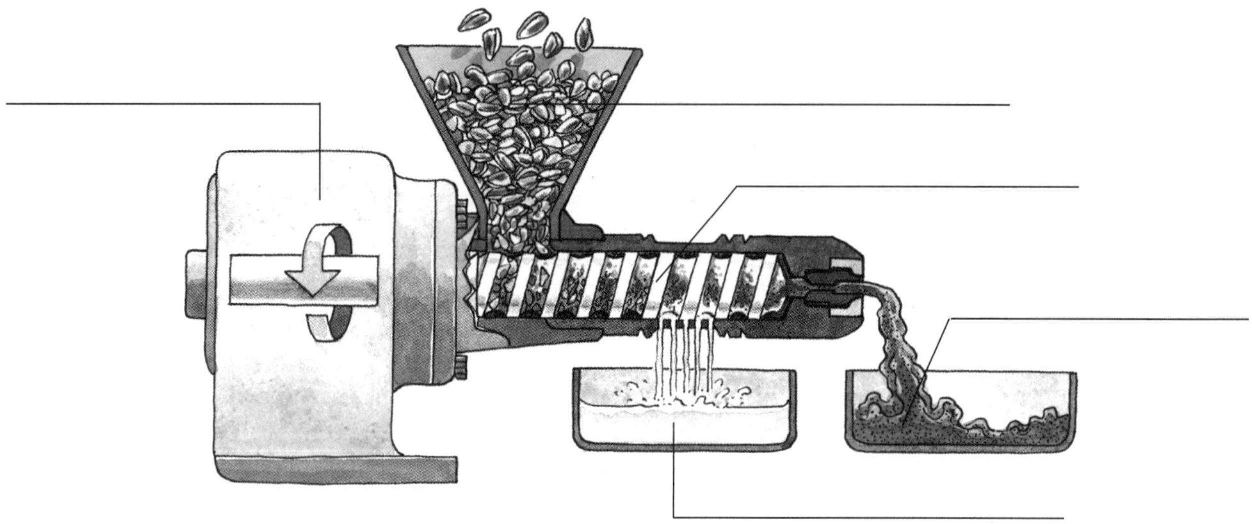

1 Ergänze die Zeichnung mit: *Auffanggefäß, Schnecke, Schneckenpresse, Schrot, Sonnenblumenkerne.*

Nach der Ernte werden die ______________ oder ____________ zur Ölmühle gebracht. In der Ölmühle wird aus ihnen das ________ herausgepresst. Dabei laufen die Sonnenblumenkerne oder die Rapsamen in die so genannte ______________ hinein. Mit der ____________ werden die Samen zerquetscht und dabei ausgepresst. Unten fließt das Öl ab, das in einem ____________ gesammelt wird. Am Ende der Schneckenpresse wird der __________ aus der Presse gedrückt. Nach der Pressung wird das trübe Pflanzenöl etwa __________ lichtgeschützt ______________ . So können sich die ____________ (pflanzliche Rückstände aus dem Pressvorgang) ____________ . Anschließend kann das __________ Öl abgeschöpft werden. Wenn es nötig ist, wird das Öl noch ______________ , um letzte ______________ zu entfernen. Ein so gewonnenes Öl wird als „__________________" Öl bezeichnet. Es ist besonders __________ , da es noch alle wichtigen ______________ enthält und reich an ungesättigten ________________ ist.

2 Ergänze den Text mit: *14 Tage, absetzen, Auffanggefäß, Fettsäuren, gefiltert, gelagert, kalt gepresstes, klare, Öl, Rapssamen, Schnecke, Schneckenpresse, Schrot, Schwebstoffe, Sonnenblumenkerne, Trübstoffe, Vitamine, wertvoll.*

© Diesterweg ISBN 3-425-09774-1

Wertstoffkreislauf einer Weißblechdose Name: ______________________

1 Beschreibe in Stichworten den Wertstoffkreislauf einer Weißblechdose! Diese Wörter helfen dir: *Weißblechcontainer, Schneiden neuer Dosen, Abholung der gesammelten Dosen, Walzen der Brammen, Schmelzung im Stahlwerk, Einkauf im Supermarkt, Verpressung in der Schrottverwertung, Gießen von Brammen, Mittagessen aus der Dose.*

____

____

____

____

____

____

iesterweg ISBN 3-425-09774-1

Ökobilanz einer Weißblechdose

Name: ____________________

Jeder Haushalt (Familie) verbraucht im Durchschnitt etwa 100 Weißblechdosen in einem Jahr. Dazu zählen die Dosen mit Erbsen oder Karotten ebenso wie die Farbdosen, die gekauft werden, wenn zum Beispiel der Gartenzaun neu gestrichen werden muss.
Im Stahlwerk wird berechnet, wie viele Rohstoffe verbraucht werden, wenn die 100 Dosen neu hergestellt werden und wenn sie aus Recyclingdosen hergestellt werden. Außerdem werden Schadstoffe für die Luft und der Energieaufwand verglichen:

	100 Dosen aus neuem Stahl brauchen …	100 Dosen aus Recyclingstahl brauchen …
Rohstoffverbrauch		
Eisenerz	16 kg	0 kg
Zinnerz	1 kg	0 kg
Weißblechschrott	1 kg	8 kg
Kalk	2 kg	0,06 kg
Wasser	107 l	84 l
Luftschadstoffe Kohlendioxid	19 kg	8 kg
Stickoxide	30 g	19 g
Energieaufwand		
Energie für die Herstellung der Dosen	213 MJ	126 MJ

MJ = Megajoule; Joule bezeichnet die Energie, Arbeit und Wärmemenge

1 Vergleiche die Mengen, die für 100 neue Dosen und für 100 recycelte Dosen benötigt werden!

2 Fertige Schaubilder an, das neue und recycelte Dosen vergleicht!

[Di]esterweg ISBN 3-425-09774-1

Interview-Bogen zur Betriebserkundung Name: ______________________

Name des Betriebs: ______________________

Firmenzeichen: ______________________

Lage im Ort/Stadtgebiet: ______________________

____

Besitzer/Besitzerin: ______________________

____

Der Betrieb stellt her/handelt mit: ______________________

____

Die wichtigsten Partner sind: (Kunden/innen, Lieferanten/innen): ______________________

____

____

____

Die Zahl der Beschäftigten beträgt zurzeit ________ ,

davon sind ________ Männer und ________ Frauen.

Der Betrieb hat zurzeit ________ Auszubildende.

Die Mitarbeiter/Mitarbeiterinnen wohnen: ______________________

____

Der Betrieb hat folgende Probleme: ______________________

____

Das haben wir sonst noch erfahren: ______________________

____

____

____

____

Diesterweg ISBN 3-425-09774-1

Wie wird aus Äpfeln Saft? Name: ____________________

①

②

③

④

⑤

⑥

1 Schneide die Bilder aus und klebe sie in der richtigen Reihenfolge auf!

2 Schreibe unter die Bilder in Stichworten, welche Arbeiten getan werden müssen!

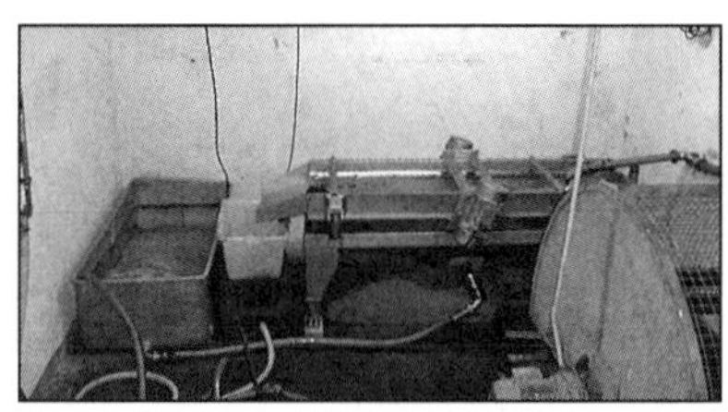

iesterweg ISBN 3-425-09774-1

 Name: ______________________

1 Lies die beiden Texte! Unterstreiche wichtige Aussagen!

Einwegflasche

Für viele Einwegflaschen muss ein deutlich höheres Pfand als für Mehrwegflaschen bezahlt werden. Denn im Gegensatz zur Mehrwegflasche werden die mit hohem Energieaufwand hergestellten Einwegflaschen nur einmal befüllt. Auch wenn sie gesammelt und zurückgegeben werden, benötigt ihre Wiederverwertung nach nur einmaligem Gebrauch viel Energie und ist teuer. Manche Getränkehändler ärgern sich zudem über diese Flaschen, da sie von den Mehrwegflaschen getrennt gesammelt werden müssen.

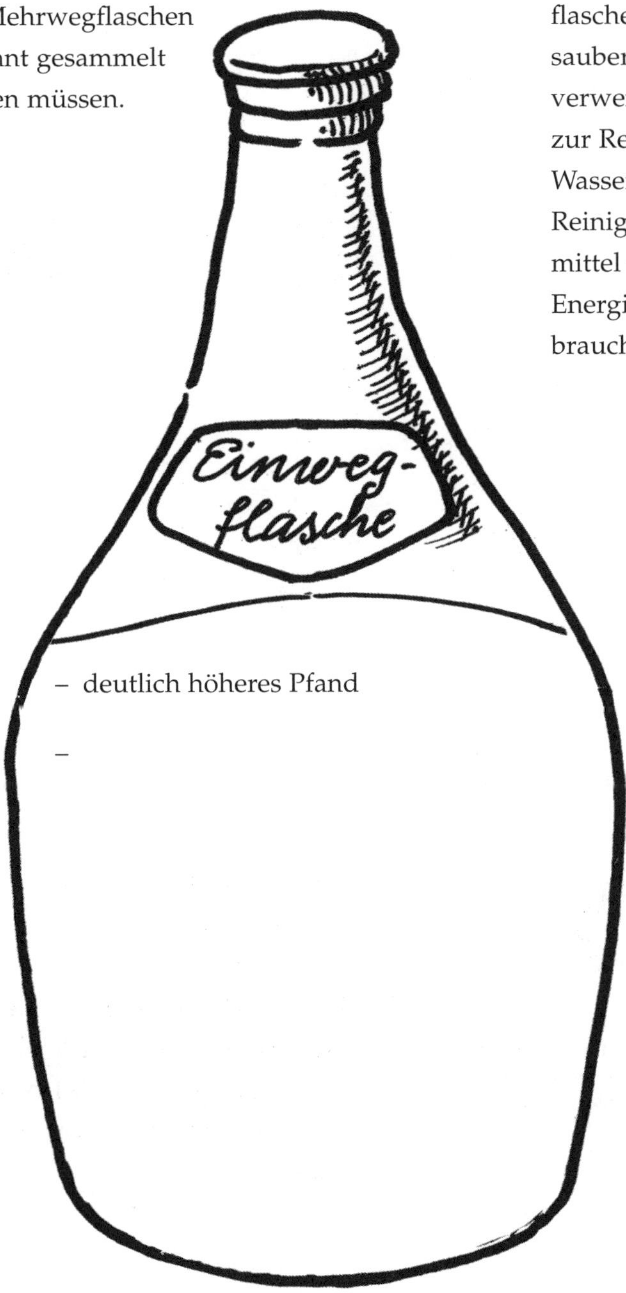

Mehrwegflasche

Eine Mehrwegflasche kann bis zu 40-mal befüllt werden. Deshalb entsteht weniger Abfall und es wird weniger Material und Energie verbraucht. Betriebe, die ihre Flaschen in der nächsten Umgebung verkaufen, verwenden gerne Mehrwegflaschen, weil die Kunden sie leicht zurückbringen können. Auch ist das Pfand niedriger als bei Einwegflaschen. Um eine Mehrwegflasche hygienisch sauber wieder zu verwenden, werden zur Reinigung viel Wasser, scharfe Reinigungsmittel und Energie verbraucht.

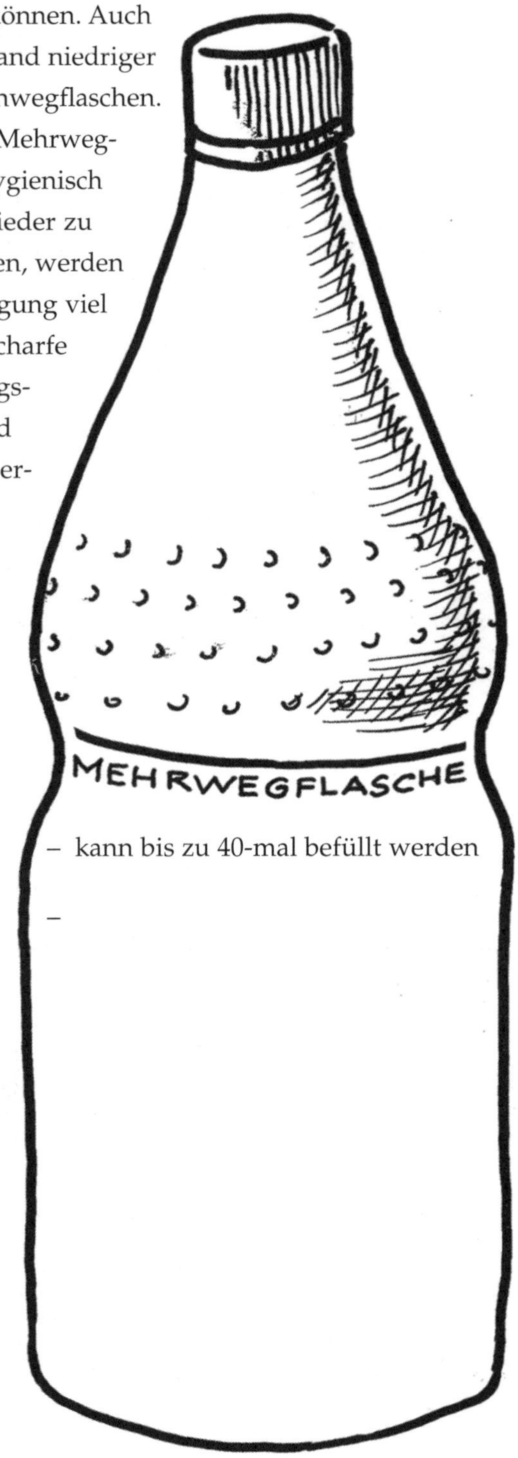

© Diesterweg ISBN 3-425-09774-1

Entwicklung der Erdkröten

Name: ______________________

Im Herbst verlassen die Erdkröten ihre Sommerquartiere und begeben sich zum Überwintern in Gebiete, die näher am Wasser liegen.

Die jungen Kröten verlassen das Wasser und leben als Landtiere. Sie atmen durch Lungen und bewegen sich kriechend und hüpfend fort.

Die Weibchen laichen ihre Eier in langen Schnüren ins Wasser ab. Die Männchen auf ihrem Rücken besamen die Eier.

Im zeitigen Frühjahr erwachen die Erdkröten aus der Winterstarre und machen sich massenhaft auf den Weg zu einem Laichgewässer.

In ihrem Überwinterungsgebiet suchen sich die Erdkröten einen Unterschlupf unter Steinen oder in Erdlöchern. Sie können sich auch selbst kleine Höhlen graben.

Aus den besamten Eiern entstehen nach kurzer Zeit kleine, fischähnliche Lebewesen, die sich mit einem Ruderschwanz im Wasser bewegen: die Kaulquappen.

Zuerst wachsen den Kaulquappen die Hinterbeine und dann erst die Vorderbeine. Der Ruderschwanz bildet sich zurück und es entsteht eine kleine Kröte.

Die Männchen warten auf die Weibchen, setzen sich auf ihren Rücken und lassen sich zum Teich oder Tümpel tragen.

Vom Laichgewässer ziehen die jungen Kröten im Sommer in Feuchtgebiete, wo sie genügend Nahrung finden: Schnecken, Würmer und Insekten.

In der Winterkälte kühlt auch die Körpertemperatur der Erdkröten, wie bei allen wechselwarmen Tieren ab, sie fallen in Kältestarre. Wenn sie kein geschütztes Versteck gefunden haben, können sie auch erfrieren.

1 Klebe die Bilder zum passenden Text!

2 Ordne die Karten in der richtigen Reihenfolge! Du kannst ein Spiel oder ein kleines Buch daraus machen.

Tiere im Bach

Name: ______________________________

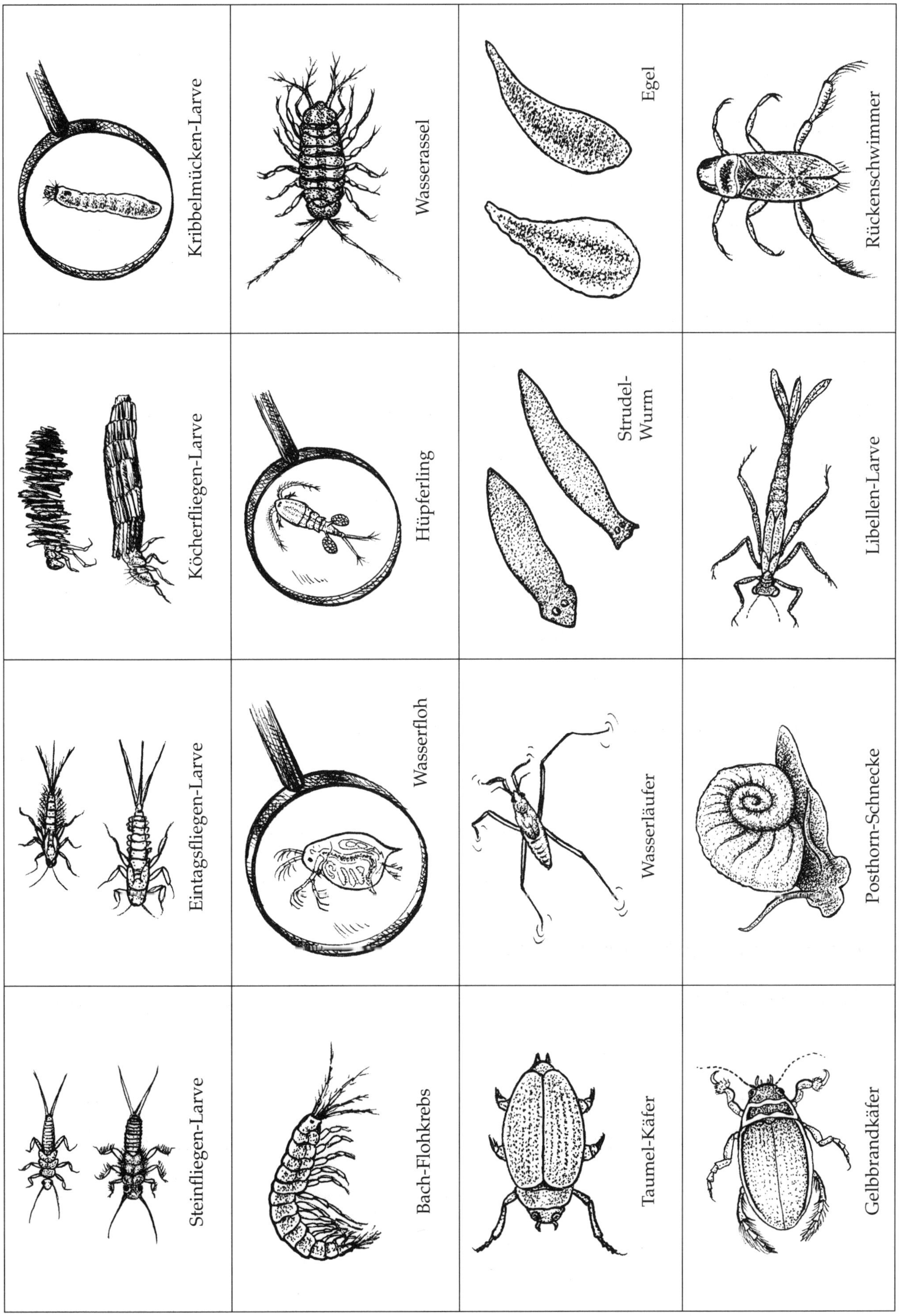

Wir erkunden ein Gewässer

Name: ______________________

Unser Bach

Unser Bach heißt ______________________ .

Er entspringt ______________________ .

Das ist ungefähr ________ Kilometer von hier.

Sein Wasser fließt bei ______________________ in ______________________

und schließlich in ______________________ .

An meinem Standort habe ich gemessen:

Breite des Baches: ____________ Meter

Fließgeschwindigkeit: ____________ Meter in ____________ Sekunden

Wassertemperatur: ________ Grad Celsius

Unser See

Er heißt ______________________ .

Sein Wasser stammt ______________________ .

An seiner breitesten Stelle ist er ________ Meter breit.

An der tiefsten Stelle ist er ____________ Meter tief.

Das ist mir noch aufgefallen: ______________________

____

____

Pflanzen und Tiere in unserem Gewässer

Diese Tiere habe ich gefunden: ______________________

____

____

Diese Pflanzen habe ich gefunden: ______________________

____

____

____

 ISBN 3-425-09774-1

Wohin verschwindet das Wasser?   Name: ______________________

Wasserglas in der Sonne

1. Tag  2. Tag  3. Tag 

Wasserglas im Schatten

1. Tag  2. Tag  3. Tag 

Wasserglas im Kühlschrank

1. Tag  2. Tag  3. Tag 

Beobachtung:

____

____

____

____

1 Stelle jeweils ein Glas Wasser in die Sonne, in den Schatten und in den Kühlschrank! Beobachte das Wasser und markiere an jedem Tag jeweils den Wasserstand!

2 Trage den jeweiligen Wasserstand in die Zeichnung ein!

3 Notiere deine Beobachtungen!

Name: ____________________

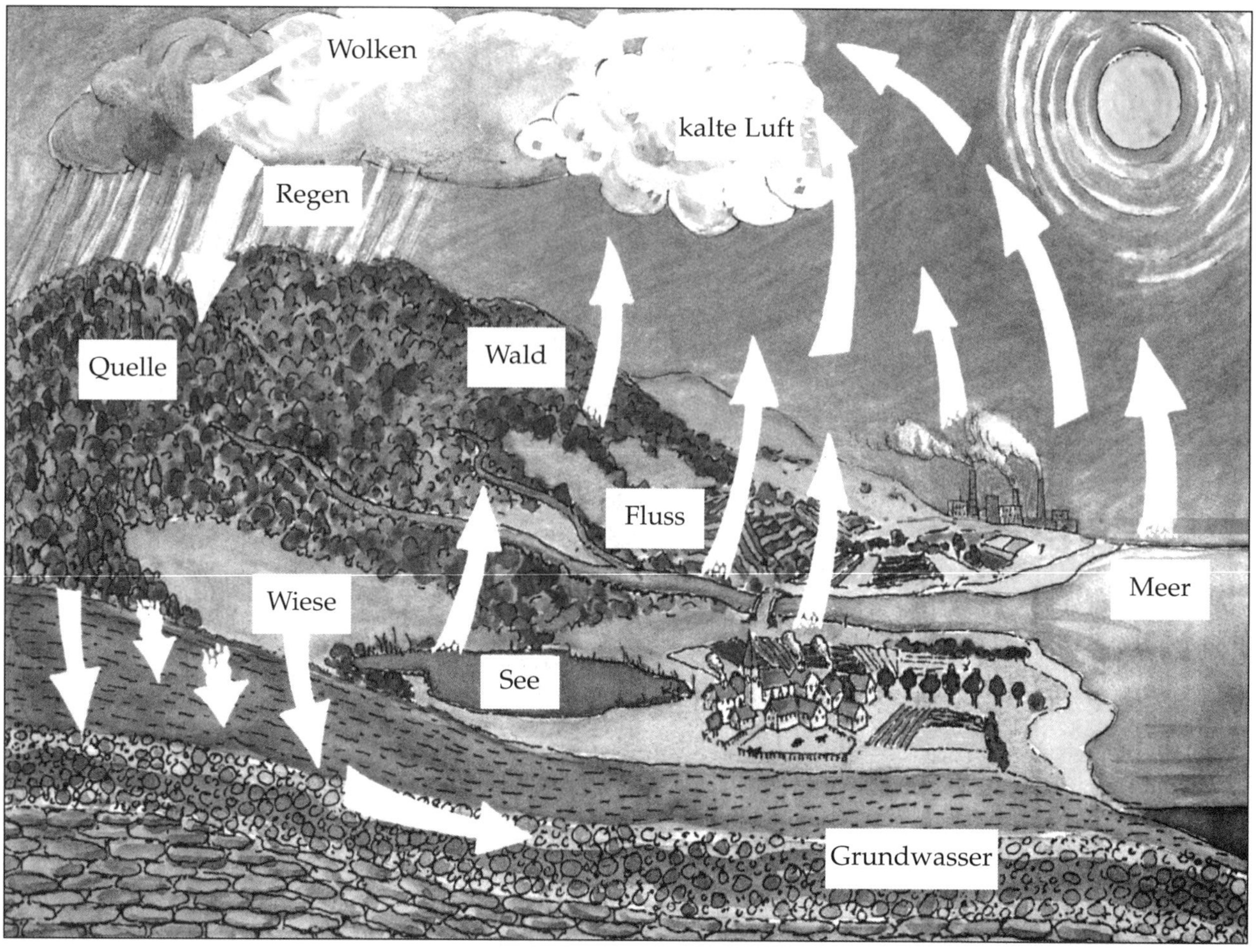

1 Male die Verdunstungspfeile gelb und die Regenpfeile blau an.

Über Wasserflächen, über Wald und Wiesen ____________________ Wasser.
Unsichtbar steigt es als Wasserdampf in die Luft. Weit oben, wo die Luft kühler wird ____________________ der Wasserdampf. Aus den kleinen Wassertröpfchen bilden sich Wolken und es ____________________ .
Das Regenwasser ____________________ in der Erde. Ein Teil fließt in Bächen und Flüssen ins Meer, ein anderer Teil bildet ____________________ und kann als Quelle zu Tage treten.

2 Ergänze den Text mit: *Grundwasser, kondensiert, regnet, verdunstet, versickert!*

Wohin verschwindet das Regenwasser? Name: ____________________

Versuch zum Versickern

Sand/Kies | Torf | Lehm | Sand/Torf/Lehm

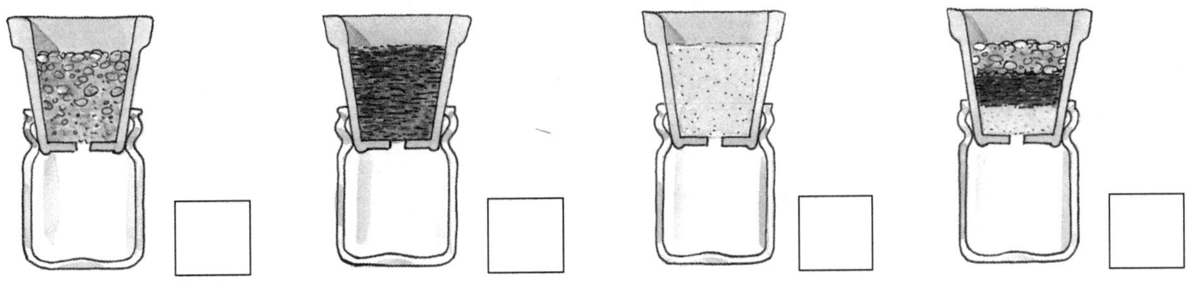

Erklärung: ____________________

____

____

____

1 Füllt vier Blumentöpfe mit unterschiedlicher Erde! Begießt sie mit der jeweils gleichen Menge Wasser! In welcher Erde versickert das Wasser am schnellsten? Gib mit Ziffern die Reihenfolge des Versickerns an! Erkläre deine Beobachtungen!

So entsteht eine Quelle: ____________________

____

____

____

____

2 Schreibe auf, wie eine Quelle entsteht!

© Diesterweg ISBN 3-425-09774-1

Mit der Wetterblume kann man jeweils Temperatur, Bewölkung und Niederschlag über einen langen Zeitraum hinweg beobachten.

- Färbe Temperatur und Bewölkung nach der Legende ein:
  Temperatur → Innenkreis, Bewölkung → äußere Blütenblätter,
  Niederschläge → ganz außen.
- Die Sonntage kannst du mit einem roten Strich unter dem Tagesdatum kennzeichnen.

Trage den Monatsnamen in der Mitte ein! Wie sieht deine Blume in diesem Monat aus? Vergleiche die Färbung mit Wetterblumen anderer Jahreszeiten!

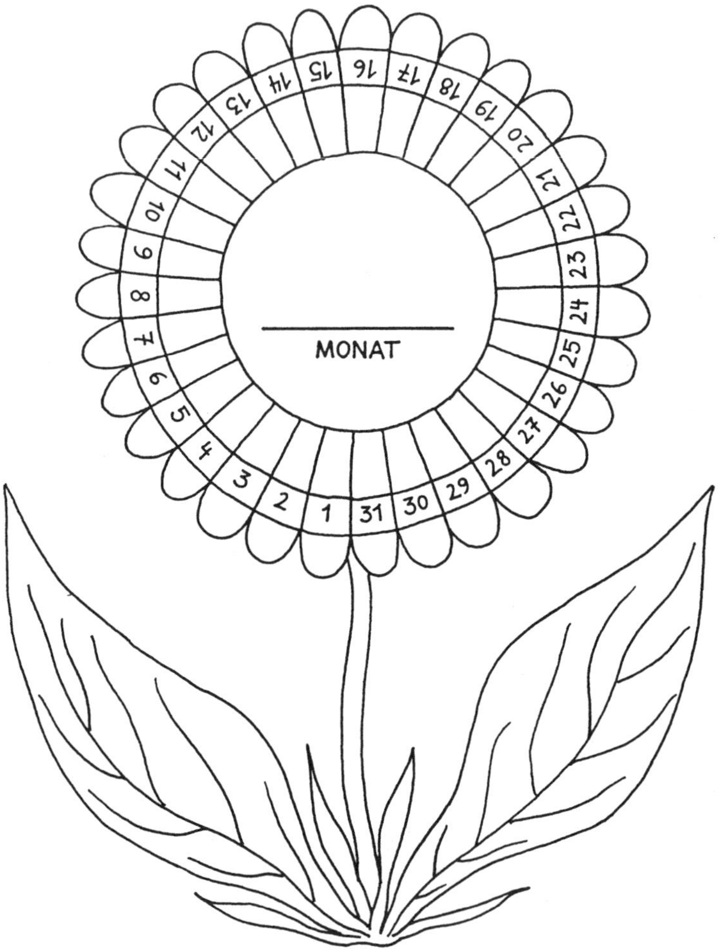

Temperatur:

unter 0°C	0–5°C	6–12°C	13–19°C	20–25°C	über 25°C
weiß	rosa	violett	grün	orange	rot

Bewölkung: Niederschlag:

				///	* *
hellblau	grau	gelb	Regenschauer	anhaltender Regen	Schnee

© Diesterweg ISBN 3-425-09774-1

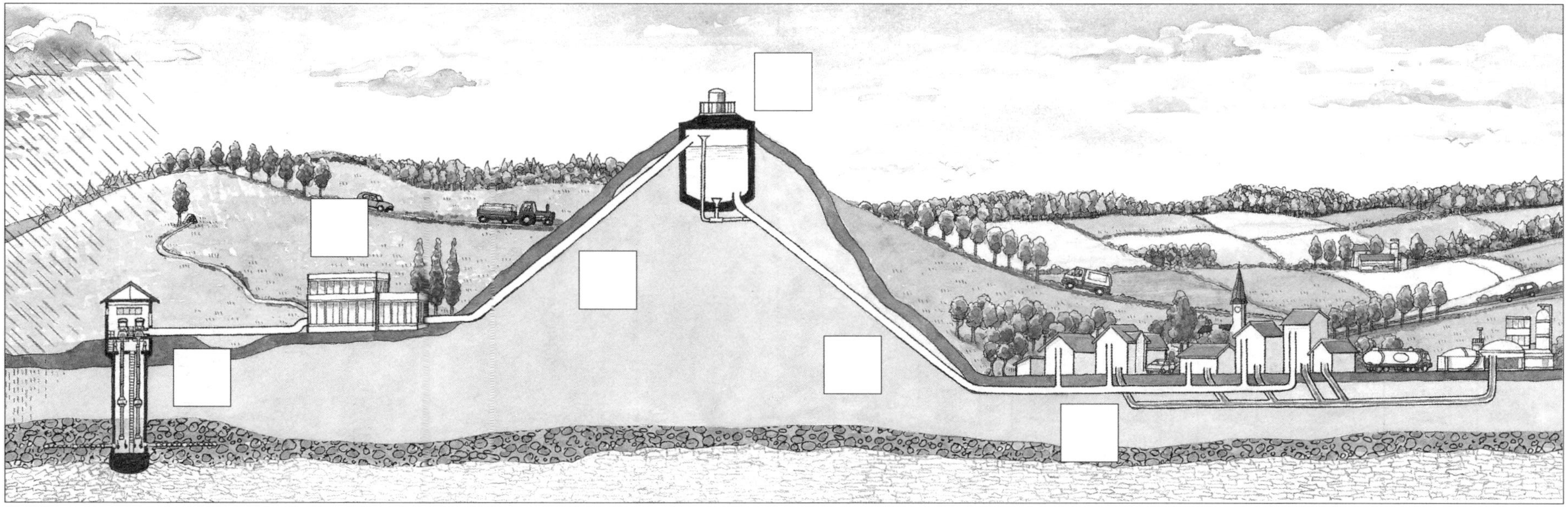

So kommt das Wasser aus dem Tiefbrunnen ins Ortsnetz:

____

____

____

____

1 Zeichne den Weg des Wassers vom Tiefbrunnen zu den Häusern blau ein! Ordne die Buchstaben richtig zu:
T *Tiefbrunnen*, O *Ortsnetz*, H *Hochbehälter*, F *Fallrohr*, S *Steigleitung*, W *Wasserwerk*!

2 Beschreibe den Weg des Wassers vom Tiefbrunnen ins Ortsnetz!

Täglicher Wasserverbrauch einer Person Name: ____________________

◯ Zähne putzen, waschen		l
◯ baden, duschen		l
◯ WC benutzen		l
◯ kochen, spülen		l
◯ Wäsche waschen		l
◯ Wohnung putzen		l
◯ Garten gießen		l
Durchschnittlicher Wasserverbrauch einer Person an einem Tag, **heute**:		l
Durchschnittlicher Wasserverbrauch einer Person an einem Tag, **vor 50 Jahren**:		80 l
Durchschnittlicher Wasserverbrauch einer Person an einem Tag, **vor 100 Jahren**:		30 l

1 Kreuze an, wofür du täglich Wasser verbrauchst!

2 Trage ein, wie viel Liter verbraucht werden! ( = 10 l,  = 5 l)

3 Zähle zusammen, wie viel Wasser eine Person täglich verbraucht und male die entsprechende Zahl von Eimern dazu!

4 Vergleicht den Wasserverbrauch heute mit früher! Nennt Gründe, warum heute mehr Wasser verbraucht wird!

5 Wie könnt ihr Wasser sparen?

© Diesterweg ISBN 3-425-09774-1

Wie wird verschmutztes Wasser wieder sauber? Name: ____________

Versuch
Schmutzwasser mit ____________

Ergebnis
Abgestandenes Schmutzwasser

____

____

Gesiebtes Schmutzwasser

____

____

Gefiltertes Schmutzwasser

____

____

Versuch
Schmutzwasser mit ____________

Ergebnis
Abgestandenes Schmutzwasser

____

____

Gesiebtes Schmutzwasser

____

____

Gefiltertes Schmutzwasser

____

____

Was geschieht in einer Kläranlage?

Name: ____________________

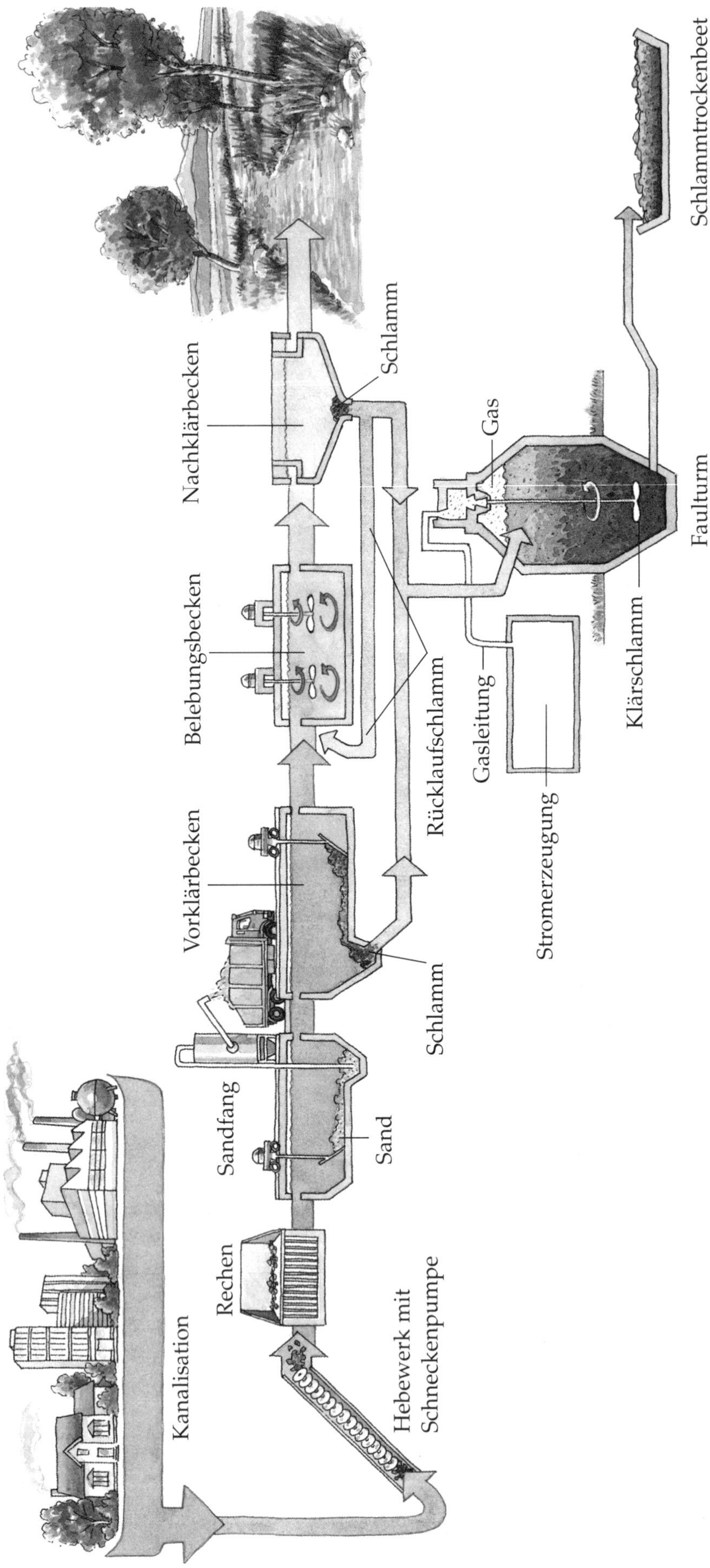

So wird verbrauchtes Trinkwasser wieder sauber:

© Diesterweg ISBN 3-425-09774-1

Wasser in Gefahr

Name: ______________________

1 Schreibe auf, wie das Wasser jeweils verschmutzt wird!

© Diesterweg ISBN 3-425-09774-1

Sauberes Wasser geht uns alle an!   Name: ____________________

So kann verhindert werden, dass Verschmutzungen ins Grundwasser gelangen:

____

____

____

____

____

____

In unserer Gemeinde kostet das Wasser: ______________________

Das wird in unserer Gemeinde für den Gewässerschutz getan:

____

____

____

____

____

____

Richtiger Umgang mit Wasser:

____

____

____

____

____

____

____

____

Verhalten an einer Kreuzung (Beobachtungsbogen)

Name: ______________________

Datum: ______________________ Uhrzeit: ______________________

Straße: ____

1 Welche Verkehrszeichen sind an der Kreuzung vorhanden?

____

____

____

____

2 Welche Verkehrsteilnehmer kannst du an der Kreuzung sehen?
Trage für jedes Fahrzeug ein Kreuz in die Spalte ein!

Autos																										
Lkw																										
Radfahrer																										
Fußgänger																										

3 Wie verhalten sich die Radfahrer an der Kreuzung ______________ ?
Trage die Ergebnisse in die Strichlisten ein:

Die Radfahrer biegen direkt nach links ab und schauen sich beim Einordnen um.

Die Radfahrer wollen links abbiegen und schieben ihr Fahrrad (indirektes Linksabbiegen).

Die Radfahrer beachten den Gegenverkehr und die Fußgänger.

4 Welche Situationen waren gefährlich?

____

____

Verkehrsschilder

aus: Grundschule 6/2002, Westermann Schulbuchverlag, Braunschweig.
In diesem Heft sind weitere KVs und Beiträge zu diesem Thema zu finden.